AF452010

ENQUÊTE SUR LES LOISIRS

DE

L'OUVRIER FRANÇAIS

ÉTENDUE, RÉPARTITION, UTILISATION
SOUS LE RÉGIME DE LA LOI DU 23 AVRIL 1919

THÈSE POUR LE DOCTORAT
(SCIENCES POLITIQUES ET ÉCONOMIQUES)

L'ACTE PUBLIÉ SUR LES MATIÈRES CI-APRES
sera soutenu le samedi 31 mai 1924, à 2 heures

PAR

Jean BEAUDEMOULIN

Président : M. Germain MARTIN, *professeur*

Suffragants { MM. NOGARO, *professeur*
{ OUALID, *chargé de cours*

THÈSE

POUR

LE DOCTORAT

ENQUÊTE SUR LES LOISIRS
DE
L'OUVRIER FRANÇAIS

ÉTENDUE, RÉPARTITION, UTILISATION
SOUS LE RÉGIME DE LA LOI DU 23 AVRIL 1919

THÈSE POUR LE DOCTORAT
(SCIENCES POLITIQUES ET ÉCONOMIQUES)

L'ACTE PUBLIÉ SUR LES MATIÈRES CI-APRÈS
sera soutenu le samedi 31 mai 1924, à 2 heures

PAR

Jean BEAUDEMOULIN

Président : M. Germain MARTIN, *professeur*
Suffragants { MM. NOGARO, *professeur*
{ OUALID, *chargé de cours*

PARIS
JOUVE & Cⁱᵉ, ÉDITEURS
15, RUE RACINE, 15

1924

ENQUÊTE SUR LES LOISIRS
DE
L'OUVRIER FRANÇAIS

ÉTENDUE, RÉPARTITION, UTILISATION
SOUS LE RÉGIME DE LA LOI DU 23 AVRIL 1919

AVANT-PROPOS

Les adversaires de la loi du 23 avril 1919 craignent qu'elle ne bouleverse le régime de la production.

Les partisans de cette loi pensent au contraire que, bien appliquée, elle est susceptible de l'améliorer.

Tout le monde est d'accord sur la nécessité de produire pour vivre et réparer les ruines; les opinions diffèrent sur la façon de produire.

Les uns sont d'avis de travailler longtemps.

Les autres considèrent le problème comme plus complexe.

Ils jugent *nécessaire* de ménager l'ouvrier et de le cultiver moralement, intellectuellement et physiquement. Ils croient *possible* d'obtenir le rendement désiré en travaillant *moins longtemps* mais en travaillant *mieux*.

Ils réclament, sans réduction de salaire, une certaine diminution du travail professionnel, avec la guerre à la négligence et à la paresse, la collaboration des dirigeants et des exécutants, la recherche constante de la machine et des procédés « up to date », en même temps que le souci du bon emploi des *loisirs* obtenus.

C'est là toute la loi du 23 avril 1919, faite pour l'homme, et pour lui assurer de meilleures conditions de vie dans l'in-

J. Beaudemoulin

1

térêt même de la production et pour la sauvegarde de toutes les forces nationales.

La présente étude est consacrée aux *loisirs* dont dispose l'ouvrier avec la nouvelle réglementation du travail.

Elle débute par une discussion sur l'opportunité des loisirs cherchés.

Elle expose ensuite les résultats d'une enquête sur l'étendue réelle des loisirs acquis et sur leur utilisation.

Elle se termine par une recherche de l'œuvre à accomplir pour que les heures de liberté donnent, comme les heures passées à l'usine, dont l'examen est réservé aux techniciens, leur plein rendement.

Paris, février 1923-février 1924.

NOTA. — Tenu à une discrétion absolue, nous désignerons les personnalités par des initiales quelconques et attribuerons aux firmes industrielles des lettres dans l'ordre alphabétique.

PREMIÈRE PARTIE
LA LÉGISLATION DU TRAVAIL

CHAPITRE PREMIER

HISTORIQUE

Les grandes souffrances engendrent toujours, chez les peuples qui les ont subies, des espoirs chimériques.

Ces peuples pensent volontiers que le monde va changer et qu'une ère de bonheur va s'ouvrir.

Les enseignements de l'Histoire n'y peuvent rien; ils sont ignorés ou méprisés; le rêve renaît, pour un temps.

Après les guerres du Premier Empire, des théories utopiques s'épanouirent.

Aussitôt après le dernier armistice, une vague d'idéologie passa sur les terres ensanglantées.

La loi du 23 avril 1919, destinée à rénover les conditions du travail, est-elle, comme les organismes internationaux, créés pour régler les conflits, le fruit de cet enthousiasme passager?

Le vote de cette loi a certainement été hâté par la guerre. Mais les circonstances précipitèrent un mouvement et ne le créèrent pas.

La revendication des huit heures date, en effet, du siècle précédent.

La loi du 23 avril 1919 est le résultat de longs efforts, la suite logique et attendue de toutes les manifestations légales inspirées depuis 1840, par le souci de protéger les travailleurs.

Ce souci ne venait pas d'une explosion d'humanitarisme,

ni de calculs ambitieux, mais d'une intelligente observation des faits.

Il apparut, au début du xixᵉ siècle, qu'avec le développement intense de l'industrie, l'ouvrier était soumis à des conditions de travail extrêmement dures que son isolement, créé par l'individualisme révolutionnaire, l'obligeait à subir sans discussion.

Journées démesurément longues, salaires bas, emploi excessif des enfants, travaux insalubres exécutés sans ménagements, tels étaient les résultats de l'essor de la production, de la concentration industrielle et de la concurrence effrénée, fermant le cœur des patrons les mieux intentionnés.

Le premier, le Dʳ Villermé, fit ressortir les dangers de pareille situation et proclama la nécessité de l'intervention de l'Etat, seul capable, en imposant à tous les mêmes obligations, d'obtenir un résultat.

Dès 1841, il était écouté. La législation du travail était née.

Rompant avec le système, reconnu fâcheux, du « laissez-faire » le législateur, durant la seconde moitié du xixᵉ siècle, est largement intervenu.

Il s'est efforcé : 1º de mettre fin à l'isolement de l'ouvrier qui a été successivement doté des droits de coalition, de réunion et d'association, afin que soit créée une nouvelle organisation professionnelle, et que la discussion du contrat de travail soit possible; 2º de mettre hors de discussion certains points essentiels : hygiène de l'atelier, travaux insalubres, durée maximum du travail journalier des enfants, des femmes et des adultes.

Le 23 avril 1919, au Sénat, M. Henri Chéron résumait ainsi l'œuvre accomplie sur ce dernier point :

Il suffit de se reporter par la pensée à la première moitié du xixᵉ siècle pour comprendre de quels phénomènes est née la réglementation du travail.

Des circonstances très importantes favorisèrent tout à coup l'essor de la grande industrie.

Le décret du 17 mars 1791 avait proclamé la liberté du commerce et aboli l'ancienne organisation des corporations, sans que, d'ailleurs, rien n'ait été installé pour les remplacer.

Vinrent l'emploi de la vapeur, le développement du machinisme, qui permirent de concentrer dans un même lieu, dans une même usine, dans une même manufacture, les moyens de production. Les facilités de transport se multiplièrent. Les producteurs dont les ventes, les affaires, se développaient dans des proportions considérables, firent face à leurs besoins, non seulement en augmentant leur personnel et en y adjoignant des femmes et des enfants, mais encore en allongeant la durée du travail.

A cette époque, la liberté d'association n'existait pas. Toutes les réglementations établies par les corporations avaient été supprimées. L'ouvrier se trouvait complètement isolé en face de ce brusque développement de l'industrie.

D'où les abus que révéla tout à coup, en 1840, une enquête fameuse qui fut apportée devant l'Académie des Sciences morales et politiques par le Dr Villermé.

Il démontra que les journées de 15 heures, comprenant 13 heures de travail effectif, étaient fréquentes, qu'elles étaient supportées par de tout jeunes enfants de 8 à 10 ans comme par les adultes eux-mêmes.

Quelle œuvre a été accomplie depuis cette époque?

Songez qu'en 1841, il fallut faire une loi pour interdire l'emploi dans l'industrie des enfants au-dessous de 8 ans. La même loi limita à 8 heures la durée du travail des enfants de 8 à 10 ans.

Vint la Révolution de 1848. Le décret-loi du 9 septembre 1848 consacra la journée de 12 heures de travail effectif dans les usines et manufactures, mais cette loi ne s'appliquait pas aux petits ateliers ni aux chantiers.

Ce décret-loi du 9 septembre 1848 ne produisit tous ses effets que bien longtemps après. Il fallut qu'intervint la loi du 6 février 1883 pour que les inspecteurs du travail fussent chargés d'en surveiller l'application.

Entre temps, la loi du 19 mai 1874 avait réalisé un certain nombre de progrès pour la protection de l'enfant dans l'industrie.

La loi du 2 novembre 1892 fit un nouveau pas. Elle fixa à 13 ans au lieu de 12 ans l'âge d'admission des enfants au travail et recula à 18 ans au lieu de 16 ans la limite à laquelle s'étend la protection qui leur est accordée. Elle protégea aussi la femme ouvrière et interdit dans la plupart des métiers le travail de nuit pour les enfants, les adolescents et les femmes.

Un nouveau progrès fut réalisé par la loi du 30 mars 1900 qui généralisa à 10 heures la durée maximum du travail journalier pour les femmes et les enfants ainsi que les adultes travaillant dans les mêmes locaux

En 1905, les ouvriers mineurs conquéraient la journée de 8 heures mais seulement pour une catégorie d'entre eux, pour ceux qui étaient occupés au travail de l'abatage. En 1913, la mesure fut étendue à tous les ouvriers mineurs.

Enfin, viennent les lois de 1892, 1893, 1903 qui, soit par elles-mêmes, soit par les décrets subséquents, ont protégé l'hygiène et la sécurité du travail.....

Il manque à cette énumération la loi de 1917 qui réglementa le travail des femmes de tout âge dans l'industrie du vêtement.

La juxtaposition des divers textes de lois sur la durée du travail (1848-1900-1917) donnait en 1919 pour l'industrie privée le statut légal suivant :

| INDUSTRIES | DURÉE LÉGALE DE LA JOURNÉE POUR LES DIVERSES CATÉGORIES DE PERSONNES | | | | |
| | Enfants | | | Adultes | |
	Garçons	Filles	Femmes	Mêmes locaux que femmes et enfants	Locaux différents
Usines et manufactures (tous établissements à moteur mécanique et à feu continu, et tous établissements employant plus de 20 ouvriers............	10 h.	10 h.	10 h.	10 h.	10 h.
Ateliers et chantiers.	10 h.	10 h.	10 h.	10 h.	pas de limitation
Industries du vêtement.............	10 h.	54-55 h. par sem.		10 h.	pas de limitation
Petites industries d'alimentation.......	Aucune sorte de limitation				
Commerce........	Aucune sorte de limitation				

C'est ce régime qu'a modifié la loi du 23 avril 1919, résultat
d'une compression lente et constante de la journée de travail,
but avoué de ceux qui obtenaient les réductions progres-
sives, et qui, déjà, en réclamant 12 heures, puis 10, pensaient
à 8.

CHAPITRE II

POURQUOI LIMITER LA DURÉE DU TRAVAIL PROFESSIONNEL ?

I

Le travail est la loi de nature ; chacun le sait. Mais l'homme est une délicate machine qui réclame des soins particuliers.

Tout le sens profond de la législation du travail réside dans cette idée, que, dans l'intérêt du pays, le travail professionnel doit être réglementé. C'est bien diminuer cette législation que d'y voir seulement affaire de sentiment ou visées démagogiques.

Le sociologue n'est ni un philanthrope, ni un politicien. Il examine l'ouvrier dans le plan social et donne froidement son diagnostic. « Il faut produire », songe-t-il, comme le soldat disait : « Puisqu'il faut, il faut ». Mais de même que dans la guerre on a reconnu la nécessité de « s'installer », il pense que, dans la production, les hommes doivent aussi s'installer le plus confortablement possible, car si la guerre n'est que passagère, la nécessité de produire pour vivre durera autant que l'homme.

C'est long et il faut tenir.

La condition est de pratiquer l'économie des forces, de ménager le producteur, de le protéger, de l'éduquer, et de lui permettre en même temps de satisfaire à ses autres obligations. Ce n'est pas de l'avarice, mais de l'ordre, de l'hygiène individuelle et sociale, de la sagesse.

II

LA JOURNÉE DE TRAVAIL TROP LONGUE. SES MÉFAITS

La journée de travail trop longue n'est ni sage ni hygiénique.

Elle exerce une action néfaste et entraîne des omissions fâcheuses.

Action néfaste : elle surmène l'ouvrier et l'use prématurément.

Omissions fâcheuses : elle absorbe complètement l'ouvrier, le prive de loisirs, et borne étroitement sa vie.

Trop de fatigue, trop de présence à l'usine, voilà les méfaits de la journée de travail trop longue.

Elle ne peut donner le confort désiré; elle est anti-sociale.

A. *Le surmenage.* — La fatigue produite à la suite d'un travail quelconque est normale. Si le repos suffit à la faire disparaître tout à fait, elle est même utile, car elle développe l'organisme, entretient ses forces et active son énergie.

Mais si l'individu, après avoir achevé sa journée de travail, ne peut revenir à l'état initial, si son repos est insuffisant, il y a fatigue chronique des muscles et des centres nerveux, il y a surmenage physique et mental.

Le surmenage physique est l'auto-intoxication de l'individu par les déchets du travail musculaire qui n'ont pu être entrainés par le torrent sanguin.

Le surmenage mental est le trouble apporté dans les éléments nervo-moteurs par la concentration prolongée de l'attention.

Les résultats sont lamentables. Devenu *locus minoris resistentiae*, l'organisme est à la merci des microbes venus du dehors comme de ceux du dedans. Si les maladies infectieuses l'épargnent, l'individu surmené connaîtra l'épuisement organique et l'épuisement dynamique.

Le premier conduit à l'atrophie des muscles.

Avec le second, il ne s'agit pas de modifications anatomiques dans les organes, mais de la perte de leur énergie spéciale.

C'est le cas de surmenage lent, le plus fréquent, mais non le moins dangereux, car il est le moins apparent jusqu'au jour où l'individu miné s'effondre.

A côté de lui se peuvent rencontrer le surmenage aigu qui est une intoxication beaucoup plus rapide, et le surmenage suraigu qui peut entraîner la mort immédiate.

Pousser cette étude à fond est du ressort des médecins.

Ils n'ont pas manqué de s'y intéresser.

Les lois de la fatigue, en général, l'influence du travail physique trop prolongé sur les différents organes, ainsi que l'influence propre aux différents travaux, ont été étudiées très en détail par M. Ilia Sachnine, dans une thèse remarquable soutenue en 1900 à Lyon et intitulée : *De l'influence du travail quotidien sur la santé générale de l'adulte.*

Dès cette époque, se basant sur ses observations personnelles et celles de professeurs éminents, il concluait « à la nécessité au point de vue de la physiologie et de la pathologie générale, de réduire la durée de la journée de travail. » Voici quelques-unes de ses conclusions :

1º La fatigue à la suite d'un travail prolongé est un phénomène d'auto-intoxication dû aux substances engendrées par le travail lui-même.

2º Il est infiniment probable que dans le travail intellectuel, les phénomènes de fatigue sont également dus aux produits de régression lancés dans le torrent circulatoire. La nature de ces substances n'est pas encore déterminée.

3º Dans la fatigue physique due aux travaux manuels trop prolongés, il y a non seulement des phénomènes de la fatigue périphérique, localisés dans les muscles et les terminaisons nerveuses, mais il y en a encore dans les centres nerveux.

Un travail mental après les travaux physiques, ou, inversement, des exercices physiques après un long travail intellectuel, ne peuvent servir de repos. L'organisme humain demande alors un temps déterminé de repos absolu.

4º Les travaux physiques mettent fortement en jeu l'appareil circulatoire; ils élèvent la pression sanguine, augmentant considérablement le nombre des battements cardiaques. Si les efforts musculaires sont excessifs et prolongés, ils peuvent à la longue provoquer des modifications fonctionnelles et organiques dans le cœur ainsi que dans les vaisseaux. L'hypertrophie du cœur, les phénomènes d'artério-sclérose généralisés en sont les manifestations les plus fréquentes.

5º Il est bien probable que le travail physique excessif ou trop prolongé ralentit la circulation dans les reins et produit en quelque sorte l'anémie rénale.

6º La morbidité et la mortalité sont beaucoup plus élevées dans les classes laborieuses. La mortalité moyenne dans la classe ouvrière, comparée à celle des autres classes de la société, est élevée surtout à partir de 35 à 40 ans, c'est-à-dire à l'âge où les fatigues du métier l'emportent sur l'endurance et la résistance de l'individu, quelle qu'ait été au début la puissance physique de ce dernier.

7º Le développement corporel des ouvriers de fabrique est en retard par rapport à celui des autres classes de la société.

8º L'influence nuisible d'une longue journée de travail se répercute non-seulement d'une façon immédiate sur ceux qui travaillent, mais aussi sur leur descendance, et menace la vitalité et le développement de toute la race.

9º Le travail excessif et les longues journées favorisent puissamment l'alcoolisme.

10º La limitation de la journée de travail à une durée maximum de 8 heures, dans toutes les branches de l'activité humaine, et particulièrement dans toutes les industries où aux conditions ordinaires du travail s'ajoutent des circonstances aggravantes comme le jeune âge, le sexe féminin, les risques professionnels, les poussières irritantes, etc... produirait les meilleurs résultats sur la santé générale et l'activité intellectuelle de la classe ouvrière et diminuerait sa morbidité et sa mortalité.

Beaucoup plus récemment, le professeur Jules Amar a traité la question tout à fait dans le même sens, dans ses livres :

Le Moteur humain et les Bases scientifiques du Travail professionnel;

L'Organisation physiologique du Travail;

Le Travail Humain, 1923.

Le professeur Amar étudie « la notion de fatigue pour le corps et l'esprit ».

Il énumère « les tares inéluctables » qui accompagnent l'industrie : surmenage, intoxications, accidents, maladies professionnelles.

Elle soumet l'homme, dit-il, à l'inflexible discipline de ses machines et aux dangers d'un milieu malsain (température, humidité, vapeurs toxiques, manque d'oxygène), trépidant, où contacts et contagions menacent le corps et l'esprit. Enfin, ajoute-t-il, la spécialisation nécessaire affaiblit les facultés qui ne sont pas exercées dans l'ordre psychique comme dans l'ordre physique.

Le professeur Amar montre la nécessité de limiter les méfaits de l'industrie qu'il faut bien accepter telle qu'elle est, puisqu'elle est « la source de la richesse et du bien-être matériel ».

Il faut « sauvegarder » les intérêts de la production elle-même et de la race.

Le professeur Amar prône la nécessité de l'organisation scientifique du travail.

En elle réside la vertu essentielle qui fait de l'hygiène sociale une arme contre le surmenage, un préservatif à l'égard des périls industriels, une sauvegarde pour la femme, la mère et l'enfant. Son idée maîtresse doit être l'économie des forces humaines : discipliner la force et l'entretenir, lui fournir l'outil et l'aliment, tout est là.

Le travail sans surmenage, par la longueur raisonnable de la journée, et, durant cette journée, par la distribution judicieuse de l'effort suivant la loi du minimum et la loi du repos, telles sont les caractéristiques du système physiologique, dit système amarien.

Son auteur écrit :

Pour nous, le travail humain a un double aspect : aspect mécanique, celui des outils qu'il faut choisir et employer dans les meilleures conditions; c'est l'affaire de l'ingénieur. Aspect physiologique : celui des facteurs nerveux, musculaires, sensoriels, toutes les lois de la fatigue, et cet ensemble harmonique de travail et de repos, de rythme des mouvements, de ménagements, grâce auxquels chacun donne réellement un maximum de travail sans surmenage.

Dès le début de nos recherches, nous aperçûmes dans l'être humain, derrière le bras et le cerveau qui sont les outils, le moteur qui les complète, les actionne et les meut périodiquement.

Ce moteur veut qu'on l'alimente convenablement, le décrasse en le reposant, qu'on règle, en un mot, son effort et sa vitesse.

L'erreur des Tayloriens fut d'avoir méconnu et négligé d'étudier *objectivement* la fatigue. C'est une plaisanterie de se guider sur ce que peut faire « un homme robuste payé à la tâche » car l'intérêt lui fera aisément franchir les limites de la fatigue et sa condition ne saurait être celle de tout le monde.

Le système physiologique pénètre mieux au fond du problème qui, depuis l'éveil de la conscience humaine hante les travailleurs : le problème de la fatigue.

Il n'y a point de travail organisé là où une place, si petite soit-elle, est laissée au surmenage.

Il ressort de tout ceci que la trop longue journée de travail épuise l'ouvrier parce que le repos possible ne répare pas la fatigue accumulée soit par des efforts courts et violents trop longtemps répétés, soit par un effort régulier et moyen trop prolongé, soit par une dépense exagérée d'attention. Elle l'atteint aussi en le maintenant exagérément dans un milieu insalubre.

B. *La privation de loisirs.* — Si dans un métier particulièrement doux, l'ouvrier travaillant très longtemps ne se surmène pas et s'il séjourne dans un milieu parfaitement hygiénique, il n'en sera pas moins privé de loisirs.

C'est là l'effet néfaste indiscutable, de la trop longue journée d'usine.

L'ouvrier resterait-il assis douze ou treize heures, dans un local bien aéré, que le mal existerait du fait de cette simple présence.

Exprimons en effet la conviction que les loisirs sont une *nécessité.*

Si la machine n'est faite que pour tourner et s'en contente, l'homme qui nous occupe a dans la société d'autres rôles à jouer que celui de producteur et réclame du temps.

Dans une démocratie comme la nôtre, dotée du suffrage universel et du service militaire obligatoire, tous les hommes sont des *touts*. C'est un fait.

« Etre un tout », cela signifie être à la fois : 1º un producteur; 2º un électeur; 3º un père de famille; 4º un soldat.

Pour être un bon électeur, il est essentiel d'avoir un minimum de culture intellectuelle, une certaine éducation civique, et de pouvoir l'acquérir.

Des ouvriers incultes et mal informés ne votent pas ou votent mal.

Pour être un bon père de famille et élever des enfants, il est indispensable de passer un certain temps au milieu d'eux afin de leur imprimer une influence.

Pour être un soldat robuste, capable de concourir à la défense du pays, il est nécessaire d'exercer tous les muscles qui restent inactifs dans un travail spécialisé et automatique, et de trouver un peu de temps pour la culture physique.

Enfin pour que l'homme soit en état de jouer honorablement tous ses rôles de citoyen la culture morale peut-elle être négligée?

N'est-ce pas elle qui anime tout?

Mais, où la placer si le temps fait défaut?

Elle pourra être comprise de diverses manières.

Pour beaucoup, elle aura dans l'éducation religieuse une base solide.

Selon l'expression d'un brillant Oratorien, donner de la religion au peuple n'est d'ailleurs pas la lui passer comme un « licou » pour le maintenir docile.

C'est au contraire secouer l'apathie de la masse, enlisée dans ses soucis matériels, lui expliquer ses origines et sa fin, lui donner un idéal et lui apprendre à rechercher le bien.

Ce n'est pas supprimer les revendications, mais les faire mieux choisir.

Le retour au rôle de producteur y fait constater également l'action salutaire des loisirs.

Plus harmonieusement développé physiquement, l'ouvrier fournira un effort plus efficace. Plus consciencieux, plus intelligent, il accomplira beaucoup mieux sa tâche à l'usine.

Là, sont associées aux nécessités physiologiques du *moteur humain* les nécessités psychologiques de *l'homme*.

A ce point de vue, se fait encore sentir le besoin de détente et de distraction.

La distraction est recommandée par tous les médecins, non pas seulement aux malades pour qu'ils guérissent, mais aux gens bien portants afin qu'ils restent en bonne santé.

Une observation peut être faite à laquelle la réponse est facile. « Pour se cultiver, pour s'occuper des siens, pour se distraire, l'ouvrier n'a-t-il pas son repos hebdomadaire ? »

Qui dit *repos*, dit cessation de toute activité. L'ouvrier doit avoir des loisirs en semaine.

Voilà les raisons d'être des loisirs.

Ils sont, au propre et au figuré, l'air et la lumière pénétrant dans la vie des travailleurs manuels.

Ils apparaissent bien comme *nécessaires* au maintien de la *production*, à la sauvegarde de toutes les *forces nationales*, et à l'établissement de la *paix sociale*.

C'est une excellente garantie de concorde que chaque homme se développe entièrement selon ses moyens.

La hiérarchie n'est pas compromise. Tout le monde n'est pas mis sur le même plan; mais, dans l'édifice social, chacun, à son étage, mène une vie complète.

Que personne ne voie donc, dans cette théorie, ni générosité ni démagogie, mais simplement une recherche de la formule du meilleur rendement de l'ouvrier dans la cité.

III

LA JOURNÉE DE TRAVAIL NORMALE

Avec elle, il y a des loisirs et pas de surmenage. Mais, ce n'est pas seulement la journée d'usine dans laquelle l'ouvrier ne va pas au delà des dépenses qu'il peut faire chaque jour, sans se détruire petit à petit. En pareil cas, si quelques loisirs subsistent, ils ne peuvent être consacrés qu'au repos.

C'est la journée d'usine dans laquelle l'ouvrier donne son maximum diminué de la quantité indispensable aux autres obligations énumérées : famille, culture morale, intellectuelle, physique, distraction, etc...

En somme, cette journée de travail professionnel laisse à l'ouvrier des forces et du temps.

Si elle est adoptée, la production est florissante et la nation en pleine forme. Si elle est rejetée, le rendement du travailleur baisse et la valeur nationale aussi.

C'est bien la journée la plus sage, la plus hygiénique, la plus sociale. Elle donne le confort cherché.

La déterminer pratiquement est plus difficile.

Dans un métier donné, soit A le point où, pour un homme moyen, se trouve absorbé le total des forces réparables par le repos qui précède la reprise du travail. C'est en quelque sorte le point de fièvre.

Si ce point A n'est pas dépassé, l'homme revient chaque jour à « l'état initial », le minimum des nécessités physiologiques du moteur humain étant respecté.

Le point A étant déterminé, il s'agit, au-dessous, de descendre afin d'épargner forces et temps pour les occupations répondant aux nécessités psychologiques du producteur et assurant la sauvegarde de tous les intérêts permanents du pays.

Jusqu'où descendre? Où placer le point B, terme de la journée normale? Aussi bas que possible.

Qui donnera la mesure de ce possible?

Encore une fois, l'intérêt de la production.

Les partisans de la limitation du travail professionnel n'ont en vue que l'intérêt national et hiérarchisent les besoins du pays. Ils ne donnent pas à la production toute la place dans la vie sociale, mais la mettent à sa vraie place.

Les conditions de la production sont débattues, mais ses nécessités sont bien comprises. Une certaine quantité de travail ne doit pas être dépassée, mais une certaine quantité doit évidemment être donnée. Ne régler le travail professionnel qu'objectivement est une erreur. Le régler seulement subjectivement en est une autre. C'est par le mélange judicieux des considérations objectives et subjectives que la journée de travail normale doit être déterminée. Elle se place entre la journée trop longue et la journée trop courte, c'est-à-dire entre les deux journées nuisibles à la production qui, avec elle, se trouve dans les conditions les plus favorables.

Avec ces données, la détermination exacte des points A et B est affaire d'expériences.

Les partisans de la journée de 8 heures n'ont pas pensé autrement. Des multiples expériences faites et des observations médicales et sociales, ils concluent que le résultat le meilleur est atteint en limitant d'une façon générale à 8 heures le travail professionnel.

Ils constituent avec les trois-huit un cadre rigide enfermant le travail professionnel, les loisirs, le sommeil. C'est dans ces limites que la production devra être développée au maximum par le machinisme et l'organisation, par une bonne « chimie industrielle », et que les loisirs devront être utilisés pour le mieux.

Rien ne dit cependant qu'un jour, de nouvelles inventions ne permettront pas de satisfaire les nécessités objectives de la production en 6 heures. Alors, on pourrait passer de 8 à 6. Il n'en est pas question pour l'instant.

Dès maintenant, il peut y avoir des métiers où le caractère

pénible du travail (considération subjective) oblige à faire descendre le point B au-dessous de 8 heures. C'est ainsi que dans les mines, pour certains travaux très urgents et très pénibles, les ingénieurs commencent à employer 4 équipes de 6 heures au lieu de 3 équipes de 8 heures. A cette condition seulement, ils sont sûrs de ne pas épuiser l'ouvrier et de lui laisser les forces nécessaires à sa vie personnelle. Ce sont les conditions de travail qui, dans ce cas, assurent le meilleur rendement. La société minière y trouve son compte, et le pays aussi.

IV

Ce raisonnement est basé sur la *journée* de travail.

Une formule moins rigide peut être conçue.

L'essentiel est que l'ouvrier dispose de loisirs semainiers.

Il est donc permis d'envisager, *dans la semaine*, une répartition du travail inégale et telle que, pour aucune journée, le point A critique ne soit dépassé, et qu'au moins une fois, l'ouvrier trouve dans un espacement particulièrement grand des points A et B, tous les avantages qu'il n'a pas retirés chaque jour de leur espacement normal, puisqu'ils pouvaient être confondus.

Pourquoi même ne pas aboutir à une formule encore plus souple en raisonnant sur des *périodes plus longues que la semaine* à condition que durant le laps de temps envisagé, aucune journée ne dépasse le point A, que le repos hebdomadaire soit respecté, et que soient donnés, à un certain moment, des loisirs suffisants. L'essentiel n'est-il pas, au fond, que l'ouvrier dispose de loisirs en dehors de ses jours de repos?

V

LES INTENTIONS DU LÉGISLATEUR DE 1919

Elles apparaissent très nettement au cours des discussions qui ont précédé le vote de la loi :

M. Colliard, présentant le projet de loi, Chambre, séance du 8 avril 1919 (*Officiel*, document n° 5960) :

... La France ne saurait demeurer en arrière des grands pays industriels qui ont réalisé ou sont sur le point de réaliser la réduction des heures de travail. En entendant cette voix, en donnant aux travailleurs les loisirs nécessaires pour participer pleinement à la vie familiale et sociale, la France restera fidèle à l'idéal démocratique dont elle n'a cessé de poursuivre la réalisation...

M. Justin Godart, séance de la Chambre du 10 avril 1919 (*Officiel*, n° 5980) :

... Les adversaires de la réglementation du travail qui repoussaient au nom de la liberté toute intervention de l'Etat dans les relations entre le capital et le travail, ont dû reconnaître qu'elle était, dans beaucoup de cas, rendue nécessaire par les abus commis au nom de la liberté, même contre les travailleurs...

Aujourd'hui, quiconque place au-dessus d'intérêts particuliers étroits l'intérêt national comprend que notre production, pour être régulièrement féconde, doit s'adapter jour par jour aux progrès techniques et par suite, se rallier à la journée de 8 heures...

De multiples expériences ont été faites...

On a tout dit et redit sur la faculté d'attention, élément primordial d'une production satisfaisante en quantité et en qualité...

Les longues journées ont engendré l'alcoolisme ; la journée de 8 heures arrêtera sa monstrueuse croissance...

Par la faute des longues journées, le logis est devenu le taudis où l'on dort lourdement et où l'on n'a pas le temps de vivre. La journée de 8 heures refera l'intérieur et reconstituera la vie de famille. Et cela est urgent en raison de nos pertes et de notre natalité si périlleusement descendante.

Il n'est pas besoin, croyons nous, de démontrer plus longuement tout ce que le pays doit attendre de la journée de 8 heures ; réalisation de justice, rénovation industrielle, progrès humain, la réforme proposée sera un élément de notre reconstitution et de la paix sociale...

Le programme de charte internationale, élaboré par la Conférence syndicale internationale de Berne disait que :

La double action de l'organisation ouvrière et de l'intervention de l'Etat amènerait à la protection de la santé des travailleurs; qu'elle leur conserverait la vie de famille; qu'elle leur donnerait la possibilité de se développer intellectuellement et leur permettrait ainsi de remplir leurs devoirs de citoyens dans la démocratie moderne...

Avant tout, il faut, en France, recréer la vie. L'avenir est aux pays qui, rejetant l'exploitation intensive des forces humaines, sauront les ménager pour diriger les machines. Hors de là, il n'y a qu'infériorité et péril. La preuve vient de tous côtés. Les pays neufs, non retardés par le vieil outillage, ont mené de front l'amélioration technique de l'usine et l'établissement des conditions humaines de travail. Et leur prospérité en a été singulièrement grandie, en même temps que leur population s'accroissait dans la dignité d'une vie plus libre.

La journée de 8 heures, en obligeant notre industrie à s'améliorer d'une façon moderne, en sauvegardant la vie de famille et la santé des travailleurs, servira pleinement production et population qui sont deux richesses dépendantes et dont la principale est la population.

M. Albert Thomas, Chambre, première séance du 17 avril 1919 :

Il faut produire avec des méthodes perfectionnées et avec une main-d'œuvre en bon état physique et moral...

Négligeant l'argument sentimental, repoussant la pression ouvrière, nous demandons à la Chambre, en reprenant tous les arguments sur les courtes journées, de juger et d'apprécier la revendication actuelle, d'y donner son entière adhésion et de la voter avec la conviction qu'elle vote une réforme utile non seulement pour la classe ouvrière, mais aussi pour l'ensemble du pays et sa grandeur économique...

Si vous voulez construire une France nouvelle, vous êtes obligés de vous acheminer vers la journée de 8 heures. Si vous voulez faire un effort de reconstitution nationale, si vous voulez ne pas seulement replâtrer la France d'hier, vous devez la refaire selon les nouvelles méthodes, et joindre au machinisme moderne des méthodes de production nouvelles.

C'est tout naturel et c'est nécessaire pour l'avenir du pays. Ce que je puis dire, c'est que si vous en avez le souci, vous êtes contraint à la courte journée de travail.

M. Poitevin, même séance :

Je veux seulement présenter l'examen de la loi au point de vue simple et strict de l'hygiéniste.

La loi que nous allons voter aujourd'hui est une loi d'hygiène sociale, et probablement, la plus importante qui ait été jamais soumise au Parlement...

Sénat. Rapport de M. Strauss, 22 avril 1919 :

La physiologie du travail apporte une contribution de plus en plus forte pour la meilleure utilisation de la main-d'œuvre. La disparition du surmenage ne tarde pas à produire ses effets bien-faisants.

Toutes les réformes s'enchaînent. De même qu'il importe au plus haut point de ne pas laisser la production industrielle et l'activité commerciale s'affaiblir, il convient de ne rien négliger pour que la réduction de la journée ou de la semaine de travail s'accompagne d'une amélioration du logement populaire, d'un emploi judicieux et intelligent des loisirs ouvriers tant au point de vue du perfectionnement des études et de la seconde instruction qu'en ce qui concerne les exercices physiques, les jeux et les sports, les travaux horticoles, les facilités de repos au grand air. Un renouveau d'hygiène sociale sera fait pour restreindre l'alcoolisme, pour prévenir la tuberculose et pour sauvegarder la race.

La prospérité économique et la vitalité nationale ne peuvent être dissociées, et à leur suite dans la voie des rapports contractuels entre le capital et le travail, la paix sociale trouvera son compte.

Ces quelques citations sont suffisantes.

Les intentions du législateur sont claires : sur la base des 8 heures écarter le spectre du surmenage, et donner à l'ouvrier les loisirs nécessaires, dans l'intérêt national.

Il importe maintenant de connaître quelque chose des réalisations et de chercher la réponse à cette question :

« De quels loisirs dispose actuellement l'ouvrier français ? »

DEUXIÈME PARTIE

ENQUÊTE SUR L'ÉTENDUE DES LOISIRS SOUS LE RÉGIME DE LA LOI DU 23 AVRIL 1919 ET LEUR RÉPARTITION DANS L'ANNÉE

TITRE PREMIER

LA LOI

CHAPITRE PREMIER

LE TEXTE DE LA LOI DU 23 AVRIL 1919

Le principe idéal des 8 heures, c'est le maximum de 8 heures de travail chaque jour. L'opinion générale, dans le pays, paraît être que la loi du 23 avril 1919 a imposé l'application stricte et immédiate de ce principe.

Ainsi, tous les travailleurs devraient maintenant disposer, chaque jour, à côté des 8 heures de sommeil nécessaires, de 8 heures de loisirs. Et même, la semaine anglaise s'étant généralisée, le travail se limiterait à 4 heures le samedi ou le lundi.

L'étude de la loi va nous montrer ce qu'il en est.

Voici le texte de la loi du 23 avril 1919, tel qu'il est incorporé au livre II du Code du travail :

LOI du 23 avril 1919 sur la journée de 8 heures

Article premier. — Dans les établissements industriels et commerciaux ou dans leurs dépendances, de quelque nature qu'ils soient, publics ou privés, laïcs ou religieux, même s'ils ont un caractère d'enseignement professionnel ou de bienfaisance, la durée du travail effectif des ouvriers ou employés de l'un ou de l'autre sexe et de tout âge ne peut excéder *soit* 8 heures par jour, *soit* 48 heures par *semaine*, soit une limitation équivalente établie sur une période de temps autre que la semaine.

Art. 2. — Des règlements d'administration publique déterminent par profession, par industrie, par commerce ou par catégorie professionnelle, pour l'ensemble du territoire ou par région, les délais et conditions d'application de l'article précédent.

Ces règlements sont pris soit d'office, soit à la demande d'une ou de plusieurs organisations patronales ou ouvrières, nationales ou régionales, intéressées. Dans l'un et l'autre cas, les organisations patronales et ouvrières intéressées devront être consultées : elles devront donner leur avis dans le délai d'un mois. Ils sont révisés dans les mêmes formes.

Ces règlements devront se référer, dans le cas où il en existera, aux accords intervenus entre les organisations patronales et ouvrières, nationales ou régionales intéressées.

Ils devront être obligatoirement révisés lorsque les délais et conditions qui seront prévus seront contraires aux stipulations des conventions internationales sur la matière.

Art. 3. — Les règlements d'administration publique prévus à l'article précédent *détermineront* notamment :

1º La *répartition* des heures de travail dans la semaine de 48 heures afin de permettre le repos de l'après-midi du samedi ou toute autre modalité équivalente.

2º La *répartition* des heures de travail dans une autre période de temps de la semaine.

3º Les *délais* dans lesquels la durée actuellement pratiquée par la profession dans l'industrie, le commerce ou la catégorie professionnelle considérée, sera ramenée en une ou plusieurs étapes aux limitations fixées à l'article 1er.

4º Les *dérogations permanentes* qu'il y aura lieu d'admettre pour les travaux préparatoires ou complémentaires qui doivent être nécessairement exécutés en dehors de la limite assignée au travail général de l'établissement ou pour certaines catégories d'agents dont le travail est essentiellement intermittent.

5º Les *dérogations temporaires* qu'il y aura lieu d'admettre pour permettre aux entreprises de faire face à des surcroîts de travail extraordinaires, à des nécessités d'ordre national ou à des accidents survenus ou imminents.

6° Les mesures de contrôle des heures de travail et de repos et de la durée du travail effectif, ainsi que la procédure suivant laquelle seront accordées et utilisées les dérogations.

7° La région à laquelle ils sont applicables.

Art. 4.—La réduction des heures de travail ne pourra en aucun cas être une cause déterminante et de la réduction des salaires.

Toute stipulation contraire est nulle et de nul effet.

Art. 5. — Les dispositions du chapitre II actuellement en vigueur seront abrogées dans chaque région et pour chaque profession, industrie, commerce ou catégorie professionnelle *à partir* de la mise en application des règlements d'administration publique intéressant ladite profession, industrie, le dit commerce ou la dite catégorie professionnelle dans cette région.

Art. 6. — La présente loi est applicable en Algérie et aux colonies.

Cette loi serait *une page blanche, en tête de laquelle la règle du maximum de 8 heures de travail par jour se trouverait simplement écrite.*

Où se lit cette règle du maximum de 8 heures de travail par jour?

L'article 1er propose un *choix.* Il dit : « *Soit* 8 heures par jour, *soit* 48 heures par semaine, *soit* une limitation équivalente établie sur une autre période de temps que la semaine. » Quelle est cette limitation équivalente? C'est la *moyenne de 8 heures de travail par jour ouvrable.*

En somme, le législateur propose *ou* 8 heures par jour, *ou* 48 heures pour la semaine de 6 jours ouvrables, *ou* 96 heures pour la quinzaine de 12 jours ouvrables, ou 2.504 heures pour l'année de 313 jours ouvrables.

C'est donc la possibilité de répartir, à volonté, le contingent d'heures permises pendant la semaine, la quinzaine, le mois, le semestre, l'année. Dans le texte de la loi, rien n'empêche de répartir les heures de façon à obtenir des journées de plus de 8 heures.

Bien mieux, l'article 3, § 1er, dit que les règlements d'administration publique détermineront « la répartition des heures de travail dans la semaine de 48 heures afin de permettre le repos de l'après-midi du samedi ». Il en résulte :

1º Que la loi n'entend pas faire cadeau à l'ouvrier d'une demie journée et que la semaine dite anglaise reste de 48 heures.

2º Qu'en laissant la semaine anglaise à 48 heures, le législateur lui-même institue des journées de 9 *heures*. Exemple : lundi, 8 heures, mardi, mercredi, jeudi, vendredi, 9 heures; samedi, 4 heures; total : 48 heures.

Le même article 3, § 2, dit que les règlements détermineront « la répartition des heures de travail dans une autre période de temps que la semaine ». C'est donc que les 96 heures de la quinzaine, les 2.504 heures de l'année, etc... pourront donner des journées de longueur variable.

Le principe qui apparaît en tête de la loi n'est donc pas « la journée de 8 heures », mais « la moyenne de 8 heures de travail par jour ».

La *journée de 8 heures* n'est qu'un des types de journée proposés.

« D'accord, dit-on, mais quelle que soit la longueur des journées faites, l'ouvrier aura tout de même, en fin de compte, des loisirs correspondant à une moyenne de 8 heures par jour.

Si les 96 heures de la quinzaine sont réparties sur 10 jours au lieu de 12, l'ouvrier pourra faire 8 journées de 10 heures et 2 journées de 8 heures. Il travaillera ainsi 96 heures, et aura également $8 \times 6 + 2 \times 8 + 2 \times 16 = 96$ heures de loisirs. »

C'est vrai. Mais notons qu'avec le principe de la journée de 8 heures de travail, il faut sacrifier le principe de la journée de 8 heures de loisirs. Seul, peut être maintenu le principe de la moyenne de 8 heures de loisirs par jour, correspondant au principe de la moyenne de 8 heures de travail par jour.

La loi considère-t-elle ce principe même comme intangible? Non, puisque l'article 33, § 4 et 5, institue les *dérogations*.

Dérogations temporaires, pour tout le personnel, et dont le chiffre s'ajoutera à la moyenne indiquée. A ce nouveau total s'ajouteront encore, pour un personnel spécial, les dérogations permanentes. En sorte que cette nouvelle obligation détruit la rigidité du nouveau principe indiqué.

Non seulement la loi n'a pas voulu *figer* la journée à 8 heures , mais la moyenne de 8 heures de travail par jour ne peut être considérée, *légalement,* que comme une base de calcul.

Signalons aussi une expression de la loi, inquiétante pour ceux qui croient à la journée de 8 heures.

A l'article 1ᵉʳ, il est question de « travail effectif ». La discussion qui a précédé le vote nous indique qu'il se distingue du « temps de présence ».

Légalement, si pour une raison ou pour une autre : casse-croûtes, repos, habillage, etc... le travail est coupé par des périodes d'inaction, qui ne sont pourtant pas des périodes de liberté, le *séjour* de l'ouvrier à l'usine pourra être prolongé d'autant. Perspective intéressante pour celui qui s'attache à déterminer les loisirs de l'ouvrier, c'est-à-dire le temps pendant lequel il est hors de l'usine, sans se préoccuper du travail fourni.

Ainsi, au point de vue du *séjour* à l'usine, non seulement le principe des 8 heures par jour ne saurait être maintenu, mais même pas le principe de la moyenne de 8 heures de séjour, par jour, augmentée des dérogations temporaires ou permanentes, puisque la discrimination entre travail effectif et temps de présence est possible !

Pour ce qui est des loisirs, nous sommes de plus en plus dans l'incertitude.

Nous voyons bien le point de départ mais pas celui d'arrivée; nous avons la base de l'édifice, mais pas ses limites.

Si la loi ne contient pas l'affirmation dangereuse indiquée plus haut, resterait-elle une page, sinon blanche, du moins presque blanche?

Peut-être; et c'est voulu. Pour la seconde fois (après 1917) en matière de réglementation de travail, le législateur désireux de l'adapter parfaitement aux besoins de l'industrie, cède le pas aux assemblées paritaires d'ouvriers et de patrons.

Le législateur sait ce qu'il veut, mais avant de le définir avec précision, consulte les intéressés. Il leur ouvre des perspectives, oriente les conversations provoquées, trace un plan aux accords qu'il veut voir foisonner. Après quoi, il donnera à l'industrie un vêtement fait sur mesure.

La page est presque blanche, mais, au bas, se lit un renvoi important : voir les règlements d'administration publique.

Le court exposé de ce système nouveau réfute de lui-même une autre erreur : celle de l'obligation d'appliquer immédiatement et partout la nouvelle loi.

Comment l'appliquer nécessairement, avant qu'elle soit sortie du vague, c'est-à-dire avant que le règlement d'administration publique n'ait paru?

Des conventions temporaires pourront être signées entre patrons et ouvriers, la loi même désire qu'il en soit ainsi, mais il y a tout juste une obligation morale. L'obligation légale ne viendra qu'avec le règlement précis qui sera la loi pour une profession et une région déterminées. A ce moment, l'inspecteur du travail interviendra pour que tous s'y conforment.

Jusque-là, patrons et ouvriers peuvent signer les accords qui leur plaisent. Légalement, ils ne doivent se plier qu'à l'ancienne réglementation (10 et 12 heures, et souvent, pas de limitation). Pour s'en convaincre, il n'y a d'ailleurs qu'à lire l'article 5 de la loi du 23 avril 1919 : « « Les dispositions... actuellement en vigueur seront abrogées... à partir de la mise en application des règlements d'administration publique... »

CHAPITRE II

LES RÈGLEMENTS D'ADMINISTRATION PUBLIQUE

Ils sont toute la loi.

Déjà, une trentaine ont paru, tous du modèle suivant :

DECRET du... portant règlement d'administration publique pour l'application de la loi du 23 avril 1919 sur la journée de 8 heures dans l'industrie du...

Le Président de la République Française, sur le rapport du ministre du Travail et de la Prévoyance sociale.

Vu la loi du 23 avril 1919, et notamment l'article 1er.

Vu l'avis inséré au *Journal officiel* du... et relatif à la consultation des organisations patronales et ouvrières pour les industries et régions ci-après énumérées et aux dates ci-après indiquées :

Le Conseil d'Etat entendu,

Décrète :

Article premier. — Les dispositions du présent décret sont applicables dans tous les établissements ou parties d'établissements où s'exercent les industries ci-après désignées :...

Art. 2. — (*La répartition du travail*) Les établissements ou parties d'établissements visés à l'article 1er *devront*, pour l'application de la loi du 23 avril 1919, choisir l'un des modes ci-après :

1º Limitation du travail effectif au maximum de 8 heures par jour ouvrable de la semaine.

2º Répartition inégale entre les jours ouvrables des 48 heures de travail effectif de la semaine, avec maximum de 9 heures par jour, afin de permettre le repos de l'après-midi du samedi.

L'organisation du travail par relais est interdite.

En cas d'organisation du travail par équipes successives, le travail de chaque équipe sera continu, sauf l'interruption pour les repos.

A la demande d'organisations patronales et ouvrières de la profession, de la localité ou de la région, des arrêtés ministériels pourront, après consultation de toutes les organisations intéressées et en se référant là où il en existe, aux accords intervenus entre elles, autoriser..... un régime équivalent basé sur une autre période de temps..... à la condition que la durée du travail journalier n'excède pas *10 heures*..... On pourra aussi remplacer l'après-midi du samedi par un repos d'une demi-journée un autre jour de la semaine.....

Art. 3. — (*Les récupérations*) En cas d'interruptions collectives du travail, résultant de causes accidentelles ou de force majeure (accidents survenus au matériel, interruption de force motrice, sinistres, etc...) une prolongation de la journée de travail pourra être pratiquée à titre de compensation des heures de travail perdues, dans les conditions ci-après :

1º En cas d'interruption d'une journée au plus, la récupération pourra s'effectuer dans un délai maximum de 30 jours à dater du jour de la reprise du travail.

2º En cas d'interruption d'une semaine au plus, la récupération pourra s'effectuer dans un délai maximum de 30 jours à dater du jour de la reprise du travail;

3º En cas d'interruption excédant une semaine, la récupération ne pourra s'effectuer au delà de la limite indiquée à l'alinea précédent sans autorisation écrite de l'inspecteur départemental du travail, donnée après consultation des organisations patronales et ouvrières intéressées.

L'augmentation prévue à titre de compensation ne peut avoir en aucun cas pour effet de porter la durée journalière du travail à plus de 10 *heures*.

Dans les établissements ou le régime hebdomadaire de travail comporte un repos d'une après-midi par semaine, soit le samedi, soit tout autre jour de la semaine, la récupération pourra se faire par suspension de ce repos de l'après-midi.

Art. 4. — (*L'horaire obligatoire*) Dans chaque établissement ou partie d'établissement, les ouvriers et employés ne pourront être occupés que conformément aux indications d'un horaire précisant pour chaque journée, et, éventuellement, pour chaque semaine, ou pour tout autre période de temps dans le cas d'application du paragraphe 6 de l'article 2, la répartition des heures de travail.

Cet horaire, établi suivant l'heure légale, fixera les heures auxquelles commencera et finira chaque période de travail en dehors desquelles aucun ouvrier ou employé ne pourra être occupé. Le total des heures comprises dans les périodes de travail ne devra pas excéder les limites fixées par l'article 2.

L'horaire daté et signé par le chef d'entreprise sera affiché en caractères lisibles et apposé de façon apparente dans chacun des locaux de travail auxquels il s'applique.

Toute modification de la répartition des heures de travail devra donner lieu, avant sa mise en service, à une rectification du tableau affiché.

Un double du tableau affiché et des rectifications apportées éventuellement à ce tableau, devra être préalablement adressé à l'inspecteur départemental du travail.

En cas d'organisation du travail par équipes, la composition nominative de chaque équipe sera indiquée, soit par un tableau affiché, soit par un registre spécial tenu constamment à jour et mis à la disposition du service de l'inspection du travail.

Art. 5. — (*Les dérogations permanentes*) La durée du travail effectif pourra être prolongée au delà des limites fixées conformément à l'article 2 du présent décret pour les travaux désignés dans le tableau ci-après.....

Art. 6. — (*Les dérogations temporaires*) La durée du travail effectif pourra être, à titre temporaire, prolongée au delà des limites fixées conformément à l'article 2 du présent décret, dans les conditions ci-après :

1o Travaux urgents dont l'exécution immédiate est nécessaire pour prévenir les accidents imminents, organiser des mesures de sauvetage ou réparer les accidents survenus soit au matériel, soit aux installations, soit aux bâtiments de l'établissement. Faculté illimitée pendant un jour, au choix de l'industriel; les jours suivants, deux heures au delà de la limite assignée au travail général de l'établissement.

2o Travaux exécutés dans l'intérêt de la sûreté et de la défense nationale ou d'un service public sur un ordre du Gouvernement constatant la nécessité de la dérogation. Limite à fixer dans chaque cas de concert entre le ministère du Travail et le ministère qui organise les travaux.

3o Travaux urgents auxquels l'établissement doit faire face (surcroît extraordinaire de travail.....)

Art. 7. — (*Formalités à remplir*) Le bénéfice des dérogations permanentes est acquis de plein droit au chef d'établissement, sous réserve d'accomplissement des formalités prévues par l'article 4 du présent décret.

Tout chef d'établissement qui veut user des facultés prévues à l'article 6 du présent décret est tenu d'adresser préalablement à l'inspecteur départemental du travail une déclaration datée, spécifiant : la nature et la cause de la dérogation, le nombre d'ouvriers (enfants, femmes, hommes) pour lesquels la durée du travail sera prolongée, les heures de travail et de repos prévues pour ces ouvriers, la durée évaluée en jours et en heures de la dérogation.

. Copie de cet avis sera affichée dans l'établissement à titre de modification temporaire de l'horaire courant.

Le chef d'établissement doit, en outre, tenir à jour un tableau sur lequel sont inscrites, au fur et à mesure de l'envoi des avis à l'inspecteur du travail, les dates des jours où il sera fait usage des dérogations, avec indication de la durée de ces dérogations. Ce tableau sera affiché dans l'établissement dans les conditions déterminées à l'article 4 du présent décret au sujet de l'horaire et il y restera apposé du 1er janvier de l'année courante au 15 janvier de l'année suivante.

Art. 8. — (*Salaires*) Les heures de travail effectuées par application des dérogations prévues au paragraphe 3 de l'article 6 du présent décret sont considérées comme heures supplémentaires et payées conformément aux usages en vigueur pour les heures de travail effectuées en dehors de la durée normale.

Art. 9. — (*Délai d'application*) Les dispositions du présent règlement s'appliqueront à..... Elles entreront en vigueur..... jours après sa publication au *Journal officiel*.

Toutefois, pendant un délai qui ne pourra excéder 6 mois, à dater de la mise en vigueur du présent règlement, le ministre du Travail pourra, après consultation des organisations patronales et ouvrières intéressées, accorder des dérogations exceptionnelles, dans le cas où la mise à exécution des dispositions ci-dessus comporterait l'augmentation du personnel spécialisé ou la transformation de l'outillage ou des locaux.

Les dérogations exceptionnelles ne pourront élever la durée de la journée au delà de 10 *heures*.

Art. 10. — Le ministre du Travail et de la Prévoyance Sociale est chargé de l'exécution du présent décret qui sera publié au *Journal officiel* de la République Française et inséré au *Bulletin des lois*.

Cette partie, commune à tous les règlements donne déjà des précisions intéressantes :

1º *Journées-base.* — Elle fixe les journées-base :

a) La journée de 8 heures. Exemple : lundi, mardi, mercredi, jeudi, vendredi, samedi : 8 heures; total : 48.

b) La journée de 9 heures avec semaine anglaise. Exemple : lundi, 8 heures ; mardi, mercredi, jeudi, vendredi, 9 heures; samedi, 4 heures; total : 48.

c) La journée de 10 heures, en cas de groupement des heures sur un certain nombre de jours durant la semaine, la quinzaine, le mois, le semestre ou l'année.

Exemple pour la semaine : lundi, mardi, mercredi, jeudi, 10 heures, vendredi 8 heures, samedi, repos; total : 48 heures.

Exemple pour la quinzaine : lundi, mardi, mercredi, jeudi, vendredi, samedi, lundi, mardi, mercredi : 10 heures; jeudi : 6 heures; vendredi, samedi, repos; total : 96 heures.

d) Le régime 3/8 pour le travail en trois équipes; la journée 2/8 ou 2/9 ou 2/10 pour le travail en deux équipes; le total des heures de la semaine se maintient toujours à 48, ou celui de la quinzaine à 96. etc...

2º *Maximum de la journée.* — Elle donne aussi la limite attendue pour la répartition des heures; c'est le maximum de 10 heures par jour. Jusque-là, nous savions si bien que la journée n'était pas figée à 8 heures que nous envisagions la possibilité d'aller jusqu'à 12 heures et plus, ce qui eut donné, avec 12 heures, par exemple, des semaines de 4 jours de travail et de 2 jours de liberté.

En somme, le législateur prohibe une première fois, non pas les journées de plus de 8 heures, mais les journées de plus de 10 heures, dans la semaine de 48 heures, la quinzaine de 96 heures, les 3 semaines de 144 heures, le semestre de 1.252 heures, l'année de 2.504 heures. Ce sont les chiffres que donne la moyenne de 8 heures par jour.

3º *Récupérations.* — L'article 3 apprend quelque chose de nouveau : la possibilité des récupérations. La loi n'en parlait pas, les règlements en parlent tous. L'ancienne réglementation du travail ne l'avait pas établie; la nouvelle la crée.

Les jours fériés, les quelques jours de chômage pour accidents, inventaires, etc... inévitables dans toute usine, pouvaient être considérés comme des loisirs supplémentaires s'ajoutant à la moyenne de 8 heures de loisirs par jour. Il n'en est rien, ces loisirs sont repris.

Au fond, cette pratique est tout simplement l'adaptation aux événements de la répartition des heures légales faite *a priori*. Mais elle change sérieusement la physionomie des journées-base atteintes. Avec elle, nous sommes encore plus loin de la journée de 8 heures et des 8 heures de loisirs journaliers.

La loi fixe à nouveau, pour ce cas, un maximum à la journée : 10 heures.

Supposons le lundi férié, ou chômé pour arrêt des machines motrices. Si la récupération se fait dans la semaine, les journées-base indiquées se modifient ainsi :

a) Journée de 8 heures; 8 heures à récupérer : lundi, repos; mardi, mercredi, jeudi, vendredi, 10 heures ; samedi, 8 heures; total : 48. — Loisirs : lundi, 16 heures; mardi, mercredi, jeudi vendredi, 6 heures; samedi, 8 heures; total : 16 + 24 + 8 = 48.

b) 9 heures et semaine anglaise; 8 heures à récupérer : lundi repos; mardi, mercredi, jeudi, vendredi, 10 heures; samedi, 8 heures; total : 48. — Mêmes loisirs.

c) 48 heures sur 5 jours; 10 heures à récupérer : lundi, repos mardi, mercredi, jeudi, vendredi, 10 heures; samedi, 8 heures; total : 48. — Mêmes loisirs.

d) Equipes. Les 3/8 restent immuables; il n'y a pas de récupération possible. Les 2 équipes, les 2/8, par exemple, se transforment ainsi : lundi, repos ; mardi, mercredi, jeudi, 2/10; vendredi et samedi, 2/9; total : 48. — Mêmes loisirs.

Il est possible de récupérer moins vite, mais la loi indique des délais assez brefs (voir article 3) pour le chômage, sinon pour les jours fériés. En tous cas, dans l'exemple choisi, avec récupération complète dans la semaine, voilà le résultat acquis, *en restant strictement* dans la loi et en maintenant simplement le total donné par la moyenne de 8 heures de travail par jour.

Or, nous avons vu que, légalement, ce principe ne pouvait être maintenu, et qu'il fallait y ajouter les *dérogations* sur lesquelles aucune précision n'était donnée.

Les articles 5 et 6 en apportent, le premier pour les dérogations permanentes, le deuxième pour les dérogations temporaires.

Les premières sont permanentes, mais elles ne sont pas générales; nous verrons à quel personnel elles s'appliquent. Les secondes frappent tout le personnel, mais elles sont temporaires; nous verrons la durée de ce temporaire.

Ces dérogations varient pour chaque industrie. Pour les connaître, il faut abandonner le cadre fixe et lire dans chaque règlement la partie variable des articles 5 et 6 (parag. 3).

Les paragraphes 1 et 2 de l'article 6 ne changent pas. Normalement, ils ne peuvent d'ailleurs pas être pris en considération, car ils visent des circonstances tout à fait exceptionnelles. Mais ils prouvent la souplesse de la loi qui, elle-même, pour le cas d'extrême nécessité passagère, fait sauter toutes les barrières et accepte, à l'avance, l'organisation opportune.

DECRET du 30 *août* 1919 *portant règlement d'administration publique pour l'application de la loi du* 23 *avril* 1919 *sur la journée de* 8 *heures dans les industries du livre.*

Art. 5. — La durée du travail effectif pourra être prolongée..... soit de 2 heures par jour, soit de 12 heures par semaine : 1º Pour les mécaniciens et chauffeurs employés au service de la force motrice, de l'éclairage et du chauffage; 2º Pour les employés d'atelier, contremaîtres, préparateurs, hommes de service, livreurs, cochers, et le personnel occupé au nettoyage des machines ou du matériel.

Art. 6. — Paragraphe 3 : 120 *heures par an* réparties sur 120 jours au plus, avec maximum de 2 heures par jour. Exceptionnellement jusqu'au 1ᵉʳ janvier 1920, et pour faciliter l'application de la loi, 2 heures par jour ouvrable.

Ne sont pas imputables sur lesdites 120 heures les heures supplémentaires faites l'après-midi du samedi pour compenser le chômage des jours fériés légaux.

DÉCRET du 30 *août* 1919.....
pour les industries de la préparation des cuirs et peaux

Art. 5. — La durée du travail effectif pourra être prolongée pour :
1º Mécaniciens, électriciens, chauffeurs, employés au service de

la force motrice, éclairage, chauffage : 1 h. ½ chaque jour, 2 heures le lendemain de chaque journée de chômage.

2° Ouvriers employés aux calorifères, étuves, séchoirs : 1 h. ½ chaque jour; 2 heures les jours de chômage.

3° Employés à l'entretien et au nettoyage des machines, aux calorifères et aux appareils de production que la connexité des travaux ne permet pas de mettre isolément au repos pendant la marche de l'établissement : 1 h. ½ chaque jour de travail, 2 h. le dimanche.

4° Chef d'équipe indispensable pour coordonner le travail de deux équipes..... : 2 heures.

5° Ouvriers, employés à des travaux nécessaires à la conservation des matières périssables mises en œuvre..... : 6 heures par semaine, utilisables seulement le samedi après-midi et le dimanche.

6° Ouvriers employés à des travaux reposant sur des réactions techniques ou chimiques..... : 2 heures le jour où ont lieu ces travaux.

7° Hommes de corvée exécutant des travaux préliminaires..... : 2 heures les jours où le travail est suspendu.

8° Pour les catégories professionnelles dont le travail est coupé de longs repos réels : gardiens, veilleurs de nuit, conducteurs d'automobile, charretiers, magasiniers, garçons de bureau..... : 4 heures au delà de la limite assignée au travail général de l'établissement, 4 heures le dimanche matin.

Art. 6. — Paragraphe 3 : 90 *heures* par an réparties sur 90 jours au maximum. En aucun cas la durée du travail journalier ne pourra dépasser 10 heures.

.Ce décret a été modifié sur certains points par le *décret du 30 décembre 1920...* pour les industries de la *sellerie, bourrellerie, fabrication des courroies mécaniques et de tous objets de cuir (maroquinerie, gainerie, articles de chasse, de voyage, de sport)* :

Art. 3. — (Modifications à l'article 5 précédent) : La durée du travail journalier peut, pour les travaux désignés ci-dessous, être prolongée de la façon suivante :

1° Mécaniciens, électriciens, chauffeurs, employés à la force motrice, éclairage, chauffage : 1 h. ½.

2° Employés aux calorifères et séchoirs, travail préparatoire : 1 h. ½.

3° Employés à la conservation des matières périssables..... :

6 heures par semaine, utilisables seulement le samedi après-midi et le dimanche.

4° Employés d'atelier..... contremaîtres de fabrication, hommes de service, livreurs : 2 heures.

5° Catégories professionnelles dont le travail est coupé de longs repos réels : gardiens, veilleurs de nuit, charretiers, magasiniers pointeurs : 4 heures au delà de la limite générale assignée.

Art. 4. — (Modifications à l'art. 6 § 3, précédent) Maximum annuel 120 *heures*. En aucun cas la durée du travail journalier ne pourra dépasser dix heures.

DÉCRET *du* 19 *novembre* 1919..... *pour les industries de la fabrication des chaussures en gros*

Art. 5. — Le travail effectif pourra être prolongé à raison de 1 h. ½ pour les mécaniciens et chauffeurs employés au service de la force motrice, de l'éclairage et du chauffage ; de 2 heures pour les employés d'atelier, contremaîtres de fabrication, hommes de service, livreurs.

Art. 6. — paragraphe 3 : 60 *heures* par an réparties sur un maximum de 60 jours. En aucun cas, la durée du travail journalier ne pourra dépasser 10 heures.

Le décret du 30 décembre 1920... pour les industries de la *fabrication des galoches, espadrilles, sandales, pantoufles, chaussons et chaussures en tous genres*, ajoute à cet article 6 :

Exceptionnellement, le maximum pourra être porté : à 120 *heures* pendant l'année 1921 et à 100 *heures* pendant l'année 1922.

DÉCRET *du* 12 *décembre* 1919..... *pour les industries textiles*

Article premier. — ..... Dans les industries de la teinture et de l'apprêt, du blanchiement et de l'impression sur tissus, filés et matières, les 48 heures de travail effectif pourront être réparties sur les 5 premiers jours de la semaine avec maximum de 10 heures par jour.....

Art. 2. — La durée du travail effectif peut être prolongée de la façon suivante :

1° *Tout le personnel : a)* Nettoyage des machines, métiers et tous autres appareils producteurs : 1 heure au delà de la limite *hebdomadaire* assignée au travail général de l'établissement; b) Nettoyage des métiers dans la filature du lin, du chanvre et leurs succédanés. Nettoyage des renvideurs dans la filature du coton : 1 h. ½ au delà de la limite *hebdomadaire* assignée au travail général de l'établissement;

2° *Hommes adultes* : a) Ouvriers employés aux fours, fourneaux, étuves, sécheries,..... sous la condition que ce travail ait un caractère préparatoire ou complémentaire; mécaniciens, électriciens, et chauffeurs..... : 2 heures au delà de la limite journalière assignée... 2 h. ½ le lendemain de chaque journée de chômage; b) Ouvriers employés à des opérations reposant sur des réactions qui ne peuvent être arrêtés..... 2 heures au delà de la limite journalière assignée.....; c) travailleurs bénéficiant de longs repos réels: surveillants, conducteurs, charretiers, livreurs..... : 4 heures au delà de la limite journalière assignée..... avec maximum de 12 heures par jour;

3° *Hommes et Femmes* : a) Pointeurs, garçons de bureau, service médical..... : 2 heures au delà de la limite journalière assignée. b) contremaîtres, chefs d'équipe, ouvriers affectés au réglage des métiers, aux études, aux essais.....: 2 heures au delà de la limite journalière assignée.....

Art. 6. — paragraph 3 : maximum annuel : 150 *heures* réparties entre 150 jours au maximum. En aucun cas la durée du travail journalier ne pourra dépasser 10 heures.

DÉCRET du 12 *décembre* 1919..... *pour les industries du vêtement*

Art. 5. — Le travail journalier peut être prolongé dans les conditions suivantes : 1° mécaniciens et chauffeurs, employés aux fourneaux, étuves, sécheries, chaudières..... : 1 h. ½ au delà de la limite journalière assignée....., 2 heures le lendemain de tout jour de chômage; 2° Hommes et femmes : personnel préposé à l'emballage, à la livraison, au nettoyage des locaux, service médical..... : 1 heure au delà de la limite journalière assignée.

Art. 6. — Paragraphe 3 : 120 *heures* par an au maximum réparties par moitié sur : 1° 15 samedis au maximum par an; 2° 60 journées autres que le samedi. Par exception à cette règle générale, le maximum et la répartition des heures supplémentaires seront fixées comme suit pour les professions ci-après : a) pour la mode en gros, 80 heures par an applicables sur 20 samedis au maximum, et faculté

de suspendre le repos de l'après-midi du samedi, lorsqu'en raison
d'un jour férié, la semaine comporte moins de 48 heures de travail
effectif; *b*) pour l'industrie des plumes et celle des fleurs, feuillages
et fruits artificiels, 140 heures par an, réparties à raison de 80 sur
20 samedis au maximum et 60 heures sur 60 jours autres que le
samedi; *c*) pour la confection en fourrure, 200 heures par an réparties à raison de 80 heures sur 20 samedis et 120 heures sur 120 jours
autres que le samedi au maximum; *d*) pour la teinturerie des
plumes, 250 heures par an réparties sur 250 jours au maximum.

En aucun cas, la durée du travail journalier ne pourra, par suite
de ces dérogations, être portée au delà de 8 heures le samedi et de
10 heures les autres jours de la semaine.

DÉCRET du 5 août 1920..... pour les industries du bâtiment
et des travaux publics des régions libérées

Art. 3. — En cas d'interruption collective du travail soit pour
causes accidentelles ou de force majeure (accidents survenus au
matériel, interruption de force motrice, intempéries, manque de
matériaux, sinistres) soit pour jours fériés, fêtes locales ou autres
événements locaux, une prolongation de la journée de travail
pourra être pratiquée à titre de compensation des heures de travail
perdues, en principe dans la semaine, ou, en cas d'impossibilité,
dans la quinzaine, sous la réserve que la durée du travail ne dépasse
pas 48 heures par semaine ou 96 heures par quinzaine.

Au cas où toutes les heures de travail perdues pour intempéries
n'auront pu être compensées de la façon ci-dessus, le nombre des
heures restant à récupérer sera fixé chaque année, dans le courant
d'avril au plus tard, par l'inspecteur départemental du travail
qui déterminera après consultation des organisations patronales
et ouvrières intéressées, leur mode de récupération à raison de
1 heure par jour.

Toutefois, la journée légale de travail ne pourra être prolongée
en vertu des deux dispositions ci-dessus de plus de 2 heures par jour.

Art. 5. — La durée du travail journalier peut être prolongée
dans les conditions suivantes :

1º Mécaniciens, électriciens, chauffeurs......: 1 h. ½; 2 heures le
lendemain de chaque journée de chômage.

2º Chefs d'équipe..... : 2 heures au delà de la limite assignée.

3º Chefs d'équipe coordonnant le travail de deux équipes : une
heure au delà de la limite assignée.

4° Contremaîtres, chefs de chantiers..... préparant les travaux : 2 heures au delà de la limite assignée.

5° Surveillants, gardiens, conducteurs, magasiniers..... service médical..... : 4 heures.

6° Pointeurs, garçons de bureau : 2 heures au delà de la limite assignée.

DÉCRET du 9 août 1920..... pour les industries de la métallurgie et du travail des métaux (complété par décret du 8 décembre 1920).

Art. 5. — La durée du travail effectif journalier peut être augmentée de la façon suivante : 1° Ouvriers employés aux fours, fourneaux, étuves, sécheries, chaudières..... faisant un travail préparatoire ou complémentaire; mécaniciens, électriciens, chauffeurs : 1 h. ½ au delà de la limite assignée.....;2 heures le lendemain de chaque journée de chômage.

2° Dans les fonderies de deuxième fusion, sous la condition que le travail ait un caractère purement préparatoire ou complémentaire : *a*) démontage des pièces le soir de la coulée ou le lendemain matin, quand ce travail est indispensable à la reprise du moulage.....; *b*) remoulage des pièces pour la coulée du jour quand, techniquement, il a été impossible de le faire la veille : 1 heure au delà de la limite assignée.

3° Travail des ouvriers employés d'une façon courante ou exceptionnelle pendant l'arrêt de la production à l'entretien et au nettoyage des machines, fours, métiers..... : 1 heure au delà de la limite assignée..... avec faculté de faire travailler ces ouvriers 12 heures par jour de chômage normal de l'établissement et les veilles des dits jours.

4° Travail d'un chef d'équipe ou d'un spécialiste indispensable..... 4 heures au delà de la limite assignée.....

5° Travail d'un chef d'équipe..... coordonnant le travail de deux équipes..... : 1 heure au delà de la limite assignée.....

6° Travail des ouvriers spécialement employés, soit au service des fours, soit au service du mouvement de la traction, soit à d'autres travaux, quand le service ou les travaux doivent rester continus pendant plus d'une semaine : faculté illimitée le jour où s'opère le décallage destiné à permettre l'alternance des équipes, cette alternance ne pouvant avoir lieu qu'à une semaine d'intervalle au moins.

7° Travail des ouvriers employés..... à des opérations qui ne peuvent être arrêtées à volonté..... : 2 heures au delà de la limite assignée.....; exceptionnellement pour la métallurgie, 6 heures la veille de tout jour de chômage.

8° Ouvriers de deuxième fusion spécialement affectés au service de l'allumage des appareils de fusion les jours de coulée : 2 heures au delà de la limite assignée.

9° Travail du personnel de maîtrise et des chefs d'équipe pour la préparation des travaux : 2 heures au delà de la limite assignée.

10° Chefs d'équipe, ouvriers affectés aux études et essais..... : 2 heures au delà de la limite assignée.....

11° Dans l'industrie de la soudure autogène, le travail des ouvriers préposés au service des appareils à acétylène : 1 heure par jour.

12° Surveillants, gardiens, aiguilleurs..... charretiers, livreurs, ainsi que de tous agents dont la présence est nécessaire de façon continue, pour le fonctionnement de l'établissement : 4 heures au delà de la limite assignée..... avec maximum de 12 heures par jour.

13° Pointeurs, garçons de bureau et agents similaires : 2 heures au delà de la limite assignée....., avec maximum de 12 heures par jour.

Pour les spécialistes travaillant dans les usines à feu continu et appartenant aux catégories énumérées dans le décret du 31 août 1910, ainsi que pour le personnel des stations centrales, la durée hebdomadaire moyenne du travail sera de 56 heures.

Les ouvriers spécialement affectés dans les services énumérés au dit décret du 31 août 1910, aux travaux d'entretien des appareils, seront assimilés aux spécialistes de ces services.

Art. 6. — Paragraphe 3 : maximum : 100 *heures par an*. En outre, le ministre du Travail pourra, lorsque le ministre dans les attributions de qui rentrent les travaux attestera qu'ils sont exécutés dans l'intérêt national, autoriser *50 heures de plus*. Ce chiffre pourra être porté à 100 *heures* pendant les années 1920, 1921, et 1922. En aucun cas, la durée du travail journalier ne pourra dépasser 10 heures.

DÉCRET du 26 août 1920..... Pour les magasins et salons de coiffure et dans les ateliers de confection de postiches (modifié par décret du 30 octobre 1921).

Art. 2. — ..... Dans les magasins et salons de coiffure pour hommes ou pour dames, en raison du caractère intermittent du travail, il est admis que la durée de présence prévue ci-après correspond à la durée maximum effectif fixée au premier paragraphe du présent article :

54 heures par semaine à Paris et dans les autres villes comptant plus de 500.000 habitants.

57 heures par semaine dans les villes comptant au plus 500.000 habitants et au moins 100.000 habitants.

60 heures par semaine dans les villes comptant moins de 100.000 habitants.....

La répartition des heures de présence prévue devra se faire de telle sorte que la durée de présence d'aucun jour ouvrable de la semaine n'excède 10 heures; ce maximum pourra être porté à 11 heures :

a) dans les villes comptant moins de 100.000 habitants où la limite de la durée de présence hebdomadaire dépassera 57 heures;

b) dans les villes comptant 100.000 habitants ou davantage, dans les établissements qui assurent à leur personnel un repos hebdomadaire collectif d'une journée et demie.....

Art. 5. — La durée de présence ou de travail, selon le cas, peut être prolongée..... dans les conditions suivantes : travaux urgents..... (surcroît extraordinaire de travail) maximum annuel : 52 heures, à raison de 2 heures par jour au maximum.

En aucun cas, la durée de présence journalière ne pourra dépasser 11 heures dans les salons et magasins de coiffures et la durée de travail journalier dépasser 10 heures dans les ateliers d'apprêt de cheveux, de confection de postiches et perruques.

DÉCRET du 30 août 1920..... pour les entreprises de production et de distribution d'énergie électrique de la région pasisienne

Art. 5. — La durée du travail journalier peut être prolongée de la façon suivante :

1º Chefs d'équipe ou spécialistes indispensables, en cas d'absence du titulaire,... : 4 heures au delà de la limite assignée.....

2º Chefs d'équipe..... coordonnant le travail de deux équipes : 1 heure au delà de la limite assignée.

3º Chefs d'équipe et ouvriers affectés aux études et essais..... : 2 heures au delà de la limite assignée.....

4º Surveillants, conducteurs..... livreurs : 4 heures au delà de **la** limite assignée au travail général de l'établissement avec maximum de 12 heures par jour.

5° Personnel préposé au nettoyage des locaux..... service médical..... : 2 heures au delà de la limite assignée.

6° La durée de présence des gardiens, concierges et agents similaires logés dans l'établissement..... sera continue, sous réserve d'un repos de 10 heures consécutives par semaine et d'un congé annuel de 4 semaines.

Art. 6. — Paragraphe 3 : 100 *heures* par an avec maximum de 2 heures par jour.

DÉCRET du 31 *décembre* 1920..... *pour les industrie de la meunerie*

Art. 2. — La répartition des 48 heures de travail effectif de la semaine devra se faire à raison de 8 heures par jour pendant les 6 jours ouvrables de la semaine.

Pout les techniciens, la répartition des heures de travail pourra se faire pour une période de 3 semaines consécutives, soit un total de 144 heures en 18 jours ouvrables, avec un maximum journalier de 10 heures.

Dans les moulins hydrauliques sujets à des chômages résultant de basses eaux ou d'inondations, les 48 heures de travail effectif de la semaine pourront être réparties sur 5 jours, avec maximum journalier de 10 heures.

Art. 5. — Le travail journalier pourra être prolongé dans les conditions suivantes :

1° Mécaniciens, électriciens, chauffeurs employés au service de la force motrice, de l'éclairage..... : 1 h. ½ au delà de la limite assignée.....; 2 heures le lendemain de chaque jour de chômage.

2° Techniciens et chefs d'équipe indispensables et remplaçant le titulaire manquant : 4 heures au delà de la limite assignée.

3° Techniciens indispensables..... : 2 heures au delà de la limite assignée.

4° Ouvriers employés à l'entretien et au nettoyage des machines et appareils de mouture : 1 heure au delà de la limite assignée.

5° Gardiens, veilleurs, conducteurs, charretiers, magasiniers, garçons de bureau : 4 heures au delà de la limite assignée..... avec maximum de 12 heures par jour; 4 heures le dimanche matin.

Art. 6. — Parrgraphe 3 : 260 *heures par an* avec maximum de 2 heures par jour et réparties sur 260 jours au plus.

DÉCRET du 19 *mars* 1921..... *pour les industries*
de l'ameublement

Art. 5. — Le travail journalier pourra être augmenté dans les conditions suivantes :

1º Mécaniciens, électriciens, chauffeurs..... : 1 h. ½.....; 2 heures le lendemain de chaque journée de chômage.

2º Ouvriers employés aux calorifères, séchoirs : 1 h. ½..... ; 2 heures le lendemain de chaque journée de chômage.

3º Chefs d'équipe ou spécialistes indispensables remplaçant le titulaire absent : 4 heures.....

4º Chefs d'équipe ou spécialistes coordonnant le travail de deux équipes..... : 1 heure.....

5º Chefs d'équipe préparant les travaux..... : 2 heures.

6º Surveillants, conducteurs, livreurs..... : 4 heures, avec maximum de 12 heures par jour...

7º Magasiniers, emballeurs..... service médical : 2 heures.

Art. 6. — Paragraphe 3 : Maximum : 120 *heures par an*; en aucun cas la durée du travail journalier ne pourra dépasser 10 heures.

DÉCRET du 17 *mai* 1921..... *pour le commerce*
en gros et demi-gros des marchandises de toutes natures

Art. 5. — Le travail journalier pourra être augmenté dans les conditions suivantes : employés aux fours, chaudières;..... mécaniciens, électriciens, chauffeurs..... : 1 h. ½..... 2 heures le lendemain de chaque jour de chômage.

2º Contremaîtres, chefs d'équipe..... : 2 heures.....

3º Charretiers, conducteurs, livreurs et autres agents affectés au service des transports : 4 heures au delà de la limite journalière....., à condition que les ouvriers dont il s'agit aient au moins 12 heures de repos ininterrompu entre 2 journées de travail.

4º Surveillants, gardiens..... 4 heures..... avec maximum de 12 heures par jour.

Art. 6. — Paragraphe 3 : maximum annuel : *a)* commerce de mareyage et salage de poisson de mer : 200 *heures* ; *b)* commerce de graines, grains, farine, fourrage, houblon, céréales; commerce de denrées alimentaires et de charbon, bois combustible : 150 heures; *c)* autres commerces : 150 *heures* en 1921 et 1922 ; 100 *heures les années suivantes.*

En aucun cas, la prolongation journalière ne peut être inférieure à une demi-heure, ni la durée du travail journalier dépasser 10 heures.

Toutefois, cette durée pourra être portée à 12 *heures* : 1º dans le commerce des mareyages et salage de poisson de mer; 2º dans le commerce des vins de Champagne et vins mousseux pendant la période des vendanges fixée par arrêté préfectoral.

DÉCRET du 17 août 1921..... pour les pharmacies
vendant au détail

Art. 5. — La durée de présence des hommes de service spécialement affectés au chauffage et nettoyage des locaux, à l'emballage, à la livraison, pourra être prolongée d'une heure par jour.

Art. 6. — Paragraphe 3 : 100 *heures* par an avec maximum de 2 heures par jour.

DÉCRET du 15 août 1923..... pour les industries de la fabrication
d'objets de faïence et de porcelaine ainsi que de poteries ayant un
caractère d'art ou destinés à des usages domestiques à l'exclusion
de la céramique de bâtiment.

Art. 5. — Le travail journalier peut être prolongé dans les conditions suivantes :

1º Mécaniciens, électriciens, chauffeurs, employés au service de la force motrice, de l'éclairage, du chauffage des locaux et du matériel de levage : 1 h. ½; 2 heures le lendemain de chaque journée de chômage.

2º Ouvriers employés au nettoyage des machines..... impossible pendant la marche de l'établissement : 1 heure avec faculté de faire travailler ces ouvriers 12 heures les jours de chômage normal de l'établissement et les veilles des dits jours.

3º Chefs d'équipe ou spécialistes indispensables remplaçant le titulaire absent : durée de l'absence du chef d'équipe et du spécialiste à remplacer.

4º Chefs d'équipe ou spécialistes coordonnant le travail de deux équipes : 1 heure au delà de la limite assignée au travail général de l'équipe.

5º Ouvriers spécialement employés au service direct des fours quand ce service doit rester continu pendant plus d'une semaine : la durée de travail ou de présence pourra être prolongée d'un nombre d'heures égal au plus à la moitié de la durée normale, le jour où s'opère le décallage destiné à permettre l'alternance des équipes, cette alternance ne pouvant avoir lieu qu'à une semaine d'intervalle au moins.

6° Travail des ouvriers employés au chauffage des fours, quand la marche des fours doit rester continue pendant moins d'une semaine : 4 heures au maximum sans que la durée hebdomadaire puisse dépasser 66 heures avec faculté de souder 2 périodes de présence, qui devront être suivies d'un repos ininterrompu de 24 heures.

7° Chefs enfourneurs ou calleur faisant fonction..... : durée illimitée pendant la période de grand feu jusqu'à l'arrêt du four.

8° Ouvriers couleurs de porcelaine épaisse pour l'électricité à haute tension : 2 heures au maximum.

9° Chefs d'équipes préparant les travaux..... : 2 heures au maximum.

10° Surveillants, conducteurs, livreurs..... service médical..... : 4 heures au maximum, sans que cette prolongation puisse avoir pour effet de réduire à moins de 12 heures la durée du repos ininterrompu entre deux journées de travail.

11° Garçons de bureau et agents similaires : 2 heures au plus avec maximum de 12 heures par jour.

12° Personnel préposé au nettoyage des locaux : 1 heure au maximum.

Art. 6. — *Paragraphe* 3 : Travaux exécutés pour assurer dans les délais de rigueur, le chargement ou le déchargement des wagons ou bateaux, dans le cas où la dérogation serait nécessaire ou suffisante pour permettre l'achèvement desdits travaux dans les dits délais : *maximum journalier : 2 heures.*

Paragraphe 4. — Travaux urgents auxquels l'établissement doit faire face (surcroît extraordinaire de travail : maximum : 150 *heures par an*).

En aucun cas, la prolongation journalière ne pourra être inférieure à une ½ heure ni la durée du travail journalier dépasser 10 h.

DÉCRET du 15 août 1923.... pour le commerce de détail de marchandises autres que les denrées alimentaires dans les villes comptant plus de 100.000 habitants et dans certaines villes assimilées à ces dernières.

Art. 5. — La durée du travail effectif journalier pourra être prolongée de la façon suivante :

1º Chauffeurs employés au service de l'éclairage, du chauffage, de la force motrice, du matériel de levage, de l'épuisement des eaux : 1 heure au maximum; 1 h. ½ le lendemain de chaque journée de chômage.

2º Mécaniciens, électriciens et ouvriers d'entretien : 1 heure au maximum.

3º Personnel spécialement affecté au nettoyage des locaux et des installations : 1 heure au maximum.

4º Garçons de magasin appelés à exécuter des travaux divers : (nettoyage, empaquetage, courses) : 1 heure au maximum.

5º Travail du personnel dirigeant, des chefs d'ateliers ou de rayons, contremaîtres, chefs d'équipe ou inspecteurs : 1 heure au maximum.

6º Gardiens de bureau, pointeurs : 1 heure au maximum.

7º Charretiers, voituriers, conducteurs d'automobiles et autres agents affectés au service des transports; travail des livreurs et des encaisseurs attachés au service des livraisons, gardiens‘veilleurs de nuit, service d'incendie, préposés au service médical et autres institutions créées en faveur des employés et ouvriers de l'établissement et de leur famille : 4 heures au maximum.

Art. 11. — Travaux urgents auxquels l'établissement doit faire face (surcroît extraordinaire de travail) maximum annuel : 150 h. Ce chiffre pourra être porté à 200 *heures pendant les années* 1923, 1924, et 1925 Pour le personnel affecté spécialement aux services d'expédition et d'emballages, le maximum annuel pourra, pendant les années 1923, 1924 et 1925, être porté à 250 heures. En aucun cas la durée du repos ininterrompu entre deux journées consécutives de travail ne pourra être réduite au-dessous de 12 heures, sauf autorisation exceptionnelle accordée par l'inspecteur départemental du travail.

I. *Dérogations permanentes.* — Elles frappent le personnel qui gravite autour des spécialistes et les libère de tous travaux accessoires pour qu'ils donnent leur plein rendement. Les véritables producteurs arrivent ainsi à l'usine, la trouvent en marche et se mettent à leur tâche préparée; ils travaillent; la coordination de leurs efforts est assurée; ils s'en vont. Après eux, on entretient, on revise, on nettoie; le produit de leurs efforts est rassemblé, emmagasiné, gardé, livré. Dans tous les décrets, nous voyons revenir ce personnel de mise en train et d'entretien, chargé des travaux préparatoires et complémentaires. Il est, en somme, restreint, mais les prolongations qui lui sont imposées sont sérieuses et journalières; elles vont de 1 heure à 4 heures, à ajouter au travail général de l'établissement.

La loi fixe un maximum à la journée ainsi prolongée : 12 *heures*.

Ainsi, parmi les ouvriers visés par les dérogations permanentes, quelques-uns feront toujours 12 heures (8 + 4, 9 + 3, 10 + 2). La plupart des autres feront alternativement 10, 11 et 12 heures. Aucun ouvrier ne fera moins de 9 heures.

A remarquer que pour l'industrie textile, une dérogation permanente hebdomadaire s'applique à tout le personnel, pour le nettoyage des métiers. La semaine légale est donc de 49 heures dans l'industrie textile.

II. *Dérogations temporaires.* — Elles frappent, en général, au plus, un nombre de jours égal à leur nombre d'heures. Les décrets l'imposent pour certains métiers.

Les dérogations temporaires frapperont, en général, au moins un nombre de jours égal à la moitié de leur nombre d'heures.

En effet, elles ne pourront guère être réparties à raison de plus de 2 heures par jour, la loi fixant à nouveau, à leur sujet, et pour la *troisième fois*, un maximum à la journée : 10 *heures*. En cas de semaine anglaise, le samedi après-midi pourra absorber plus de 2 heures; c'est même prévu pour le « vêtement ».

Supposons le chiffre moyen de 120 heures de dérogations temporaires. Que ce chiffre soit réparti à raison de 1 heure par jour et 6 heures par semaine, dans une période de presse, et $\frac{120}{6} = 20$ semaines sont touchées.

Les journées-base sont transformées ainsi :

a) Journée de 8 heures. Devient une journée de 9 heures;

b) Journée de 9 heures et semaine anglaise. Lundi, 9 heures; mardi, mercredi, jeudi, vendredi, 10 heures; samedi, 5 heures;

c) 48 heures sur 5 jours, journée de 10 heures. On aura 5 journées de 10 heures; samedi, 4 heures;

d) Les 3/8 restent immuables. Quant aux 2/8, par exemple, elles deviennent 2/9.

20 semaines seront de ces modèles.

Supposons une répartition de 2 heures par jour et de 12 heures par semaine. Le résultat est le suivant :

a) Journée de 8 heures. Devient une journée de 10 heures,

b) Journée de 9 heures et semaine anglaise. Lundi, mardi, mercredi, jeudi, vendredi, samedi, 10 heures;

c) 48 heures sur 5 jours. On a 6 journées de 10 heures;

d) Les 3/8 restent immuables; les 2/8, par exemple, deviennent 2/10.

Ainsi, 10 semaines seront de ces modèles .

Il est possible de répartir autrement, du moment que les dérogations ne sont pas détaillées en tranches de moins de 1 heure pour les métiers visés, et que jamais la journée n'est poussée à plus de 10 heures. Ainsi, dans le premier système, pour le type *b*, on maintient une journée de 9 heures en ajoutant une heure au lundi et cinq heures au samedi.

III. *Ce que devient l'année.* — Supposons le premier système de répartition adopté avec la journée-base *b*.

Nous avons 20 semaines avec le lundi de 9 heures, les 4 jours suivants de 10 heures et le samedi de 5 heures.

Si nous nous reportons aux récupérations, le choix de la récupération du lundi dans la semaine, donne pour *b* : lundi, repos; les 4 jours suivants, 10 heures; samedi, 8 heures.

Evaluons le nombre des jours fériés et fêtes locales à une douzaine, le nombre des chômages collectifs inévitables à une dizaine; 22 semaines seront modifiées.

L'année de notre ouvrier se présentera ainsi, avec ses 52 semaines :

10 semaines : lundi, 8 heures; mardi, mercredi, jeudi, vendredi, 9 heures; samedi, 4 heures.

J. Beaudemoulin

22 semaines : lundi, repos; mardi, mercredi, jeudi, vendredi, 10 heures; samedi, 8 heures.

29 semaines : lundi, 9 heures ; mardi, mercredi, jeudi, vendredi, 10 heures; samedi, 5 heures.

Des répartitions diverses peuvent être envisagées, avec mélange des récupérations et des dérogations, et principalement mélange des dérogations temporaires et des récupérations pour jours fériés réparties sur toute l'année. Entre de multiples exemples celui-ci est simple et frappant.

Dans le cas d'un ouvrier soumis à une dérogation permanente de 1 heure par jour, par exemple, il faut, pour avoir la physionomie de son année, ajouter au tableau présenté une heure par jour.

Observons également que ces horaires s'entendent pour du travail effectif. Si, dans les heures indiquées, il y a du temps perdu, les journées peuvent être prolongées d'autant.

Avec ce régime, l'ouvrier courant ne fait que les 2.504 heures légales, plus 120 heures supplémentaires légales, soit 2.624 heures par an. Ses loisirs ne sont diminués que de 120 heures.

Nous aurions pu nous contenter des formules suivantes :

Le travail annuel de l'ouvrier doit se limiter à la moyenne de 8 heures par jour.

Il y a 313 jours ouvrables dans l'année (365 — 52). L'ouvrier ne peut donc faire plus de $313 \times 8 = 2.504$ heures de travail effectif. La formule des 3/8 s'entend de 2.504 heures de sommeil, 2.504 heures de travail effectif, 2.504 heures de loisirs; total : 7.512 heures (313×24).

Il faut tenir compte, pour tous les ouvriers, des chiffres divers de dérogations temporaires; prenons le chiffre moyen de 120.

Le travail devient de 2.624 heures, et les loisirs sont de 2.384 heures.

Pour les ouvriers atteints par les dérogations permanentes, la prolongation journalière est à déduire; choisissons une moyenne d'une heure. Le nombre des jours de travail est de 290 à 300; supposons la moyenne de 295. Pour ces ouvriers, le travail est de : 2. 624 + 295 = 2.919 heures, et les loisirs sont de 2. 384 — 295 = 2.089 heures. Total : 2. 504 + 2.919 + 2.089 = 7.512 heures.

En somme, les ouvriers ont légalement à côté de leurs 52 dimanches, 2.089 à 2.384 heures de loisirs, environ, par année.

Mieux valait faire vivre un peu ces chiffres et montrer la physionomie des journées de travail afin de faire justice de cette erreur : la journée de 8 heures obligatoire et la réalisation journalière obligatoire de la formule des 3 /8 : 8 heures de travail, 8 heures de loisirs, 8 heures de sommeil.

En somme, dans les limites légales, dans une usine qui marche normalement, des ouvriers faisant la semaine anglaise auront comme loisirs semainiers : une douzaine de jours fériés, une dizaine de jours de chômage, une trentaine de samedis après-midi, et le reste du temps, les loisirs que laissent des journées dont environ 30 seront de 8 heures, 60 de 9 heures, et 160 de 10 heures. Les 8 heures de sommeil étant maintenues, ces journées de 8, 9 et 10 heures leur donneraient 8, 7 et 6 heures de loisirs.

Dans une usine ne faisant pas la semaine anglaise, l'ouvrier verra environ 80 de ses journées être de 8 heures, 120 de 9 heures et 80 de 10 heures.

Dans une usine où le travail est réparti sur la base de 5 jours, l'ouvrier aura quelques jours entiers de loisirs de plus, mais presque toutes ses journées seront de 10 heures.

Une seule catégorie d'ouvriers, assez resteinte, comme nous le verrons, peut se flatter de réaliser journellement la formule idéale des 3 /8, c'est celle dont le travail est organisé en 3 équipes de 8 heures.

Si son travail à l'usine est réellement *effectif*, l'ouvrier ordinaire sera assuré de ne jamais dépasser 10 *heures*. Celui qui sera touché par les dérogations permanentes ne restera pas à l'usine plus de 12 *heures*.

IV. *Ces conclusions appellent certaines objections* :

1° « Cette crainte de discrimination entre travail effectif et temps de présence susceptible de prolonger au delà de

10 heures la journée de l'ouvrier non soumis aux dérogations permanentes, est vaine; le législateur veut que la journée soit faite de travail effectif; l'industriel devra régler ce travail de façon à ce qu'il soit « compact », comme disent les Anglais, et que soient supprimées les périodes creuses qui retarderaient d'autant la sortie ».

Il est à souhaiter, en effet, que les industriels s'attachent à éviter toutes les causes de prolongation inutile des journées qu'elles soient de 8, de 9 ou de 10 heures.

L'esprit de la loi étant connu, nous verrons ce qui se passe dans la pratique.

2° « Les chiffres fixés par la loi sont des maxima ; les 2.504 heures par an, les chiffres divers de dérogations permanentes et temporaires sont une limite qui ne doit pas être dépassée, mais qui peut ne pas être atteinte.

« Lorsque le règlement d'administration publique a paru, ouvriers et patrons des divers établissements de la profession visée se mettent d'accord pour son application. Ils signent une convention collective par laquelle ils acceptent les chiffres du règlement, ou les adoucissent; ils ne doivent pas les aggraver. Ainsi, un industriel peut très bien ne pas demander la récupération de toutes les journées perdues, et abaisser de moitié le total de ses dérogations. »

C'est très vrai. Mais remarquons : a) que les récupérations représentant pour l'ouvrier, payé presque toujours à l'heure, le rétablissement de son salaire normal, il sera probablement le premier à les demander aussi complètes que possible ; b) qu'une augmentation de gain, par ce temps de vie chère, intéressant beaucoup l'ouvrier, un total élevé d'heures sur-payées sera tout à fait de son goût. En effet, si les heures de dérogations permanentes sont maintenues au tarif ordinaire, celles de dérogations temporaires sont en général tiercées, c'est-à-dire payées un tiers en plus.

En second lieu, les règlements d'administration publique ont été rédigés d'après un certain nombre de contrats collectifs, signés librement entre ouvriers et patrons, priés d'indiquer leur désir. Dans ce règlement, la plupart du temps, le législateur, craignant un excès, a fixé des maxima un peu inférieurs à ceux qui lui étaient proposés. Les nouveaux négociateurs de la profession raisonneront sans doute comme les premiers et adopteront les chiffres modérés inscrits dans le règlement.

En période d'activité normale, le maxima permis sera atteint. Evidemment, en période de crise, ce régime maximum ne sera pas maintenu et sera même remplacé progressivement par le chômage complet.

3° Nouvelle objection: « Même si les conventions signées adoptent le maximum légal des dérogations et décident des récupérations aussi complètes que possible, l'usage des unes comme des autres est subordonnée, en chaque occurrence, à l'autorisation de l'inspecteur du travail. »

Ce n'est pas exact.

Les dérogations permanentes ne nécessitent aucune demande d'autorisation, pas même une déclaration.

Pour bénéficier des dérogations temporaires, l'industriel doit simplement, le moment venu, envoyer une *déclaration* motivée à l'inspecteur du travail; *il n'a pas besoin d'attendre une autorisation.*

Seules les dérogations pour intérêt national sont soumises d'abord à l'autorisation ministérielle; après quoi, déclaration.

Quant aux récupérations, celles qui concernent les jours chômés pour cas de force majeure, en nombre restreint, ne sont subordonnées à aucune autorisation. L'inspecteur du travail ne doit donner son autorisation que pour : a) les récupérations de jours chômés pour cas de force majeure, pendant plus d'une semaine; b) les récupérations des jours fériés; c) les récupérations des jours chômés pour intempéries.

Le cas des jours fériés, dont le nombre exact est connu, n'a jamais soulevé de discussion. Même, une circulaire de janvier 1920 permet une autorisation générale au début de l'année. Dans les exemples théoriques choisis, nous n'avons envisagé qu'un nombre très raisonnable de jours fériés, et de jours chômés pour cas de force majeure.

4° « C'est possible, mais, même s'il enregistre simplement une déclaration de dérogations temporaires, l'inspecteur du travail ne se contentera pas de faire des additions pour voir si les maxima ne sont pas dépassés, il cherchera le motif. Si ce motif lui paraît insuffisant, il interviendra. Or, le motif légal est net : *surcroît extraordinaire de travail*. Ce doit être tellement exceptionnel que MM. François Poncet et Mireaux, dans leur livre sur *la France et les 8 heures*, « regrettent que la loi n'ait pas envisagé le surcroît *ordinaire* de travail. » Selon eux, pour utiliser les dérogations, l'industriel devrait attendre un surcroît au surcroît de travail habituel à certains jours ou à certains mois de l'année; c'est-à-dire quelque chose *d'extraordinaire*. »

La circulaire du 27 mai 1919, signée par M. Colliard, nous rassure :

Cette expression, dit-il..... vise les *poussées de travail* auxquelles ont à faire face, à certains moments de l'année, dans certaines saisons, l'industrie et le commerce.

C'est donc très normal. Dans toute industrie, il y a des jours calmes et des jours de presse, une période de morte-saison et une période de vie. L'industriel pourra facilement justifier, pour certains jours, certains mois, la déclaration d'usage de dérogation qu'il fera un peu avant les jours, les mois surchargés.

5° Il s'agit maintenant des heures de dérogation pour « intérêt national » instituées pour la métallurgie. « Si leur usage, dit-on, n'est soumis qu'à une déclaration, leur existence est subordonnée à une autorisation ministérielle. Et l'intérêt national ne se conçoit que dans des cas exceptionnels, la guerre, par exemple. »

La circulaire de l'Union des industries métallurgiques et minières en date du 9 août 1920, donne l'interprétation officielle :

Il résulte des explications qui nous ont été données à ce sujet par le ministre du Travail que l'expression « intérêt national » sera toujours prise dans son sens *le plus large*, et qu'elle s'appliquera, non seulement aux travaux exécutés pour le compte de l'Etat, des services publics ou d'intérêt public, mais encore à tous ceux qui répondront aux besoins du pays, ou qui sont susceptibles de concourir à la réforme de notre outillage ou à l'expansion ae notre industrie et du commerce français à l'étranger. »

6° Dans ces conditions, il est facile de combattre une opinion que M. V... exprimait le 24 mars 1923 :

D'une façon générale, la journée de 8 heures est observée dans la mesure compatible avec les exigences de l'industrie. Dans mon enquête de l'automne dernier, j'ai constaté qu'elle était observée dans une des trois usines où j'ai été embauché et que j'ai dû quitter lorsque le travail a fait défaut; les commandes étant peu nombreuses, la journée de 8 heures avec semaine anglaise était pratiquée. Dans les autres usines, les commandes surabondant, on n'observait pas la semaine anglaise et l'on faisait 9 heures par jour.

L'ouvrier tient au principe des 8 heures, qui lui permet de refuser, quant il lui plaît, de faire 1 *heure supplémentaire*. Il tient également à pouvoir faire, s'il lui convient, cette heure en supplément. De là, *la tolérance* très large accordée à cette pratique, qui est assez commune actuellement, l'industrie traversant une période d'activité.

Un ouvrier peut toujours refuser, sous quelque régime légal que ce soit, de faire le travail qui lui est demandé. Comment le contraindre, il est libre; le travail n'est obligatoire que dans le paradis soviétique. Mais alors, il encourt le risque d'être congédié.

M. V... veut évidemment dire que sous le régime des 8 heures l'ouvrier peut refuser toute heure au delà de 8, sans risquer le renvoi, parce que le patron outrepasserait ses droits, et que l'inspecteur du travail, averti, interviendrait et menacerait d'une contravention. Au delà de 8, l'heure faite constituerait de la part de l'ouvrier une faveur,et de la part de l'inspecteur une tolérance !

C'est une erreur, et qui tient toujours à la mauvaise interprétation du principe des 8 heures.

Il faut le répéter. L'inspecteur du travail trouvera que le patron est dans son droit, tant que les formalités requises seront observées, tant que les maxima légaux seront respectés, tant que les journées ne dépasseront pas 10 heures.

Les récupérations sont de droit, comme les dérogations permanentes et temporaires. L'industriel peut les demander à ses ouvriers, et congédier impunément tous ceux qui ne voudront point les accepter. Il n'a évidemment aucun moyen de les obliger à lui obéir.

L'ouvrier ne peut se permettre de refuser le travail sans danger que dans les deux cas suivants :

1º Si les chiffres des règlements sont dépassés;

2º Si une convention collective a été signée entre ouvriers et patron, établissant un régime de travail plus doux que le règlement.

Dans la pratique, le règlement ayant paru, ou bien le patron en demande l'application pure et simple à ses ouvriers, ou bien il signe avec eux une convention temporaire le reproduisant; ou bien, il signe une convention établissant un régime plus libéral.

La convention temporaire signée ne prévoit, par exemple, que des récupérations limitées, et que 50 heures supplémentaires au lieu de 100, etc... En ce cas, si le patron lui demande plus, l'ouvrier le conduira devant le Conseil des prud'hommes.

A noter que, si l'ouvrier ne veut même pas faire les chiffres convenus dans ce cas, le patron non seulement le congédiera, mais l'amènera devant le même Conseil, pour inobservation de la convention.

Pour qu'un ouvrier puisse refuser, impunément, de faire jamais plus de 8 heures, il doit se prévaloir d'une convention collective indiquant que l'horaire choisi est de 8 heures tous les jours, et n'admettant ni récupérations, ni dérogations permanentes, ni dérogations temporaires.

Alors qu'il faisait 8 heures et la semaine anglaise, M. V... avait l'impression d'être dans le régime légal. Quand il faisait 9 heures tous les jours, il avait l'impression d'être dans un régime illégal, mais sagement toléré à cause des nécessités industrielles.

Or, dans le premier cas, M. V... n'était même pas dans la journée-base classique.

Dans le deuxième cas, il travaillait 54 heures par semaine, soit chaque semaine 6 heures de plus que la normale, soit

312 heures de plus par an. Dans cet établissement métallurgique, et en 1922, l'industriel pouvait demander 100 heures de dérogation pour travaux urgents, 100 d'intérêt national, accordées pour abondance de commandes, soit 200 heures. Restent 112 heures, récupération de $\dfrac{112}{8} = 14$ jours, fériés, fêtes légales, arrêts de machine, ce qui est très raisonnable. Si M. V... avait refusé de faire plus de 8 heures son patron l'aurait congédié, à moins que sa présence ne lui ait été indispensable. Le principe exprimé dans le règlement étant respecté, l'inspecteur du travail, averti, eut considéré le fait d'un œil indifférent.

TITRE II

L'APPLICATION DE LA LOI

CHAPITRE PREMIER

Après le vote de la loi, la plupart des ouvriers, convaincus qu'ils avaient acquis véritablement la journée de 8 heures, refusèrent en général de faire 1 heure de plus.

Beaucoup de patrons commirent d'ailleurs la même erreur que leurs ouvriers et se crurent obligés d'établir immédiatement la journée de 8 heures.

Ailleurs, la discussion fut presque toujours impossible.

Rares furent ceux qui purent établir un régime intermédiaire et faire comprendre à leurs ouvriers la portée exacte de la loi. Il est vrai qu'à ce moment-là, les règlements d'administration publique n'avaient pas encore paru, pour donner le ton.

Vint la crise sans précédent de mévente et de chômage de 1920-1921. Beaucoup d'usines ne firent même plus 8 heures, mais 6, et souvent moins.

Puis les règlements d'administration publique ont paru progressivement, et la loi, petit à petit, s'est précisée. Une évolution s'est faite.

Comprenant leurs droits, rendus plus exigeants par la reprise industrielle, les patrons se sont mis à réclamer l'application de la loi de 8 heures, en place de la journée de 8 heures.

Les ouvriers, fatigués du chômage, admettant peut-être aussi certaines nécessités générales, mais surtout très gênés par la vie chère, ont changé d'attitude, et refusé de moins en moins le régime légal de plus en plus demandé.

Si, maintenant, des ouvriers refusent de faire plus de

8 heures, c'est, en général, pour une question de paiement des heures qui les dépassent. Ils n'aiment pas les récupérations ni les dérogations permanentes, parce qu'elles sont payées an taux normal; ils admettent volontiers les heures supplémentaires parce qu'elles sont au moins tiercées. Dans l'esprit de beaucoup la loi nouvelle n'est plus la grande dispensatrice de liberté, mais rend tout simplement possible une augmentation de salaire par le tarif élevé des heures supplémentaires. Des ouvriers quittent des usines parce qu'ils n'y font pas d'heures supplémentaires. Un certain nombre d'industriels sont obligés de payer les heures de récupération comme heures supplémentaires. Seule, la récupération, sur les premiers jours de la semaine, des heures du samedi après-midi, en cas de semaine anglaise, est toujours payée au taux ordinaire, sans discussion.

A l'appui de cette opinion, peuvent être indiquées les décisions que vota la Fédération du textile lors de son congrès du 13 août 1922 :

1º Le congrès décide qu'il y a lieu de s'opposer à la récupération des jours fériés ou fêtes locales, qui est, pour les employeurs, une source d'abus; 2º Le congrès décide qu'il y a lieu de s'opposer également aux dérogations temporaires dont l'expérience a montré que les employeurs font un emploi abusif et qui sont souvent une cause de chômage; toutefois, de ne les admettre que pour des raisons majeures, et dans ce cas, suivant les conditions déterminées par les résolutions du Congrès de Rouen, qui dit : « les dérogations temporaires ne peuvent être admises qu'à la condition qu'une majoration de 100 % sur les prix ordinaires soit payée, ou que soit payée la perte du salaire des jours de chômage jusqu'à concurrence du nombre d'heures de dérogation. »

Ainsi les délégués de la Fédération subordonnent, au fond, l'acceptation des dérogations temporaires à une question de salaire.

Deux faits illustrent bien l'évolution indiquée pour l'application de la loi, et le revirement patronal actuel.

1º *Lock-out de la métallurgie à Marseille.* — Le 20 juin 1923, la Fédération des industries métallurgiques de la région marseillaise expose ainsi les causes du lock-out qui vient d'être décidé par les patrons métallurgistes de Marseille :

A la fin du mois d'avril, les ouvriers fondeurs de la région de Marseille, obéissant à un mot d'ordre du syndicat extrémiste....., se sont mis en grève..... Impuissants à faire abandonner le travail aux ouvriers métallurgistes de toutes corporations....., ils ont pu néanmoins faire prendre et appliquer par ces ouvriers la décision de se refuser à faire des heures supplémentaires et les heures de récupérations prévues par les règlements d'administration publique..... Cette attitude a mis les compagnies de navigation dans une situation particulièrement fâcheuse..... D'autre part, il ne peut être toléré que des ouvriers se refusent à travailler dans les conditions prévues par la loi et les accords.

C'est dans ces conditions que les patrons métallurgistes de la région de Marseille ont été amenés à envisager la fermeture de leurs ateliers. Ils savent l'importance d'une telle mesure; aussi ont-ils fait tous leurs efforts pour l'éviter et s'ils l'ont mise à exécution, c'est parce que leurs essais de conciliation n'ont pas abouti et pour sauvegarder les intérêts de leurs industries en même temps que les intérêts généraux de toute la région.

Les industries ne rouvriront leurs ateliers que lorsque, dans l'ensemble des établissements, les ouvriers auront accepté de travailler aux conditions des accords intervenus.

Ainsi fut fait.

2º *Conseil municipal de Paris*, 1922.

Proposition déposée par M. de F..., conseiller municipal de Paris, conseiller général de la Seine, tendant à appliquer la loi du 23 avril 1919 (loi de 8 heures) conformément à son esprit, au personnel des services municipaux, départementaux, des services concédés, et à obtenir de M. le ministre du Travail qu'il présente à la signature de M. le Président de la République, des décrets portant règlement d'administration publique afin de rendre ladite loi obligatoire en droit pour les services de la ville de Paris et du département de la Seine :

Messieurs..... Nous ne sommes pas des législateurs, mais plus modestement des administrateurs, et nous devons nous conformer aux lois votées par le parlement.

Or, appliquons-nous à notre personnel ouvrier et hospitalier la loi de 8 heures? Nous allons voir qu'il faut répondre négativement.

Nous appliquons le journée de 8 heures, nous n'appliquons pas la loi de 8 heures.....

De l'examen de la loi, nous retiendrons ce qui en est le principal :

1o La répartition des heures de travail peut être faite soit sur la journée, soit sur la semaine, soit sur une autre période de temps, ce qui donne 8 heures de travail effectif par jour ouvrable, et pour l'année 365 — 52 = 313 × 8 = 2.504 heures, ou 48 × 52 = 2.496 heures, auxquelles il y a lieu d'ajouter la journée qui excède les 52 semaines dans les années non bissextiles, soit donc encore 2.504 heures;

2o Des dérogations permanentes et temporaires doivent être admises;

3o Des règlements d'administration publique doivent intervenir pour rendre obligatoire l'application de la loi.

..... La commission chargée de l'application de la loi de 8 heures ouvrit ses séances le 13 mai 1919 et siégea jusqu'au 4 juin...

La durée de 8 heures, uniformément par journée de travail, fut seule admise, et l'idée émise par M. G., directeur du personnel, soutenue par M. L., de faire exécuter à certains ouvriers (ceux des promenades) 7 heures en hiver et 9 heures en été, fut repoussée. A une ou deux reprises, notre collègue, M. L., exposa également que l'accord qui venait d'être passé le 17 avril entre patrons et ouvriers de la métallurgie, prévoyait pour diverses catégories d'employés 56 heures par semaine en utilisant les dérogations que la loi permettait. Mais ce sage langage ne fut pas écouté et en définitive, aucune dérogation (sauf une heure chaque jour pour les cochers des Pompes Funèbres) ne fut admise, *les représentants des ouvriers comme certains conseillers municipaux* déclarant qu'en admettre, c'était déroger à la loi.....

La journée de 8 heures fut promise au personnel des gardiens de cimetières et promenades, bien que le secrétaire général de la Préfecture ait très justement fait observer que la loi ne s'appliquait nullement à cette catégorie d'employés.

En résumé..... il ne fut tenu aucun compte des règles posées en principe par les législateurs au sujet des dérogations temporaires et permanentes.....

Sans même attendre la fin des travaux de la Commission, M. le préfet de la Seine adressait le 31 mai 1919 à ses chefs de service la

note ci-après : « Messieurs les directeurs et chefs de Services sont
invités à appliquer, dans le plus bref délai, la journée de 8 heures
à toutes les catégories de personnel pour lesquelles les modalités
d'application ont été déterminées par la Commission d'études
instituée par l'arrêté du 3 mai 1919..... »

*Étude des principaux règlements d'administration publique parus
jusqu'à ce jour.....* : Les dérogations sont très importantes et
vont de 60 à 260 heures. Quant aux récupérations, elles sont
prévues en raison des jours fériés légaux, fêtes locales, pour interruption collective du travail résultant de force majeure, et par
suite de morte-saison..... Si dans une usine, dans un commerce,
nous examinons telle période, nous voyons que sur 100 ouvriers,
20 par exemple feront 10 heures, 11 heures, tandis que les 80 autres
n'en font que 8; pendant telle autre période, même fort longue,
nous constatons que tous les ouvriers travaillent 9 heures, 10 heures.

La loi est souple, n'astreint pas à une uniformité absurde; elle
s'adapte aux conditions des travaux, à la fatigue qu'ils occasionnent, aux habitudes des régions, et est appliquée en parfait accord
entre les organisations patronales et ouvrières.

Application de la loi de 8 heures dans la région parisienne : Ce
serait sortir du cadre de cette proposition qu'étudier l'application
de la loi de 8 heures dans tous les corps de métiers de la région
parisienne. Il m'a paru intéressant, cependant de voir comment
elle était pratiquée à Paris ou en banlieue, dans l'industrie employant le plus grand nombre d'ouvriers, celle du fer, et vous me
permettrez de faire brièvement passer sous vos yeux le résultat de
mon enquête.

Partout, si les commandes le permettent, les ouvriers font
2.504 heures, récupérant les jours fériés, les jours d'arrêt forcé
dans les ateliers, dans les usines. A ces 2.504 heures s'ajoutent
100 heures par ouvrier et par an pour travaux urgents et 100 heures
également par ouvrier et par an pour travaux exécutés dans l'intérêt national, celles-ci faites après avis donné à l'inspecteur du
travail et en plein accord aussi avec les délégués des ouvriers. Les
dérogations s'appliquant à certaines parties du personnel sont
également mises en pratique.

D'où il ressort que dans telles usines, les ouvriers travaillent
presque tous les jours ouvrables de 7 heures à midi et de 1 h. ½
à 17 h. ½, soit 9 heures; dans telles autres, le travail est moins
uniformément réglé; la journée de 8 heures pendant 3 ou 4 jours
est de 10 heures pendant 3 ou 4 autres, selon les nécessités du

moment; les ouvriers dont le travail est particulièrement dur n'effectuent que 8 heures.

S'il n'y a pas lieu de faire exécuter des heures supplémentaires à tout le personnel, celles-ci sont accordées aux meilleurs ouvriers et un chef de personnel dans une grande maison me disait qu'il voyait fréquemment des ouvriers quitter l'usine parce qu'il ne leur était pas donné d'heures supplémentaires Tous les exemples que je viens de citer s'entendent *sans l'application* de la semaine anglaise.

D'une façon générale, il n'est pas octroyé de congé (sauf 6 à 12 jours aux contremaîtres après 2 ans de présence); il n'y a donc pas de récupération de ce fait.

Je crois, d'après ce que je viens de dire, avoir suffisamment expliqué le terme dont je me servais au début et qui pouvait paraître un peu énigmatique : *nous appliquons au personnel de la Ville de Paris et du département de la Seine la journée de 8 heures; nous ne lui appliquons pas la loi de 8 heures.*

Il est certain que les termes de la circulaire de M. le ministre du Travail, en date du 27 mai 1919, que je citais un peu plus haut, constatant que la loi n'était pas toujours comprise et interprétée dans l'esprit dans lequel elle a été votée, aurait dû peser davantage dans les décisions de la Commission nommée par M. le préfet de la Seine, Commission qui, précisément à cette date, tenait ses séances; mais je ne voudrais en aucune sorte sembler porter la plus légère critique sur ceux qui y siégeaient; puisque, à la vérité, des dérogations n'avaient encore pu être formulées dans aucun texte, *qu'aucun règlement d'administration publique n'avait encore été pris* (les premiers parus sont du 30 août 1919) et qu'aucune interprétation concrète de la loi n'avait, de ce fait, été donnée.....

Convient-il de laisser les choses dans l'état où elles se trouvent? Je ne le pense pas.....

Faut-il prévoir un ou plusieurs règlements d'administration publique?

..... Il faut, non pas une Commission unique, comme en mai 1919, mais que plusieurs commissions, une par grand service (12 ou 15), soient nommées pour donner les consultations exigées.....; et il est très souhaitable que des accords interviennent. Car, dans ce cas, il est bien probable que les 12 ou 15 règlements ne feront *que rendre légal ce qui aura été décidé entre les parties, comme cela s'est passé pour les patrons et ouvriers métallurgistes.*

Voyons maintenant dans quel esprit seront conçus ces accords, ce que la loi permet de poser en principe, ce que nous devons ensuite exiger de nos ouvriers.

La loi autorise à se mouvoir dans la journée (8 heures par jour), dans la semaine (48 heures par semaine), dans toute autre période de temps que la semaine, l'année si bon semble (2.504 heures).

Etant donné la régularité du travail dans nos grands services, la nécessité d'une main-d'œuvre à peu près égale d'un bout de l'année à l'autre, étant donné que des congés de 3 semaines occasionnent naturellement une perte totale du travail de l'agent qui en jouit, la meilleure période à choisir est, selon moi, l'année.

Les projets de règlement, pour être acceptés par le ministre du Travail, devront se rapprocher le plus possible de ceux déjà parus et plus spécialement de ceux qui s'appliquent à des métiers analogues, commerce ou industrie, de la région parisienne; ils devront, comme ces derniers, prévoir récupérations et dérogations.

La récupération peut se rapporter à deux objets différents :

1° D'une part, aux heures perdues par les congés, les jours fériés. C'est la méthode pratiquée à Lyon par M. Herriot, qui l'a amené à convenir avec son personnel de 8 h. ½ de travail pour les jours non fériés et en dehors du congé annuel.

Si nous admettons le même principe, comme la loi permet 2.504 heures et que nos ouvriers en font 2284 (je ne tiens pas compte des journées de maladie non faites), il y aurait une récupération de 220 heures à répartir sur 285 jours ½ de travail, soit 45 minutes. Là, il me faut ouvrir une parenthèse. J'entends bien qu'il me sera opposé qu'aucun règlement d'administration publique ne prévoit la récupération des congés annuels. C'est parfaitement exact, et pourquoi? D'abord, pour la raison bien simple qu'en général, les industries ne donnent pas de congé payé et que quelques grands commerçants seuls en octroient ; ensuite, parce que les 140 inspecteurs que possède le ministère du Travail pour toute la France ne suffiraient pas à leur tâche; il faudrait en décupler le nombre.

..... En ce qui concerne des administrations comme celles de la Ville de Paris....., où le personnel est stable, le travail très régulier, où le congé est donné automatiquement à tous ceux qui ont un an de présence, j'ai tout lieu de croire que le ministère du travail serait prêt à stipuler que le temps de congé pourrait être récupéré, ayant l'assurance que la loi sera respectée.

2° Une autre sorte de récupération est encore autorisée, celle d'instants de présence au milieu des heures de travail. Choisissons quelques exemples : un cantonnier prend ses instruments de travail à la resserre, fait 10 minutes de trajet pour se rendre à l'endroit où commence son travail; celui-ci terminé, même perte de temps : voilà 20 minutes à récupérer.

Un receveur, un mécanicien de la T. C. R. P. fait en moyenne 12 trajets par jour avec son autobus ou son tramway; à chaque terminus, je n'exagérerai pas en disant qu'il a 5 minutes de repos, très légitimes, à coup sûr, mais enfin, repos : c'est 1 heure de récupération possible.

Je raisonnerai de même pour les infirmières de nuit dans les hôpitaux qui se reposent 2 heures, 3 heures, durant leur temps de service et auxquelles on est en droit de faire faire 10 ou 11 heures.

En posant ceci, je suis en plein accord avec M. Justin Godart, qui, dans une proposition de résolution déposée sur le bureau de la Chambre, le 22 février 1922 (*tendant à inviter le Gouvernement à donner une large publicité aux textes de la loi du 23 avril 1919 et des règlements qui en découlent, afin de mettre un terme à la campagne de dénigrement qui compromet la paix sociale, dirigée contre la loi de 8 heures*) s'exprime ainsi : « la loi, dans sa lettre et dans son esprit, n'a jamais confondu travail et présence. Elle parle d'une durée de travail effectif, toutes les minutes des 8 heures dues doivent être productives, et si, pour donner ces 8 heures de labeur formel, il faut rester à l'atelier ou sur le chantier 9, 10, 11 heures et plus, la loi, non seulement l'autorise, mais invite implicitement ».

Les dérogations, comme la loi le stipule, sont permanentes et temporaires, elles devront être variables selon les services auxquels elles se rapporteront. 1° Pour les dérogations permanentes, ce sera question d'espèces : considération de durée et de travail, considération de nécessité de service..... Il sera posé en principe qu'il y aura des dérogations pour certains chefs d'équipe, pour ceux chargés du nettoiement, graissage des machines, pour les ouvriers ayant un travail spécial : charretiers, livreurs, et de larges dérogations pour les concierges et les agents ayant des heures d'attente au milieu de leurs heures de travail, tels que les employés de l'octroi, les gardiens de cimetières, les gardes des promenades. Pour ces derniers, la question a été résolue, je crois : ils font 200 heures supplémentaires par an.

2° En ce qui concerne les dérogations temporaires, celles pour surcroît extraordinaire de travail pourraient varier de 200 à 250 h.

Celles pour nécessité d'ordre national ne devront pas être très nombreuses, et seront limitées à des cas précis, comme, par exemple, celui d'épidémie, en ce qui concerne l'Assistance publique, une catastrophe survenue, des inondations, etc..... pour tous les différents services.

Telles sont les bases qui me paraissent devoir présider aux accords intervenus, bases desquelles nous ne devons pas nous écarter.

La durée fixée par les règlements pris d'après les accords sera un maximum.

Etudions comment, dans la pratique, nous pourrons nous en servir.

Si nous employons la méthode en vigueur à Lyon, le personnel fera, durant les 285 jours ½ de travail (313 -- 18 jours de congé + 9 jours ½ fériés), en plus des 8 heures : 45 minutes.

Si nous employons des dérogations pour surcroît de travail, en admettant une moyenne de 200 heures, cela donnera pour 285 jours: 42 minutes.

Si nous ajoutons les récupérations aux dérogations, nous aurons : 8 heures + 45 minutes + 42 minutes = 9 heures 27 minutes.

C'est donc 9 h. 27 minutes *de travail* que la loi autoriserait à exiger du personnel ouvrier et hospitalier pendant les 285 jours ½ que nous lui faisons faire.

Devons-nous aller jusque là ? Je ne le pense pas. C'est vers une durée de 9 heures que nous devons tendre, selon les services, nous maintenant ainsi au-dessous du maximum autorisé par la loi et mettant en pratique l'idée émise par M. le ministre du Travail, en date du 27 mai 1919 : « Il est toujours loisible à des employeurs ou à des ouvriers de s'entendre pour ne pas atteindre le maximum. »

Nous avons cru devoir publier une grande partie du rapport de M. de F..., tellement il illustre bien le fait signalé : erreur sur le principe, application brutale, revirement, et confirme en tous points l'interprétation de la loi que nous avons donnée.

Il est très rare de voir ces vérités ainsi exprimées.

Signalons qu'un premier article, écrit dans le même sens, a paru dans le *Journal*, le 21 août 1923, sous la signature de M. le sénateur P. Il est intitulé : *Le prochain régime des 8 heures*. Son titre devrait être : « Le régime des 8 heures ». L'évolution que désire M. P. s'est déjà produite, sinon partout, du moins dans la plus grande partie des industries.

Voici quelques extraits de cet article :

La Chambre est partie en vacances sans avoir achevé la discussion sur la loi de 8 heures. Il eut été pourtant utile de clore le débat et surtout de le sanctionner par un ordre du jour dissipant les craintes suscitées dans les milieux ouvriers. Supposer, en effet, que les travailleurs se désintéressent de la loi, c'est se méprendre sur leur véritable état d'esprit. *Là-dessus, toutes les organisations ouvrières sont d'accord, les syndicats catholiques comme les syndicats cégétistes ou unitaires.* S'il en fallait une preuve, on la trouverait dans ce fait que la pétition lancée par la C. G. T. pour le maintien de la loi a recueilli plus d'un million de signatures.

L'entente est moins parfaite du côté patronal. Certains groupements industriels et commerciaux, se plaçant sur le terrain de la raison, ont sagement conseillé à leurs adhérents de ne point se mêler au mouvement d'un caractère visiblement politique, contre la loi de 8 heures. D'autres, il est vrai, restent irréductibles.

Du point de vue économique, la résistance ne peut s'expliquer que par la méconnaissance complète des exigences réelles de la loi.

Lorsqu'on examine le problème, on s'aperçoit vite que la loi tant par sa souplesse que par ses facilités d'adaptation, se prête à toutes les nécessités d'ordre technique ou matériel. Ainsi, elle ne joue, vis-à-vis d'une industrie qu'autant qu'un décret spécial détermine les modalités applicables à cette industrie. Tant qu'un tel décret n'est pas pris, l'industrie reste soumise à *la législation antérieure.* De sorte que, aujourd'hui encore, après plus de deux ans, les règlements en vigueur ne couvrent même pas la moitié des travailleurs. La loi ne réclame donc pas une application brutale et sans palier.....

Le régime actuel admet la répartition des heures de travail sur la semaine et aussi sur la quinzaine, et aussi la récupération des jours fériés, des chômages dus aux intempéries, etc..... Pour le bâtiment, en particulier, cette seule faculté de récupération permet de faire faire 10 heures dans la bonne saison.

On a dit et répété que la loi nouvelle ne fait pas de différence entre le travail effectif et le temps de présence. Cette critique porte également à faux. Pour les mariniers notamment, la durée de la journée peut atteindre 11 heures en bonne saison.

Du côté des dérogations, c'est mieux encore. Autrefois, il y en avait peu, et seulement pour les industries saisonnières. Il fallait, du reste, l'autorisation de l'inspecteur du travail. Aujourd'hui, plus de limitation : toutes les industries en bénéficient. Plus besoin d'autorisation préalable. L'industriel utilise comme il l'entend, aux jours qu'il veut, le crédit que la loi lui ouvre : il lui suffit d'en donner avis à l'Administration. C'est ainsi que les dérogations peuvent atteindre 120 heures pour les industries du livre, 200 heures pour les fabriques des machines agricoles, 260 heures pour la meunerie.

On n'est donc pas passé des 10 heures aux 8 heures, mais d'une durée stricte de 10 heures de présence à une durée moyenne journalière de travail effectif de 8 h. 3/4 à 9 heures, compte tenu des dérogations permanentes et temporaires, et des récupérations.

Voilà la vérité, trop souvent ignorée. On comprend que des syndicats patronaux mieux informés aient conseillé l'acceptation loyale de la loi.

La campagne menée contre la loi inquiète et irrite les ouvriers.

N'est-ce pas une mauvaise politique? N'avons-nous pas besoin avant tout, d'union et de paix sociale? Le ministre du Travail, M. Albert Peyronnet, en proclamant l'intangibilité de la loi, et M. Poincaré, en confirmant les déclarations de son ministre, ont fait beaucoup pour calmer les esprits.

Pourquoi faut-il que la Chambre tarde à se prononcer à son tour?

Nous allons donner maintenant, afin de déterminer encore plus à fond le vrai sens de la loi du 23 avril 1919 et la façon dont elle s'applique, le compte rendu d'une discussion qui s'est élevée cette année aux établissements D..., électricité, sud-ouest, entre le chef de la maison, ses ouvriers, et l'inspecteur du travail.

Les lettres publiées, donneront l'exemple d'un industriel croyant que la loi ne fixe de maximum *qu'à sa volonté*, et que les ouvriers peuvent faire toutes les heures supplémentaires *qu'ils désirent*.

La loi du 23 avril 1919 n'est pas seulement une mesure de protection de l'ouvrier contre le patron. Nous connaissons le travail qu'elle permet; au delà du maximum annuel et journalier fixé, le législateur estime qu'il y a danger pour l'individu, pour la production, pour le pays. Ce qu'il défend aux patrons d'imposer à l'ouvrier, va-t-il permettre à l'ouvrier de se l'imposer lui-même? Non.

Le législateur est là pour interdire tout contrat nuisible à la société qu'il régit.

Certains objectent que « l'intérêt général est fait de la somme des intérêts particuliers et que chaque homme a le sens précis du sien; si un ouvrier veut travailler davantage, c'est qu'il le peut, sans inconvénients ». Croire l'homme aussi bon juge, c'est le supposer bien intelligent et ignorer ses passions. L'expérience prouve abondamment qu'il peut se nuire lui-même.

Les mêmes répondent que « si l'ouvrier veut travailler davantage chez lui ou dans une autre usine, personne ne pourra l'en empêcher ».

C'est vrai. La police la mieux organisée n'atteint que les délits visibles, et les délits clandestins lui échappent.

Toutes les fois que sont attaqués les petits intérêts *immédiats* de la masse, les fraudes se déclanchent avec une adresse extraordinaire. Elles se brisent par des sanctions, si elles sont visibles; clandestines, elles se réduisent à la longue par l'éducation.

Le législateur, dans son rôle de médecin social, devra lutter pour être obéi.

Quoi qu'il en soit, cet exemple prouvera, grâce à l'intervention de l'inspecteur du travail et du ministre, que le maximum fixé par les règlements est bien la limite imposée à la volonté du patron et à la volonté des ouvriers.

Dans l'exemple choisi, la volonté de l'ouvrier apparaît comme indiscutable.

Ensuite le lecteur y verra l'établissement du régime légal des 8 heures succéder à un régime désordonné, suivi d'abord par une interprétation inexacte de la loi.

Voici les faits :

JOURNAL « LE TEMPS », 18 AVRIL 1923

Grève pour faire des heures supplémentaires

Un industriel de notre région, M. D..., d'accord avec ses ouvriers, autorisait ceux-ci, travaillant aux pièces, à faire des heures supplémentaires. Un inspecteur du travail, ayant dressé une contravention pour ce fait à l'usinier, les ouvriers et ouvrières, au nombre de 150, se sont rendus à la préfecture et ont déclaré que si les poursuites étaient maintenues et si l'autorisation de faire des heures supplémentaires n'était pas accordée, ils feraient une grève de protestation. Sur la promesse que la question allait être étudiée dans un esprit conciliant, les ouvriers ont repris le travail.

« La Journée industrielle », 30 *avril* 1923. *Autour des 8 heures : Vœu du Conseil général du département de la..... en faveur de libres ententes entre employeurs et employés :*

On sait que, récemment, les ouvriers de l'usine D..... avaient protesté par une grève contre le veto opposé par l'inspecteur du travail à leur désir de faire des heures supplémentaires. Grève très courte d'ailleurs, satisfaction leur ayant été accordée.

A la lumière de ce fait, le Conseil général de la..... vient de voter la décision suivante : « Le Conseil général, considérant qu'il est de l'intérêt bien entendu à la fois des ouvriers et de la production, et par conséquent, de la prospérité de la France, d'autoriser les ouvriers, et surtout les ouvriers travaillant aux pièces, à prolonger la durée de la journée de travail, émet le vœu que les ouvriers soient autorisés, sur leur demande acceptée par l'employeur, à travailler plus de 8 heures et jusqu'à 10 heures par jour, sans que l'employeur soit inquiété de ce fait. »

Lettres échangées avec M. D...

Première lettre de M. D., 2 mai 1923.— Monsieur, je suis très heureux de vous exposer les faits que vous me demandez..... Le personnel que j'occupe ne travaille pas aux pièces, mais à l'heure, à la semaine, et au mois.... Nous avons, comme vous le savez, traversé une forte crise économique durant laquelle il y a eu forcément du chômage, ce qui n'a pas beaucoup avantagé l'ouvrier, étant donné que s'il a chômé, il a mangé tout de même..... Aujourd'hui, que les affaires ont repris, les ouvriers me demandent de leur laisser la liberté de faire les heures qui leur conviennent en dehors des heures réglementaires, la vie étant très coûteuse et la journée de 8 heures ne leur permettant pas de vivre assez largement. Etant donné que l'ouvrier me faisait cette demande, je le laissai libre d'augmenter sa journée à son gré..... Sur des dénonciations, émanant sans doute des milieux communistes et syndicalistes, l'inspecteur du travail est venu m'infliger une amende et imposer les 8 heures. *J'ai donc mis l'affiche ordonnant la journée de 8 heures.*

Les ouvriers, fort mécontents, ont arraché l'affiche, ont refusé de reprendre le travail et se sont livrés à la manifestation que vous connaissez.

Ils veulent la liberté de travail. Leur esprit est parfait..... Ils faisaient une moyenne de 10 heures, quelques-uns de temps en temps, 11 heures et 12 heures. C'était leur propre volonté, et je les considérais comme entièrement libres, le jour où il leur plaisait, de faire 8 heures ou même 5 heures.....

Je serais très heureux de connaître votre impression sur cet état de choses.....

Deuxième lettre de M. D.... 19 juin 1923. — Monsieur, ainsi que vous avez pu l'apprendre, comme suite à notre démarche, et malgré la promesse faite au personnel, j'ai dû passer en Justice de paix, et, par protection, m'a dit le juge, j'ai eu 22 contraventions.

Je ne les paierai pas avant de savoir si je suis réellement condamnable, car je n'ai pas obligé mon personnel à travailler, j'ai seulement permis à mes ouvriers de faire des heures supplémentaires sur leur demande, pour augmenter leur journée. *J'avais toujours supposé que l'ouvrier était libre de travailler quand cette volonté venait de lui-même et je ne pensais pas que le travail était défendu.....* J'ai donc écrit au ministre la lettre dont je vous adresse copie.

De leur côté, mes ouvriers, outrés de voir qu'ils ne sont pas libres de travailler si cela est leur désir, ont adressé une lettre collective à tous les parlementaires de la région, demandant la liberté du travail.....

Lettre de M. D..... au ministre du Travail. — Monsieur le ministre, ma conscience m'oblige à faire appel à votre juste et bienveillant concours pour me conseiller et me donner votre opinion, favorable ou non, dans la situation où je suis présentement.

Vous n'ignorez certainement pas l'incident qui s'est produit dans mon usine au sujet de mon personnel, qui, sans être contre la loi de 8 heures, demandait tout simplement la liberté du travail.

De mon côté, j'avoue que ce travail intense était tout à fait favorable au développement d'une industrie nouvelle pour la région et qui allait prospérant chaque jour..... J'appellerai votre attention sur ce fait que mon usine est en pleine voie d'installation.

Pour tenir les engagements que j'ai pris, je me suis imposé à moi-même, pour pouvoir diriger toutes mes brigades, un travail à peu près constant de 14 à 16 heures, jours fériés et dimanches compris. Je suis seul pour diriger mon affaire et n'ai pas de ressources pécuniaires.....

Sur la demande de mon personnel, qui lui-même, au cours de la crise avait chômé, s'était endetté, j'avais laissé la liberté de faire des heures supplémentaires en nombre indéfini.

Comme résultat de mes efforts, j'étais arrivé à organiser une fabrication satisfaisante.

Depuis la stricte application de la loi de 8 heures, cette fabrication se trouve diminuée, car ma situation actuelle ne me permet pas de doubler mes ateliers et d'augmenter mon outillage.

Je vais être obligé d'abandonner les commandes importantes que j'ai reçues, à moins qu'il ne me soit permis de disposer librement de mon personnel volontaire; je ne demande pas un travail journalier de 12 heures, mais la faculté, pour ceux qui en feront la demande, de faire 10 heures, dans les périodes spéciales de travail.

Je me permets, avant de terminer, de vous faire remarquer que dans ma lettre, je n'ai fait aucune allusion aux contraventions qui m'ont été imposées parce que *j'avais permis* à mon personnel de faire des heures supplémentaires, sans l'y *obliger* le moins du monde.....

Lettres des ouvriers de la maison D..... aux parlementaires de la région. — Monsieur le député, nous avons l'honneur de solliciter de votre bienveillance un appui auprès de M. le ministre du Travail, au sujet d'une demande faite pour obtenir la permission de faire des heures supplémentaires.

A la suite d'une visite de M. l'inspecteur du travail, notre patron, M. D..... se trouve dans l'obligation de nous appliquer intégralement la loi de 8 heures. Car, par suite d'une tolérance de sa part, il s'est rendu amendable, quoique ce soit nous qui lui ayions demandé de faire plus de 8 heures.

Permettez-nous, Monsieur le député, de vous dire que notre usine est en période d'agrandissement et qu'à ce sujet, nous croyons savoir qu'il nous serait possible d'obtenir une dérogation à la loi.

Donc, afin d'avoir un peu plus de bien-être et de pouvoir lutter contre les difficultés de la vie actuelle, nous vous prions, Monsieur le député, de vouloir bien étudier notre cas et intercéder en notre faveur auprès de M. le ministre. — Signé : Les ouvriers de la maison D..... d'un commun accord (123 signatures).

Troisième lettre de M. D..... (21 août 1923). — Monsieur, j'ai fait une démarche au ministère, m'étant trouvé en face d'un réel parti-pris de l'inspecteur du travail.

J'ai toujours gardé vis-à-vis de l'Administration un parfait esprit de conciliation. Mais, après avoir obtenu satisfaction pour 100 heures supplémentaires, d'intérêt national, je reçois avis de l'inspecteur du travail d'avoir à réduire à 50 les heures qui m'étaient accordées. N'importe, je puis faire, jusqu'à la fin de l'année, 10 heures par jour. Je promets de ne pas dépasser 10 heures mais je serais heureux de pouvoir atteindre cette limite de façon presque continuelle......

J'avais également demandé à M. l'inspecteur, afin qu'il ne vienne pas me prendre en faute, si je pouvais faire récupérer leurs heures perdues aux ouvriers qui, pour un cas de maladie ou autre, n'avaient pas travaillé une partie de la semaine. J'ai pris le cas d'un ouvrier, qui, pour cause de maladie, voit sa semaine réduite à 6 heures de travail. Je suppose qu'il ne lui sera pas possible, avec le produit de 6 heures, de vivre avec sa famille, et que cet ouvrier rétabli peut avoir le droit de récupérer un peu de son temps.

M. l'inspecteur m'a répondu qu'il n'en avait pas le droit, même si le montant des heures de la semaine ne devait pas dépasser 48. Je vous avoue que j'ai trouvé cela stupide.

Je serais très heureux de savoir s'il est exact que, dans ce cas, l'ouvrier ne peut récupérer les heures perdues jusqu'à concurrence d'au moins 48 heures?.....

Je crois comprendre que la tolérance va jusqu'à 10 heures de travail et que, jusqu'à cette limite strictement respectée, avec la semaine anglaise, on ne peut m'infliger de contravention du moment que j'avise l'inspecteur que je fais 10 heures.....

M. D... a donc établi un horaire de 10 heures les 5 premiers jours de la semaine, avec 5 heures le samedi. Il utilise ainsi 150 heures de dérogations temporaires : 100 heures pour surcroît de travail, 50 heures pour intérêt national. C'est bien le chiffre qui lui est applicable, les 100 heures d'intérêt national n'ayant été maintenues, pour 1923, que pour les industriels des régions libérées.

Il récupère aussi, d'ici la fin de l'année, les jours fériés de toute l'année.

C'est maintenant que M. D... est « dans l'application stricte de la loi de 8 heures ». Il n'y était pas quand il « affichait la journée de 8 heures ».

Au début de 1924, pour être en règle, M. D... établira l'horaire suivant : lundi, 9 heures ; mardi, mercredi, jeudi, et vendredi, 10 heures ; samedi, 5 heures. Il fera ainsi 54 heures par semaine, soit au total : $54 \times 52 = 2.808$, soit 2.496 heures + 312. Ces 312 heures comprendront les 150 heures de dérogations et 162 heures de récupérations pour une douzaine de jours fériés et une huitaine de jours de chômage (cas de force majeure).

Ce régime pouvait être établi depuis longtemps. Évidemment, nous voyons bien que M. B... aimerait mieux faire 10 heures tous les jours et toute l'année. Mais alors, il ferait 60 heures par semaine, c'est-à-dire le nombre d'heures permises par l'ancienne réglementation du travail.

M. D... proteste contre l'avis donné par l'inspecteur du travail à propos des récupérations pour maladie. Il voudrait qu'un ouvrier malade les 2 premiers jours de la semaine, par exemple, puisse les récupérer avec la seule condition que le total d'heures des 4 jours suivants ne dépasse pas 48.

Conformément à la loi, cette récupération n'est pas possible, pour deux raisons : 1° si l'ouvrier voulait récupérer, il devrait prolonger des journées qui, avec l'horaire actuel, atteignent déjà le faîte de 10 heures; il ne peut disposer que de 5 heures le samedi; 2° la loi ne prévoit par les récupérations pour maladie; sans doute parce qu'elles les trouve illogiques. Les récupérations prévues sont toujours celles d'un chômage *collectif* et jamais personnel; peut-être pour une question de contrôle.

CHAPITRE II

Cette façon de répartir les heures de récupérations prévues
et de dérogations temporaires de droit, sur toute l'année, a été
adoptée depuis 1922 dans beaucoup d'établissements industriels, principalement dans la métallurgie et le textile. Ainsi,
une durée de travail uniforme est obtenue en interprétant
largement la loi, peut-être, mais en restant dans ses limites,
puisque des inspecteurs du travail ont donné leur assentiment.

Le *Bulletin du Bureau international du travail*, n° 6, d'octobre 1922, signale que :

L'inspecteur du travail de Lyon a assuré la conclusion d'accords
avec les syndicats des soieries de Lyon, l'association des syndicats
métallurgiques patronaux de la Loire, les fabricants d'industrie
drapière de Vienne, la Chambre syndicale des fabriques de chapeaux de Chazelles-sur-Lyon, la Chambre syndicale patronale des
tisseurs à façon de la Croix-Rousse, l'association syndicale des
maîtres teinturiers et apprêteurs de Lyon, le syndicat de la passe-
menterie à Lyon, le syndicat des fabriques de soieries de la région
de Dunières, les manufactures de tresses et de lacets de Saint-
Chamond, les établissements Berliet de Lyon.

Il cite encore la convention conclue entre le Conseil d'administration de l'union des syndicats patronaux de l'industrie
sédannaise et les délégués ouvriers des principaux établissements de cette industrie, et la convention conclue entre les
délégués du groupement patronal de l'industrie de la ferblan-
terie de Sorre-le-Château (Nord), et les délégués ouvriers de
cette industrie. Ces accords présentent à peu de chose près
des dispositions communes.

Les termes de la convention conclue avec les syndicats de

fabricants de soieries de Lyon, peuvent en indiquer la teneur. Cette convention contient les dispositions suivantes :

1º Les 48 heures de travail effectif de la semaine sont réparties de façon à permettre le repos de l'après-midi du samedi.

2º Une 49e heure pourra être consacrée au nettoyage des métiers, machines, et tout autre appareil producteur, ainsi qu'il est prévu à l'article 5 § 3 du décret du 12 décembre 1919.

3º En présence des avantages résultant d'une organisation uniforme du travail, tant pour l'industriel que pour le personnel, il est convenu que les heures de dérogation de droit et autres, seront réparties sur l'ensemble des jours ouvrables de l'année par une augmentation autant que possible uniforme, de la durée du travail de chaque semaine.

4º Les heures de dérogation et de récupération seront calculées de la façon suivante :

a) Arrêts accidentels de toute nature, par année (art. 3 du décret) : 20 heures.

b) Arrêts occasionnés par les jours fériés légaux, les fêtes locales et autres événements locaux (art. 3 du décret) : 80 heures.

c) Dérogation de droit pour surcroît de travail (art. 5 § 3 du décret) : 150 heures.

Total : 250 heures.

Ces 250 heures seront réparties sur l'ensemble de l'année à raison de 5 heures par semaine au maximum de façon à assurer le repos du samedi après-midi, ainsi qu'il a été dit à l'article 1er, sans qu'en aucun cas la durée du travail journalier puisse dépasser 10 heures.

5º Les 48 heures de travail effectif hebdomadaire légal et les 5 heures hebdomadaires de dérogation, soit un total de 53 heures, seront réparties au gré de chaque industriel suivant un horaire affiché dans chaque usine.

La Chambre syndicale de tissage mécanique à façon de la région lyonnaise fait suivre le texte de l'accord des explications suivantes :

1º Les adhérents à cette convention ne pourront en aucun cas obtenir l'autorisation de faire plus de 53 heures de travail effectif par semaine, 54 heures avec l'heure destinée au nettoyage.

2º En ce qui concerne le personnel ouvrier, il appartiendra à chaque adhérent de prendre les mesures qu'il jugera utiles pour lui faire accepter la convention dont il s'agit. Aucune sanction d'ordre légal ne peut être exercée contre les réfractaires dont le cas relèvera exclusivement de la discipline intérieure de chaque établissement.

De cette convention découle le régime du travail suivant : 365 jours — 52 dimanches = 313. A retrancher : 100 heures, soit 13 jours ; 313 — 13 = 300 journées de travail. Ces journées de travail peuvent être chargées de 302 heures de récupération et dérogation (250 + 52 h. de nettoyage).

Cela fait 1 heure par jour à ajouter à l'horaire de base : lundi, 8 heures; mardi, mercredi, jeudi, vendredi, 9 heures; samedi 4 heures.

L'horaire définitif sera : lundi, 9 heures; les 4 jours suivants, 10 heures; samedi, 5 heures.

De nombreux accords du même genre ont été signés un peu partout. Pour l'industrie textile, en voici deux, datant de fin 1922 :

Tissages de A... — Entre la Société des tissages de A.... et les soussignés représentant le personnel de la maison, il a été convenu que les heures de travail seraient réparties comme suit : lundi, mardi, mercredi, jeudi, vendredi, 9 h. ½; samedi, 4 h. ½. Soit 5 jours à 9 h. ½ = 47 h. ½; 1 jour à 4 h. ½; total 52 heures par semaine.

En aucun cas, la durée du travail de l'établissement ne devra dépasser 10 heures par jour.

Cet accord est valable pour un an à dater du 15 décembre 1922.

Il se renouvellera par tacite reconduction.

Maison B..., *tissage mécanique*. — Entre MM. X... industriels, et MM. Y... représentant le personnel de la maison, il a été convenu ce qui suit : les heures de dérogation de droit et de récupération seront réparties sur l'ensemble de l'année par une augmentation de la durée du travail de chaque semaine. Ces heures s'élèvent approximativement à 298 :

Récupération des jours fériés (art. 3) : 96 heures.

Nettoyage des métiers (art. 3) : 52 heures.

Surcroît extraordinaire de travail (art. 6) : 150 heures.

Total : 298 heures.

Le régime sera le suivant :

6 journées de 9 heures.

En aucun cas, la durée du travail général de l'établissement ne devra dépasser 10 heures par jour.

Cet accord est valable pour 1 an à dater du 15 décembre 1922. Il se renouvellera par tacite reconduction.

Voici deux horaires recueillis dans la métallurgie :

ÉTABLISSEMENTS C... *Forges...* (mars 1923). — Le régime suivant y est adopté : lundi, 9 heures; les 4 jours suivants, 10 heures; samedi, 5 heures. Soit 54 heures par semaine.

Les ouvriers font donc 6 heures de plus par semaine, soit : $52 \times 6 = 312$. Or, ces établissements des régions libérées, travaillant très activement, ont droit, en plus des 100 heures pour surcroît de travail, à 100 heures de dérogations d'intérêt national, au total, à 200 heures de dérogations. Restent 112 heures qui sont la récupération de $\dfrac{112}{8} = 14$ jours, fériés ou fêtes locales, ou arrêts de machines, journées naturellement creuses dans l'horaire indiqué.

ÉTABLISSEMENT D... *avions...* (septembre 1923). — Le régime du travail adopté est le suivant : 9 h. 3/4 les 5 premiers jours de la semaine, 5 heures le samedi. Total des heures de la semaine : 53 h. 3/4.

Signalons, maintenant, un autre système de répartition des heures, sur toute l'année, mais de façon inégale :

ÉTABLISSEMENTS E... *métallurgie...* (mai 1923). — La loi admet comme durée du travail :

1º 365 jours — 52 dimanches, soit 313 jours de travail à 8 heures par jour, soit 2.504 heures.

2º Dérogations annuelles pour travaux urgents : 100 heures. (Pas de dérogations pour intérêt national demandées par cet établissement.)

Au total : 2.604 heures.

L'année comporte 365 jours desquels il y a lieu de déduire :

a) Les dimanches 52
b) Les fêtes légales (1er janvier, lundi de Pâques,
   Ascension, lundi de Pentecôte, 14 juillet, As-
   somption, Toussaint, Armistice, Noël 9
c) Le temps nécessaire à l'inventaire. 3
d) Mardi-Gras et 1er mai (1/2 journée). 1
e) Arrêt de courant, congé, etc 10
   Total. 75

Reste net comme journées de travail : 290.

La répartition des heures de travail sur ces 290 journées est ainsi faite :

MOIS	NOMBRE de semaines	NOMBRE de jours de travail	NOMBRE d'heures par jour	TOTAUX
Janvier		60	9	540
Février	13	12	5	60
Mars				
Avril				
Mai				
Juin		162	10	1.620
Juillet	35	32	5	160
Août				
Septembre				
Octobre				
Novembre				
Décembre	4	20	9	180
		4	5	20
	52			2.580

Toujours à titre d'exemple voici un troisième système de répartition des heures de l'année, de façon égale, mais sur certains mois seulement :

Etablissements F..., *Broderies.* — Entre les Etablissements F... et MM... les brodeurs représentant le personnel de la maison, en l'absence d'organisation professionnelle locale, il a été convenu que, les heures de dérogation et de récupération s'élevant approximativement pour l'année à 298, le régime suivant serait établi :

Période de calme (mai à septembre) : 8 heures pendant 5 jours; samedi : 4 heures.

Période de presse (8 mois) : 6 journées de 9 h. 20.

Cet accord est valable pour un an à dater du 11 décembre 1922. Il se renouvellera par tacite reconduction.

Signalons un cas rendu intéressant par l'intervention de l'inspecteur du travail :

ETABLISSEMENTS G..., *Galoches...* (avril 1923) : — Le directeur de ces établissements nous écrit : « J'ai réparti les jours fériés à récupérer (10 jours, 80 heures), à raison de 1 h. ½ par semaine; la semaine devient de 49 h. ½. L'horaire de base, 9 heures pendant 5 jours, samedi, 3 heures, est ainsi modifié : 9 heures pendant 5 jours, samedi, 4 h. ½.

Quant aux 100 heures de dérogation auxquelles j'ai droit (*ici l'industriel se trompe, il n'a plus droit, en 1923, qu'à 60*), l'inspecteur du travail m'a interdit de les répartir sur l'ensemble de l'année. Je ne puis en user que par à-coup, ce qui est très désagréable. J'ai essayé de prolonger le temps de travail plusieurs fois, je n'ai pas obtenu une augmentation proportionnelle du rendement. Il ne faudrait pas en conclure qu'après 9 heures de travail, mes ouvriers ne sont plus bons à rien, mais plutôt, à mon avis, qu'une habitude s'établit et que pour travailler davantage, il faut un entraînement. »

Cet industriel dit qu'il se contente de faire 9 heures le samedi quand il y a un jour férié dans la semaine. Il utilise donc ses 60 heures supplémentaires à raison de 4 h. $30 \times 10 =$ 45 heures.

Restent 15 heures permettant de prolonger 15 journées jusqu'à 10 heures en cas d'extrême nécessité ou de demander une suite de 3 semaines de 5 journées de 10 heures, avec un samedi de 4 h. 30.

L'inspecteur du travail s'est conformé, dans ce cas, aux prescriptions des décrets du 12 novembre 1919 et du 30 décembre 1920. Tous deux interdisent de répartir les 60 heures de dérogation sur plus de 60 jours. En les répartissant sur les 303 jours de travail qu'il prévoit, l'industriel eut obtenu, illégalement, une prolongation d'environ un quart d'heure par jour. Mais l'inspecteur du travail n'aurait certainement pas refusé d'homologuer la répartition suivante :

Récupérations : 80 heures. Dérogations : 60 heures.

Horaire adopté :

Période de calme (163 jours) : journées de 9 heures, le samedi, 3 heures.

Période de presse (140 jours) : journées de 10 heures, le samedi, 4 heures.

Seul, un inspecteur du travail d'esprit étroit, et prenant la loi à la lettre au lieu de se conformer à l'interprétation actuelle et de suivre les conseils de tolérance donnés par le ministre, aurait interdit à l'industriel en question de se servir de ses 60 heures de dérogation autrement qu'à des jours ou des semaines isolés.

CHAPITRE III

Cette façon de répartir n'est pas devenue générale, si elle s'est répandue.

Dans la métallurgie et le textile, même, où elle est le plus fréquente, elle se rencontre plus dans la grande industrie que dans les établissements de moyenne et petite importance.

Dans nombre de cas, les industriels interrogés ont donné un simple horaire de base, établissant la plupart du temps la semaine anglaise, et se sont contentés de dire qu'ils faisaient les récupérations nécessaires et usaient, en cas de besoin, des dérogations de droit. Ou bien, ils ne parlaient que d'heures supplémentaires, récupérations et dérogations étant mises sur le même pied et payées au même taux d'affûtage horaire.

Voici quelques exemples :

CHANTIERS H..., *Métallurgie...*, (mars 1923). — En exécution de la loi du 23 avril 1919 et des accords conclus les 17 avril et 24 mai entre l'Union des Industries métallurgiques et la Fédération des métaux, la journée de 8 heures a été mise en application dans les chantiers H...; horaire adopté : 6 journées de 8 heures.

Le directeur de ces établissements, se ralliant à l'accord général signé, demande autant d'heures de récupérations et de dérogations que s'il les répartissait sur toute l'année. Elles sont groupées aux périodes de presse, dans les ateliers où le travail est poussé; jamais les 10 heures ne sont dépassées.

ETABLISSEMENTS I..., *Automobiles...* (juin 1923). — Les horaires affichés dans nos ateliers sont les suivants : Lundi, 8 heures; les 4 jours suivants, 9 heures; samedi, 4 heures.

Cet industriel nous signalait, à cette date, la répugnance des ouvriers de sa région à faire récupérations et heures supplémentaires. Un lock-out les a depuis amenés au respect plus grand des prescriptions du décret de 1920 pour la métallurgie.

ETABLISSEMENTS J..., *Teinture et apprêt...* (décembre 1923). — La convention collective signée entre patrons et ouvriers après le vote de la loi, a établi le régime suivant : 8 h. 30 les 4 premiers jours de la semaine; 9 heures le vendredi; 5 heures le samedi.

Notre industrie suit la mode. De brusques demandes se produisent sur certains articles, et durant ces périodes de coup de feu, on fait des heures supplémentaires. Tous les ateliers peuvent d'ailleurs ne pas en faire à la fois.

En droit, nous pourrions récupérer les heures perdues; en fait, toute heure faite en dehors de l'horaire cité est payée comme heure supplémentaire.

La première convention signée avec les ouvriers portait : « Les heures supplémentaires ne seront pas limitées. » Le règlement d'administration publique a limité ces heures à 150; *ipso facto*, l'article de notre convention a cessé de s'appliquer.

Jamais nous ne faisons plus de 10 heures; nous serions immédiatement dénoncés et rappelés à l'ordre par l'inspecteur du travail.

ETABLISSEMENTS K..., *Imprimerie...* (décembre 1923). — L'horaire de base adopté est : 8 - 9 - 9 - 9 - 9 - 4 = 48 heures.

Les heures supplémentaires sont basées sur la nécessité du travail et peuvent atteindre 10 heures par semaine. Nous ne distinguons pas les récupérations des heures supplémentaires proprement dites.

Il n'est pas utile de continuer cette énumération. Elle montre bien que ces industriels, comme les premiers cités, font rendre à la loi ce qu'elle peut donner au point de vue durée du travail; mais elle ne permet pas de voir nettement, comme la répartition sur l'année, la longueur exacte des journées de l'ouvrier.

Désireux d'en donner une idée, disons avant tout que la variété des régimes de travail peut être égale au nombre d'usines considérées, et qu'autour d'un exemple choisi, en circulent mille autres, différents.

Néanmoins, les différences ne sont pas telles qu'il soit impossible de dégager un pivot fixe, autour duquel gravitent les multiples façons d'opérer.

1° L'horaire affiché, en ce cas, dans les ateliers, est un horaire de base.

Les plus fréquents sont : 8 - 8 - 8 - 8 - 8 - 8.

8 - 9 - 9 - 9 - 9 - 4.

2° Ou bien l'industrie fonctionne régulièrement toute l'année, sujette seulement à des poussées de travail, fréquentes et courtes, ou bien, elle est saisonnière, et calme la plupart du temps, doit répondre, à une époque précise, à des besoins exceptionnels.

Dans le premier cas, l'horaire indiqué se transforme, plus ou moins, tout le long de l'année.

Dans le second cas, il ne se modifie que pendant une période bien déterminée.

3° Peu importe que l'industriel distingue récupérations et dérogations, ou soit obligé d'englober toutes les heures en sus de l'horaire de base dans la catégorie « heures supplémentaires », c'est une question de salaire; il n'est intéressant, au point de vue *durée du travail*, que de fixer son attention sur le nombre des heures en sus.

4° Pratiquement, d'après les renseignements recueillis, un ouvrier appartenant à une usine fonctionnant normalement, travaille de 290 à 300 jours par an; 13 à 23 jours sont chômés en moyenne pour fêtes ou cas de force majeure.

D'une façon générale, une comptabilité exacte de ces heures chômées n'est pas tenue et elles ne sont pas faites intégralement. Beaucoup d'industriels, donnant la semaine anglaise, se contentent de répondre à un jour perdu par le travail de l'après-midi du samedi. Quoi qu'il en soit, dans les industries non saisonnières, l'horaire se trouve modifié du fait de ces heures, dans la semaine même où le chômage s'est produit. Dans les industries saisonnières, on attend, pour se prévaloir du droit qu'elles donnent, que le coup de feu soit arrivé.

5° Quant aux heures de dérogations permises, différentes suivant les métiers, le tableau ci-dessous les remet sous les yeux, afin d'éviter le retour aux règlements d'administration publique.

Industries	Dérogations
Livre.	120 heures (réparties sur 120 jours au plus.)
Cuirs et peaux, sellerie, bourellerie	90 à 120 heures (réparties sur 90 à 120 jours au plus).
Textiles	150 heures (plus 52 heures pour nettoyage de métiers).
Vêtement.	120 heures (le décret autorisant à disposer de 15 samedis après-midi).
Métaux.	100, 150 ou 200 heures, selon les cas.
Meunerie	260 heures (réparties sur 260 jours au plus).
Ameublement	120 heures.
Chapellerie	120 heures.
Porcelaine	150 heures.
Pharmacie	100 heures.
Commerce de détail . .	150 heures (sur 150 jours au plus).

Aux établissements I..., automobiles, le travail est régulier; il y a simplement, parfois, quelques livraisons pressées.

Un ouvrier y travaillant 300 jours se verra privé de son samedi après-midi pendant 13 semaines environ.

Les dérogations de droit sont de 150, utilisées dans les semaines de presse à raison d'une heure par jour; $\dfrac{150}{6} =$ 25 semaines.

Cet ouvrier fera pendant 14 semaines : 8 - 9 - 9 - 9 - 9 - 4; pendant 13 semaines : repos - 9 - 9 - 9 - 9 - 8 (par exemple, en supposant que le chômage, pour une raison quelconque, se produise le lundi). En outre, 25 semaines : 9 - 10 - 10 - 10 - 10 - 5.

Au total, les 300 journées se répartiront ainsi : 27 journées de 8 heures, 133 journées de 9 heures, 100 journées de 10 heures, 40 samedis matin. A côté de cela, 13 journées chômées et 52 dimanches.

Aux établissements K..., la nécessité d'imprimer des périodiques, conduit en général chaque mois à faire une semaine 9 - 10 - 10 - 10 - 10 - 8.

Les heures permises s'élevant à 120 permettent bien douze semaines de cette sorte, après des semaines 8 - 9 - 9 - 9 - 9 - 4. Ces dernières sont modifiées au cas de jours chômés (minimum 13); les récupérations sont considérées comme heures supplémentaires.

Les chantiers H... font 8 heures tous les jours. Sujets à de longues périodes de calme plat, et disposant aux périodes de commandes des 150 heures données par le décret sur la métallurgie et d'une certaine masse d'heures perdues, ils font, en cas de besoin, couramment 10 heures. Dans les ateliers principaux, l'ouvrier fait alternativement, dans l'année, des groupes de journées de 8 heures et de journées de 10 heures. A côté de cela, quelques semaines de chômage. La direction prend des mesures spéciales, en ce cas. Impossible d'obtenir plus de précisions.

Voici un exemple d'industrie saisonnière :

Maison L..., *Fabrique de chapeaux*. — Horaire : 8 - 9 - 9 - 9 - 9 - 4.
Vu le caractère saisonnier de cette industrie, les dérogations n'y sont admises que pendant 4 mois par an. Elles sont prises du 1er février au 30 avril, et du 1er au 31 octobre, selon les besoins de la production. Durant les périodes précitées, la journée de travail est en général de 10 heures les 5 premiers jours de la semaine, et de 7 heures le samedi.

Ainsi, dans cette fabrique, l'ouvrier fera, à peu près, 36 semaines : 8 - 9 - 9 - 9 - 9 - 4 et 16 semaines : 10 - 10 - 10 - 10 - 7. Le contingent d'heures autorisées est de 120. A raison de 9 heures par semaine, 16 semaines en absorbent 144. Ces 24 heures portent sur des récupérations. Si même, réellement, aucune autre heure en sus n'est faite, l'industriel ne demande pas tout ce qu'il est en droit de demander, pour cause de récupérations.

Cette répartition, après celles déjà indiquées, permet d'établir, pour les systèmes employés, la gradation suivante :

1º Répartition *égale*, faite *à l'avance*, sur *toute* l'année;

2º Répartition *inégale*, faite *à l'avance*, sur *toute* l'année;

3º Répartition *égale*, faite *à l'avance*, sur *une partie* de l'année.

4º Répartition *égale*, faite *à l'avance*, sur *toute* l'année des *récupérations* pour jours fériés, la répartition des *dérogations* ne devant se faire que *suivant les besoins*;

5º Utilisation, *dans le courant de l'année*, des récupérations et des dérogations, *au moment* où elles sont *nécessaires*.

De 1 à 5, les procédés de répartition se rapprochent de plus en plus de l'interprétation stricte de la loi.

CHAPITRE IV

Cette gradation se peut entourer de deux autres régimes de travail, figurant deux extrêmes.

I. — La journée-base est toujours respectée

A. C'est le cas, lorsque l'industriel, de par sa propre volonté, adopte franchement la journée de 8 heures ou la semaine de 48 heures, et n'y ajoute jamais rien. Ce n'est pas fréquent, mais cela se voit.

Voici deux exemples :

Forges M... (septembre 1923). — A côté des cas où le régime des 3/8 s'imposait, nous avons établi dans nos ateliers la journée de 8 heures en 2 postes, et avons obtenu un rendement très satisfaisant.

Nous ajouterons même qu'ayant pratiqué la journée de 9 heures suivant les dérogations autorisées par le décret d'application de la loi de 1919, nous avons remarqué que le rendement de la 9ᵉ heure était très inférieur à celui des heures précédentes, de sorte que nous préférons garder la journée de 8 heures avec travail intense et maximum.

Bien entendu, cela suppose une bonne organisation du travail, avec système de primes qui intéresse suffisamment l'ouvrier, et une surveillance attentive exercée sur le personnel.

Etablissements N..., *Métallurgie...* (juin 1923). Le régime établi est le suivant : 6 journées de 8 heures pour la moitié des ouvriers environ, l'autre moitié travaillant en deux équipes de 8 heures chacune. Le travail est organisé de façon à ce que l'ouvrier rende le maximum et que les temps morts disparaissent. De la sorte, les heures supplémentaires sont évitées.

Ces industriels sont les vrais novateurs.

B. C'est aussi le cas lorsque les ouvriers, malgré l'évolution qui s'est faite un peu partout, continuent à refuser toute transformation d'horaire.

De nombreux exemples se rencontraient dans la région de Marseille avant le lock-out de l'été 1923.

En décembre 1923 il est confirmé que, dans un certain nombre d'usines de la région de Roanne, les ouvriers refusent de faire les heures supplémentaires et les heures de récupérations.

D'autres exemples se rencontreraient certainement dans d'autres régions.

II. — Les fraudes

A l'opposé, au-dessus des industriels qui font légitimement rendre à la loi à peu près ce qu'elle peut donner, se placent ceux qui fraudent et qui, quelle que soit la répartition employée, dépassent sciemment les maxima fixés.

Les cas de fraude ne sont pas aussi fréquents que certains l'affirment, mais ils augmentent depuis que les ouvriers recherchent en général plus de travail, et que les affaires ont partout repris leur activité.

En décembre 1923, un industriel nous écrit :

Vous ne vous doutez pas de ce que, dans le monde industriel, on s'occupe peu, au fond, de la loi de 8 heures. Pratiquement, on s'arrange pour vivre avec elle, en l'ignorant le plus possible, comme font des voisins de palier qui ne sympathisent pas. Ce qui est écrit est souvent bien peu ce qui se passe en pratique.

Cette lettre illustre parfaitement un état d'esprit heureusement peu courant.

Une loi de ce genre ne peut éviter un cortège de fraudes. Elle lèse trop d'intérêts immédiats en vue d'un intérêt lointain, bien entendu, pour que beaucoup de gens ne cherchent à la tourner et n'y arrivent parfois.

Il ne faut pas tenir compte de ce fait que la jurisprudence

est insignifiante; c'est simplement que peu d'infractions ont été relevées.

L'étendue d'application d'une loi qui entraîne des résistances peut se mesurer à la force de la répression, faite elle-même de la rigueur de la surveillance exercée, et de la vigueur des sanctions appliquées.

M. Raoul Jay, dans son livre sur *La Protection des Travailleurs* écrit :

Pour savoir si un parlementaire est partisan de la législation du travail, ne vous contentez pas de lui demander : « Voterez-vous la loi prochaine? » Ajoutez : « Voterez-vous aussi un projet connexe tendant à augmenter le nombre des inspecteurs du travail? »

Si le parlementaire répond par la négative, c'est qu'en réalité, il n'est pas partisan de la réglementation. Ce n'est pas tout de voter une loi, l'essentiel est de vouloir son application.

Les inspecteurs du travail, 140 pour toute la France, sont trop peu nombreux pour que rien ne leur échappe.

Quant aux sanctions possibles, contraventions du tribunal de simple police ou même amendes du tribunal correctionnel, elles ne sont pas assez effrayantes pour que leur crainte devienne le commencement de la sagesse ou qu'une application serve de leçon.

Nous avons cité comme exemple de fraude réprimée M. D..., et ses 22 contraventions.

Voici deux exemples de fraude inaperçue :

1º ETABLISSEMENTS X... (1923). — Un horaire régulier a été accepté par l'inspecteur du travail. Chaque jour, les sirènes fonctionnent scrupuleusement aux heures fixées, et l'inspecteur du travail peut se déclarer satisfait. Malheureusement, dans 2 ateliers sur 3, les ouvriers restent toute l'année, chaque jour, ½ heure de plus, et font ainsi le double des heures supplémentaires permises.

2º ETABLISSEMENTS Y... (1923). — La comptabilité des heures supplémentaires n'est pas tenue. « On fait ce qu'il faut » dit, l'industriel. Les ouvriers sont parfois consentants. S'ils résistent, leur

prime de fin d'année, ainsi que d'autres petits avantages leur sont
représentés comme compromis; enfin, ils ne devront plus compter
sur aucune bienveillance, et en cas de chômage, au lieu de continuer à leur assurer du travail dans des conditions momentanément
déficitaires, le patron les laissera sur le pavé. Ils cèdent.

CHAPITRE V

Que se passe-t-il pour les industries qui ne bénéficient pas encore d'un règlement d'administration publique?

Actuellement, sont encore en préparation les règlements d'administration publique visant : bijouterie, orfèvrerie, horlogerie, bronzes en tous genres, industries du bois et matières similaires, fabrication du papier, carton, blanchisserie, brasserie, produits chimiques, caoutchouc, conserves, etc.

Les règlements parus ne concernent qu'un peu plus de la moitié des 10.700.000 travailleurs, environ, auxquels la loi du 23 avril 1919 doit s'appliquer.

Légalement, comme nous l'avons déjà dit, ces industries sont soumises à l'ancienne réglementation du travail.

Nous croyons bon de la rappeler, au moyen du tableau déjà donné, et emprunté au livre de M. Cavaillé sur *La journée de 8 heures.*

INDUSTRIES	DURÉE LÉGALE DE LA JOURNÉE pour les diverses catégories de personnes				
	Enfants		Femmes	Adultes travaillant dans :	
	Garçons	Filles		mêmes locaux que femmes et enfants	locaux différents
Usines et manufactures	10 h.	10 h.	10 h.	10 h.	12 h. pas de limitation
Ateliers et chantiers...	10 h.	10 h.	10 h.	10 h.	
Industrie du vêtement.	10 h.	54-55 heures par semaine		10 h.	pas de limitation
Petites industries d'alimentation.........	Aucune sorte de limitation.				
Commerce..........	Aucune sorte de limitation.				

Dans les industries non pourvues d'un décret, l'inspecteur du travail n'intervient que si ce régime n'est pas respecté.

Pratiquement, après le vote de la loi, dans la plupart de ces industries, la journée de 8 heures s'est, comme presque partout ailleurs, établie sous la pression des ouvriers.

Ces derniers refusèrent d'admettre, en effet, que le règlement d'administration publique puisse se faire attendre.

Pressés de les voir échapper à l'ancienne réglementation, leurs dirigeants écrivaient dans *La Voix du Peuple* de septembre 1919 :

Le congrès invite les organisations à agir énergiquement, rapidement, pour que jouent au profit des professions qu'elles représentent respectivement toutes les dispositions de la loi et que les règlements d'administration publique qui doivent en assurer l'observation et le contrôle interviennent au plus tôt.

Beaucoup de règlements ont continué à se faire attendre. Aussi, les intéressés se sont-ils souvent passé d'eux.

Les industries qui ne bénéficiaient pas d'un décret ont fait, la plupart du temps, comme les industries voisines. Des conventions collectives ont été signées entre patrons et ouvriers, ou bien le régime nouveau s'est établi par convention tacite.

Exemple de convention collective, signée pour l'industrie du caoutchouc, le 25 juin 1919, dans le département de la Seine :

La direction de chaque établissement pourra, d'accord avec son personnel, appliquer à son choix, l'une des deux modalités :

a) 8 heures tous les jours ouvrables de la semaine.

b) Semaine de 48 heures avec repos l'après-midi du samedi et maximum journalier de 9 heures.

Le nombre annuel des heures supplémentaires ne pourra dépasser 100.....

Exemple de convention tacite pour la même industrie, non saisonnière :

Etablissements O... (3 mai 1923). — Le travail est exécuté en trois équipes par une partie des ouvriers. L'autre partie fait 5 journées de 8 h. ½ et 5 heures le samedi, soit une semaine de 47 h. ½.

Les heures supplémentaires se font sans règle fixe, puisque le décret n'a pas encore paru. Elles ne dépassent pas 100 heures par an, et un maximum de 1 heure par jour.

Autre exemple de convention tacite :

ÉTABLISSEMENTS P..., *Conserves*... (mai 1923) (Industrie saisonnière). — Comme vous le remarquez très justement, aucun règlement n'est encore intervenu pour l'application de la journée de 8 heures dans l'industrie des conserves. Cela provient évidemment des difficultés particulières à notre industrie. Ces difficultés sont graves, surtout dans les usines de poissons, étant donné l'irrégularité de la pêche.

Aucune convention écrite n'est intervenue entre nous et notre personnel, et, légalement, nous serions en droit d'appliquer la journée de 10 heures. Mais, par convention tacite, nous appliquons, dans nos usines de légumes, le régime suivant, pendant la plus grande partie de l'année : lundi, repos le matin; après-midi, 4 h. 30 de travail; mardi, mercredi, jeudi, vendredi, et samedi, 8 h. 30.

Nous n'avons de dérogations que pendant 6 semaines, à l'époque de la saison des petits pois, qui est notre grosse fabrication (juin-juillet). Il nous est indispensable, à ce moment, d'augmenter les heures de travail, la récolte des petits pois ne durant que quelques semaines. Pendant la saison des pois, les heures supplémentaires varient avec les apports. Les journées, de 9 heures au début, sont de 10 heures au fort de la saison.

La récupération des heures perdues, les jours fériés, ne se fait généralement pas dans la même semaine. Mais, pendant la période d'activité, nous obtenons, de l'inspection du travail, l'autorisation de travailler le dimanche matin, 2 ou 3 fois, quand nous y sommes forcés. Certains marchés ont lieu le samedi, et nous nous trouvons dans l'obligation de travailler le dimanche sous peine de dépréciation de la marchandise. Et puis, au moment du gros travail de vente et d'expéditions d'octobre-novembre, il devient nécessaire de travailler plusieurs fois le lundi matin.

CARTONNERIES Q...(29 novembre 1923). — Les 2/3 du personnel ouvriers et ouvrières, travaillent en 3 équipes de 8 heures chacune. Antérieurement à la loi, on faisait 2 postes de 12 h. Le 1/3 restant fait la journée de 8 heures en 2 postes.

Tout ce personnel accepte sans récriminer de faire des heures supplémentaires quand la nécessité s'en fait sentir.

En somme, les industries non soumises au décret ont adopté pour la plupart les horaires de base habituels. Elles font des heures supplémentaires aux périodes de presse ou selon les hasards de l'année.

Les conventions signées les limitent à des chiffres qui vont de 100 à 120, moyenne adoptée par les règlements parus. Dans le cas d'accords tacites, le régime adopté ne semble pas être plus dur. En tous cas, si elles ne s'en prévalent pas couramment, ces industries peuvent, légalement, prendre des libertés particulières, en cas de besoins exceptionnels.

Remarque : Personne ne peut reprocher à la loi de 8 heures d'avoir réduit le travail dans toutes ces industries non encore réglementées. Le législateur demandait aux intéressés de préparer des conventions pour lui servir de guide, mais ne leur disait pas de se les appliquer avant qu'il ne leur en ait donné l'autorisation. Les responsables sont ceux qui n'ont pas attendu cette autorisation.

CHAPITRE VI

BATIMENT

La situation du bâtiment est digne de remarque. La lecture du décret paru pour les régions libérées montre qu'il n'y est pas question de dérogations mais seulement de récupérations. Ainsi, le bâtiment devrait se contenter de 2.496 heures pour l'année.

Cette situation tient à ce que cette corporation voit son travail, de plein air, rendu irrégulier par les intempéries et que la seule récupération des journées non faites suffit largement à charger les journées de travail qui ne doivent pas dépasser 10 heures. Et encore, toutes les heures ainsi permises ne seraient pas utilisées dans l'année, d'après une convention collective du 4 juin 1919 signée dans le canton de L... et ainsi conçue : « Notre corporation étant dans l'impossibilité, par suite des intempéries, de réaliser le nombre de 2.496 heures par an que nous accorde la loi... » Il est donc inutile de donner un réservoir d'heures plus considérable.

Supposons pour l'année 10 jours fériés, 20 jours chômés pour intempéries, soit 30 jours à récupérer, soit $30 \times 8 = 240$ heures à ajouter à $313 - 30 = 283$ journées de travail. De ce fait, 240 de ces journées deviennent des journées de 9 heures.

En hiver, il n'est guère possible de faire plus de 8 heures. Un certain nombre d'heures inutilisées devront être reportées sur les autres saisons. Il paraît raisonnable de répartir les heures de façon à ce que l'ouvrier fasse 8 heures l'hiver, 9 heures au printemps et à l'automne et 10 heures l'été.

En 1919, aussitôt après le vote de la loi, dans le bâtiment comme dans les autres industries, les ouvriers ont refusé systématiquement de faire plus de 8 heures. Puis, la réaction signalée un peu partout s'est produite. L'appât du gain a poussé les ouvriers des régions libérées à travailler davantage et à accepter l'application du décret du 5 août 1920, qui permettait de leur demander la moyenne de 8 heures par jour, et non pas la journée de 8 heures.

Les entrepreneurs, après avoir essayé d'un régime de récupérations adapté aux circonstances, ont préféré recourir à un système forfaitaire du genre de celui que nous avons indiqué plus haut. Ce système fut même reconnu par la circulaire ministérielle du 15 novembre 1920.

Dans ces conditions, furent conclus les accords suivants :

L'accord d'Amiens, fixant le travail à 8 heures pendant 4 mois d'hiver et à 9 heures pendant 8 mois d'été et d'automne.

L'accord de Douai, établissant le même forfait, complété par 100 heures à répartir sur 100 journées ouvrables.

Les accords de Roubaix, en 1922, fixant le travail à 8 heures pendant 4 mois d'hiver et à 9 heures pendant 8 mois d'été et d'automne.

L'accord de Reims, fixant le travail à 8 heures pendant 6 mois et à 9 heures pendant 6 mois.

L'accord de Douai permettait d'arriver à un total annuel de 2.396 heures de travail. Il ne fut point considéré comme satisfaisant, les employeurs comme les inspecteurs du travail estimant que la durée annuelle du travail devait être de 2.500 heures.

Nous pouvons citer quelques exemples plus récents, datant de 1923 et intéressant les entrepreneurs de Ch... et d'H... :

A la suite de plusieurs observations de M. l'inspecteur du travail, réclamant l'application de la loi de 8 heures, sur tous les chantiers et ateliers du département, nous nous sommes rendus, écrit un entrepreneur, à L..., accompagné des présidents des cinq Chambres syndicales du département, et nous nous sommes adressés à M. l'inspecteur du travail qui nous a fait connaître son intention d'appliquer dès maintenant le régime suivant :

4 mois de 8 heures : Janvier, février, novembre, décembre.

4 mois de 9 heures : mars, avril, septembre, octobre.

4 mois de 10 heures : mai, juin, juillet, août.

Des dérogations seront accordées par l'inspecteur pour les travaux de voies ferrées, routes, exploitations agricoles, maisons ouvrières, travaux publics, à la condition qu'une demande soit faite directement par l'entrepreneur intéressé à l'inspecteur du Travail et que le travail reste limité à 10 heures.

Pour les ateliers de menuiserie, serrurerie, plomberie, des dérogations pourront être accordées dans les mêmes conditions.

En somme, jusqu'à épuisement d'un contingent de 2.500 heures il n'y a pas besoin de faire intervenir l'inspecteur du travail. Au delà de ce chiffre, une demande d'autorisation est nécessaire qui, dans la pratique, est une simple déclaration, puisque l'entrepreneur n'aura pas besoin d'attendre la réponse de l'inspecteur.

Dans la région d'H..., la situation est la même, et l'horaire suivant a été adopté :

8 heures pendant les mois d'hiver.

9 heures à partir de mars.

10 heures pendant les mois d'été.

Le ministre du Travail proposa, en 1921, aux organisations patronales et ouvrières du bâtiment d'étendre à toute la France les dispositions du décret appliqué aux régions libérées. Les négociations commencées furent interrompues.

Néanmoins, dans toute la partie de la France qui n'est pas visée par le décret, une réaction s'est produite aussi ; il est courant de voir les ouvriers du bâtiment faire 10 heures durant la belle saison. Un certain nombre d'irréductibles restent pourtant attachés à la journée de 8 heures, plutôt pour des motifs politiques.

En sorte qu'on se trouve en face de cette situation curieuse : c'est dans la partie de la France non protégée par un décret et soumise encore à l'ancien régime du travail qui, précisément, dans ce cas, ne fixe pas de limitation, que les ouvriers du bâtiment travaillent le moins. C'est dans la partie où la loi du 23 avril 1919 est réellement applicable et appliquée qu'ils travaillent le plus.

CHAPITRE VII

AUTRES BASES DE RÉPARTITION DU TRAVAIL

A) 48 heures sur 5 jours

Ce type de semaine est autorisé par les règlements d'administration publique, spécialement pour la teinture et l'apprêt, ainsi que la meunerie.

Il constitue le troisième type de journée-base indiqué, à savoir, dans la semaine de 48 heures, 4 journées de 10 heures, 1 journée de 8 heures, 1 journée de repos. Ou bien, 3 journées de 10 heures, 2 journées de 9 heures et 1 journée de repos. Ou bien, 4 journées de 9 h. ½ et 1 journée de 10 heures. Ces diverses répartitions se relèvent dans les conventions collectives qui ont servi à la rédaction des règlements; notamment, dans une convention collective de 1919, signée dans le Nord, et ainsi conçue :

Dans les industries de la teinture et de l'apprêt, du blanchiement et de l'impression sur tissus, filés et matières, la journée de 8 heures n'est pas applicable puisque la durée de la principale manutention, la teinture, est en moyenne de 3 h. 1/4. D'autre part, la semaine anglaise est également inapplicable, la grosse consommation de vapeur ne permettant pas de mettre en route pour ½ journée ces industries.

De plus, ces industries sont essentiellement saisonnières, et il faut, de toute nécessité, en compensation des jours de chômage de la morte-saison, pouvoir travailler à certaines époques jusqu'à 60 heures par semaine.....

En effet, les heures supplémentaires autorisées viendront se greffer sur l'horaire de base indiqué : 10 - 10 - 10 - 9 - 9 - repos.

Ce régime de travail n'est pas du tout général dans la teinture et l'apprêt. Il est spécial à quelques établissements du Nord, teignant des lainages. Dans les régions de Roanne et de Lyon (teinture de soieries) où nous l'avons recherché, il n'est pas appliqué. Les horaires habituels sont : 8 h. 30, 8 h. 30, 8 h. 30, 8 h. 30, 9 heures, 5 heures; ou bien 8 h. 42 pendant 5 jours et 4 h. 30 le samedi.

Cette répartition est en somme très peu employée.

B) 96 heures par quinzaine

Une autre l'est plus, dans la métallurgie et le livre, sans être pour cela fréquente : 96 heures de travail par quinzaine, soit 6 journées de 10 heures, 4 journées de 9 heures et 2 journées de repos. Une adjonction de 4 heures supplémentaires autorisées permet d'unifier les journées à 10 heures. De même qu'un jour férié se récupère sur un des jours de loisirs complet.

Travail par équipes

Le quatrième type de journée-base indiqué est la journée de 8 heures, continue, dans le cas où le travail est exécuté par équipes successives, trois ou deux. Avant la loi du 23 avril 1919, le système admis était le suivant : soit 2 équipes de 12 heures, soit 2 équipes de 10 heures. Les 3/8 ont remplacé les 2/12, et les 2/8 les 2/10.

1° 3/8. —— Les 3/8 s'imposent dans toutes les usines à feu continu.

Elles se rencontrent aussi, dans la grande industrie seulement, dans le cas de travaux très pénibles ou pour intensifier le rendement.

En principe, ce système ne permet pas d'heures supplémentaires. Des heures supplémentaires sont pourtant faites, parait-il, dans certains cas, comme le remplacement d'ouvriers malades, par exemple. Nous ne croyons pas que cela soit fréquent.

2° 2/8. —— Elles se rencontrent surtout dans l'industrie textile. La métallurgie les emploie aussi. Ce système permet des heures supplémentaires; certaines conventions signées dans le textile en 1919, parlent de 2/9, et même 2/9,5.

TITRE III

RÉPARTITION DES LOISIRS
DANS LA JOURNÉE DE TRAVAIL

Cette ébauche de l'application de la loi du 23 avril 1919, illustrée par quelques horaires, montre bien la souplesse de la formule adoptée par le législateur et appliquée par les intéressés.

Elle donne, avec l'étendue et la répartition du travail, dans l'année ouvrière, l'étendue et la répartition des loisirs annuels à côté du repos hebdomadaire : pleines journées de loisirs, et loisirs attachés à des journées de travail de longueurs variées.

Comment ces loisirs sont-ils placés durant ces journées de travail ?

Deux grands types de journées de travail existent : la journée en deux séances et la journée en une séance.

A. — Journées en deux séances

Ce sont les plus fréquentes. Leur longueur varie entre 8 et 10 heures pour les ouvriers qui ne sont pas soumis aux dérogations permanentes, c'est-à-dire pour la majorité des ouvriers.

La crainte exprimée de voir, dans la pratique, les journées de travail des ouvriers non soumis aux dérogations permanentes dépasser le maximum de 10 heures du fait de la discrimination entre travail effectif et temps de présence, était bien vaine.

L'enquête montre que l'industriel demande à ses ouvriers

que tout le temps passé à l'usine soit du travail effectif. Toutes les conventions collectives étudiées parlent de la suppression des casse-croûtes et des repos qui se faisaient autrefois. Dans beaucoup de cas, malgré cette interdiction faite *a priori*, l'industriel autorise des casse-croûtes d'un quart d'heure à vingt minutes. C'est qu'il les considère comme pratiquement indispensables au bon rendement de l'ouvrier, et la journée n'est pas allongée. La mise en tenue et le rhabillage se font toujours en dehors de l'horaire.

Voici quelques horaires en vigueur dans les établissements déjà cités :

Journées de 8 heures. — Etablissements N... :
Matin : 7 h. à 11 h. 30. — Soir : 13 h. 30 à 17 h.
Chantiers H...
Matin : 7 h. 30 à 11 h. 30. — Soir : 13 h. 30 à 17 h. 30.

Journées de 8 heures et 9 heures et semaine anglaise. — Etablissements I... :
Lundi : Matin : 7 h. 30 à 12 h. — Soir : 14 h. à 17 h. 30.
Les 4 jours suivants :
Matin : 7 h. à 12 h. — Soir : 14 h. à 18 h.
Samedi : 7 h. à 11 h.

Journées de 8 h. 30. — Etablissements J... :
Les 4 premiers jours : Matin : 7 h. à 11 h. 30. — Soir : 13 h. 30 à 17 h. 30.
Vendredi : Matin : 7 h. à 11 h. 30. — Soir : 13 h. 30 à 18 h.
Samedi : 7 h. à 12 h.

Journées de 9 heures. — Maison B... :
Matin : 7 h. à 12 h. — Soir : 13 h. 30 à 17 h. 30.

Journées de 9 h. 30. — Etablissements F... :
Cinq jours : Matin : 7 h. 15 à 11 h. 45. — Soir : 13 h. 15 à 18 h. 15.
Samedi : 7 h. 15 à 11 h. 45.

Journées de 10 heures. — Etablissements C... :
L'horaire de ces établissements donne, à côté des journées de 10 heures, un type de journées de 9 heures :
9 heures. Lundi : Matin : 7 h. 30 à 11 h. 30. — Soir : 13 h. à 18 h.

10 heures. Les 4 jours suivants : Matin : 6 h. 30 à 11 h. 30. — Soir : 13 h. à 18 h.

Samedi : 6 h. 30 à 11 h. 30.

D'autres horaires, un peu différents, se pourraient évidemment rencontrer puisque la plus grande liberté est laissée aux industriels. Néanmoins, de toute cette variété, quelques remarques générales peuvent être tirées :

La journée de 8 heures comprend en général 2 séances de 4 heures séparées par un intervalle de 2 heures. Le travail ne commence jamais avant 7 heures du matin et ne se termine jamais après 17 h. 30. Le type le plus fréquent paraît être : 7 h. 30-17 h. 30.

Pour les loisirs, le tableau suivant peut être établi :

> Travail : 7 h. 30 à 11 h. 30.
> 2 heures de loisirs.
> Travail : 13 h. 30 à 17 h. 30.
> 5 heures de loisirs.
> Sommeil : 22 h. 30 à 6 h. 30.
> 1 heure de loisirs.

Au delà de 8 heures, l'intervalle entre les séances de travail est généralement réduit à 1h. 30. Pour les journées de 10 heures il est toujours réduit à 1 h. 30.

Les journées de 9 heures s'obtiennent par allongement du travail d'une demi-heure, le soir et le matin, si l'intervalle reste de 2 heures et indifféremment le soir ou le matin s'il n'est que de 1 heure $\frac{1}{2}$.

Par rapport à la journée de 8 heures, la journée de 10 heures, avec l'intervalle toujours réduit à 1 h. 30, provoque une augmentation de 1 heure le matin et d'une $\frac{1}{2}$ heure le soir. Il est exceptionnel que le travail aille au delà de 18 heures.

L'horaire des établissements C... permet une comparaison intéressante entre journées de 9 heures et journées de 10 heures

Journées de 9 heures. — Lundi :
Matin : 7 h. 30 à 11 h. 30. — 1 h. $\frac{1}{2}$ de loisirs.
Soir : 13 à 18 h. — 4 h. 30 de loisirs.
Sommeil : 22 h. 30 à 6 h. 30. — 1 h. de loisirs.

Journées de 10 heures. — mardi, mercredi, jeudi, vendredi :
Matin : 6 h. 30 à 11 h. 30. — 1 h. ½ de loisirs.
Soir : 13 h. à 18 h. — 3 h. ½ de loisirs.
Sommeil : 21 h. 30 à 5 h. 30. — 1 h. de loisirs.
Samedi : Matin : 6 h. 30 à 11 h. 30. — Loisirs : 11 h. — Sommeil :
8 heures.

En cas de semaine anglaise, le maximum de travail le samedi est de 5 heures.

Le sommeil est systématiquement maintenu à 8 heures, minimum médical.

Ainsi, un ouvrier des établissements C..., dispose, dans son année, en dehors de ses 52 jours de repos hebdomadaire, de 14 journées chômées, et durant ses 299 journées de travail, ses loisirs sont placés selon les indications du tableau ci-dessus.

Malgré ce qu'il contient encore d'artificiel, ce résultat est plus intéressant et plus précis que cette formule : l'ouvrier des établissements C... fait chaque année 2.496 heures (52 × 48) + 200 heures (dérogations) = 2.696 heures de travail; ses loisirs sont de 2.496 — 200 = 2.296 heures; il dort 2.496 heures.

B. — Journées en une séance

Voici quelques horaires pour le travail par équipes : 3/8 qui, en principe, restent immuables et 2/8 susceptibles de devenir exceptionnellement 2/9 ou 2/9,5 :

1º 3/8. *Chantiers H...*, métallurgie; *Forges M...*, *Cartonneries Q* :
4 h. à 12 h. — 12 h. à 20 h. — 20 h. à 4 h.
Établissements N..., métallurgie; *Établissements O et R...*, caoutchouc :
5 h. à 13 h. — 13 h. à 21 h. — 21 h. à 5 h.

Le premier horaire paraît être le plus fréquent dans la métallurgie, et le second partout ailleurs, lorsque le système des 3 équipes est employé. Les équipes alternent chaque semaine.

De même que pour certaines journées en deux séances, un casse-croûte est toujours autorisé dans la pratique; il est même plus important; le maximum est d'une ½ heure, le minimum, de 20 minutes; la journée n'est pas allongée.

Un chapitre spécial sera consacré aux mines.

2° 2/8. *Etablissements Z...*, textiles :
4 h. à 12 h. — 12 h. à 20 h.

Mais l'horaire le plus pratiqué paraît être celui des *Etablissements N...*, métallurgie : 5 heures à 13 heures ; 13 heures à 21 heures.

2/9. — Ce régime se relève dans l'industrie textile, notamment dans la teinture, dans le Nord; en période exceptionnelle, le travail va de 4 heures à 13 heures, 13 heures à 22 heures, et même (2/9,5) de 4 heures à 13 h. 30, 13 h. 30 à 23 heures.

3° Des journées sont faites en une séance, sans qu'il y ait deux équipes.

Horaire rencontré dans la teinture et l'apprêt de la Loire : travail de 6 heures à 14 heures.

Dans un établissement métallurgique, *Forges de S...*, des ouvriers travaillent également de 6 heures à 14 heures. Il semble bien que ce soit l'horaire le plus généralement appliqué en pareil cas.

A signaler que dans le cas des forges de S..., il y a allongement de la journée du fait du casse-croûte;le véritable horaire est de 5 h. 45 à 14 heures.

La répartition des loisirs est claire, avec ce type de journées.

ANNEXES

CHAPITRE PREMIER

INDUSTRIE DES TRANSPORTS

I. — Chemins de fer

Une commission paritaire composée des représentants du personnel et des représentants des compagnies fut nommée, par arrêté ministériel du 24 avril 1919, pour déterminer les modalités d'application du nouveau régime sur les grands réseaux. Quarante-trois conclusions furent arrêtées et signées par le président de la commission, un délégué des réseaux et un délégué du personnel.

Une circulaire du ministre des travaux publics en date du 8 juin 1919 adopta ces conclusions, pour le personnel sédentaire, et la journée de 8 heures lui fut appliquée strictement.

Pour le personnel roulant (mécaniciens, chauffeurs, et agents des trains) la nouvelle réglementation du travail ne s'établit qu'avec les deux décrets du 8 novembre 1919, élaborés en attendant le règlement d'administration publique. Ils restent en vigueur, car le règlement d'administration publique concernant le personnel roulant n'a pas vu le jour.

Par contre, un règlement concernant le personnel sédentaire a paru le 14 septembre 1922.

Le règlement d'administration publique visant le personnel des ateliers est celui du 9 août 1920 sur la métallurgie et le travail des métaux.

A) *Personnel roulant.* — Les arrêtés ministériels du 8 novembre 1919 contiennent les dispositions suivantes :

Article premier. — A partir du 15 novembre 1919, sur les réseaux de l'Etat, du Nord, de l'Est, d'Orléans, du P.-L.-M., du Midi et des Ceintures de Paris, la durée du travail et des repos des mécaniciens et chauffeurs et agents des trains sera réglée par l'ensemble des dispositions suivantes qui remplaceront les arrêtés en vigueur.

Art. 2. — Dans chacune des périodes s'étendant entre 2 journées de grand repos périodique successives, la durée du travail effectif ne doit pas dépasser 8 heures en moyenne par jour. Pour déterminer cette moyenne de travail, on délimite la période de travail en la faisant commencer à la fin de la journée comptée de 0 à 24 heures, qui se trouve comprise entièrement dans le grand repos précédant la période de travail et en la faisant se terminer au début de la journée comptée de 0 à 24 heures qui se trouve comprise entièrement dans le grand repos suivant la période. On divise le total du travail compris dans la période ainsi définie par le nombre de jours compris dans cette période.

L'ensemble des périodes de travail comprises entre deux grands repos consécutifs ne doit pas contenir plus de 9 heures de travail consécutif; exceptionnellement, des durées de travail journalier excédant 9 heures sans dépasser 10 heures peuvent être admises, mais au plus 2 fois entre 2 repos périodiques successifs et 6 fois par mois.....

L'ensemble des périodes de travail et de repos comprises entre deux grands repos consécutifs (amplitude de la journée de travail) ne doit pas avoir une durée supérieure à 10 heures.

Pour les mécaniciens et chauffeurs, cette durée pourra toutefois être portée à 14 heures, 2 fois au plus entre 2 grands repos périodiques successifs.

La moyenne des amplitudes entre 2 grands repos périodiques successifs ne doit pas être supérieure à 10 heures sous réserve des inobservations accidentelles qui viendraient à se produire en fin de période.

Chaque fois que la durée du travail devra dépasser 8 heures, la possibilité de prendre un repas devra être laissée aux agents après une période de travail de 6 heures au plus; le temps alloué pour ce repas (30 minutes environ) sera mentionné sur les roulements.

Art. 3. — Sont seuls considérés comme grands repos ceux ayant une durée ininterrompue de 14 heures au moins à la résidence de l'agent, et de 9 heures au moins hors de la résidence.

Toutefois, la durée du repos hors de la résidence pourra être inférieure à 9 heures sans descendre au-dessous de 8 heures si le service commandé à l'agent le fait rentrer à sa résidence (pour les mécaniciens et chauffeurs). Toutefois,..... sans descendre au-dessous de 8 heures pour faire rentrer l'agent à la résidence dans les cas de nécessités de service et dans les cas où l'observation du minimum de 9 heures aurait comme conséquence d'entraîner un séjour trop prolongé de l'agent hors de la résidence (agents des trains)...

Un repos hors de la résidence doit toujours être suivi d'un repos à la résidence. Il doit y avoir en moyenne un grand repos périodique de 38 heures au moins à la résidence par 6 jours de travail.

Toutefois, la période de travail comprise entre 2 grands repos pourra aller jusqu'à 10 jours au maximum au lieu de 9 à condition que la période de travail suivante ne s'étende pas sur plus de 8 jours. Au cours d'un mois, il doit y avoir au moins 4 repos périodiques dont 2 peuvent être réunis en un repos double d'une durée minimum de 62 heures.

Art. 4 (agents des trains, (mécaniciens et chauffeurs). — Pendant les grands repos périodiques, les agents sont dispensés de tout service et peuvent s'absenter de leur résidence.

Art. 5 (agents des trains) et 6. (mécaniciens et chauffeurs). — Définition du travail effectif : On compte comme travail effectif tout le temps pendant lequel les agents sont tenus de rester dans leurs machines et dans leurs trains et de ne pas s'en éloigner, ou ont un travail quelconque à effectuer dans les gares, dépôts et ateliers.

Les laps de temps alloués pour les opérations que les mécaniciens et chauffeurs ou agents des trains peuvent avoir à effectuer avant le départ ou après l'arrivée sont, pour chaque train, indiqués sur les roulements. Lorsque l'intervalle entre l'arrivée d'un train et le départ du suivant ne dépasse pas 1 h. 30, cet intervalle est compté entièrement comme travail.

Réserve : réserve secours (mécaniciens et chauffeurs), disponibilité à domicile (mécaniciens chauffeurs et agents des trains), réserve à disposition (mécaniciens et chauffeurs).

Art. 7 (agents des trains) et 8 (mécaniciens et chauffeurs). — A titre temporaire, des modifications peuvent être apportées au régime énoncé dans les cas ci-après :

1° Travaux urgents dont l'exécution immédiate est nécessaire pour prévenir les accidents imminents, organiser des mesures de sauvetage ou réparer des accidents;

2° Travaux exécutés dans l'intérêt de la sûreté et de la défense nationale ou d'un service public;

3º Travaux urgents (surcroît extraordinaire de travail).....

Les deux tableaux ci-contre, l'un pour les agents des trains, l'autre pour les mécaniciens et chauffeurs, feront comprendre le régime qui découle de ces dispositions peu intelligibles pour les profanes : travail journalier, amplitude des journées (travail effectif et coupures), repos à la résidence et repos hors de la résidence, grands repos périodiques revenant tous les 10 jours et groupés par 2 à la fin du mois.

La répartition des loisirs ressort avec précision.

L'informateur auquel est dû ce tableau de service écrit :

Vous connaissez le décret qui régit le travail des mécaniciens, chauffeurs et agents des trains. Ce décret est formel, et il constitue la seule base de l'organisation du service. Pourtant, je me hâte de vous dire que si l'on s'enfermait d'une manière absolue dans les règles rigides qu'il édicte, peu de trains partiraient à l'heure, beaucoup, même, ne partiraient pas. Le décret de 1919 autorise d'ailleurs, moyennant rémunération, un certain nombre de dérogations à ces règles. On use de cette liberté, je dirai même qu'on est obligé d'en abuser. En particulier depuis l'occupation de la Rhur, qui a entraîné le départ d'un dixième environ du personnel, une circulaire de l'ingénieur en chef, autorisé par le ministre des Travaux publics, a envisagé des dérogations plus nombreuses dont il est dit qu'elles ne doivent être imposées que dans des cas exceptionnels, mais qui, pratiquement, sont quotidiennes, ici comme ailleurs. Le personnel s'y prête, parfois même avec bonne volonté. En résumé, il exécute un travail certainement supérieur à la moyenne de 8 heures par jour.

Je vous adresse le graphique d'une équipe (mécanicien et chauffeur) qui a fait en avril dernier un service moyen. Je l'ai débarrassé de tous les chiffres inutiles. Avec le travail quotidien, vous pourrez vous faire une idée du rendement de cette équipe et voir l'amplitude des journées (travail plus coupures) et de l'importance des repos.

Le total des heures de travail y atteint 203 h. 35. Ce total a varié en avril, pour les diverses équipes, de 175 à 245 heures. Vous verrez que les dérogations aux règles du dit décret sont donc le fait courant. Si vous tenez compte du travail supplémentaire que l'équipe a effectué et qui ne lui est pas décompté, vous jugerez comme moi qu'il faut avoir une certaine estime pour un personnel

Compagnie Y... Tableau de service
d'une équipe mécanicien-chauffeur. Dépôt de P...

Avril 1923	Commencement du travail à (*Heures*)	Fin du travail à (*Heures*)	Repos à la résidence (*Durées*)	Repos hors la résidence (*Durées*)	Repos périodiques (*Durées*)	Amplitude de la journée (*Durées*)	Travail effectif (*Durées*)	Coupures (*Durées*)
1	6h	15h35	28h35	»	»	9h35	7h06	2h29
2	20h10	»	»	»	»	»	»	»
3	»	6h	»	12h54	»	9h50	6h04	3h46
3	18h54	»	»	»	»	»	»	»
4	»	7h15	20h55	»	»	12h21	10h16	2h05
5	4h10	17h58	»	10h05	»	13h48	10h03	3h45
6	4h03	15h45	14h15	»	»	11h42	9h18	2h24
7	»	»	»	»	24h	»	»	»
8	6h	21h	»	9h	»	15h	10h39	4h21
9	6h	15h40	28h25	»	»	9h40	7h22	2h08
10	20h05	»	»	»	»	»	»	»
11	»	7h45	»	11h09	»	11h40	8h50	2h50
11	18h54	»	»	»	»	»	»	»
12	»	7h15	20h55	»	»	12h21	10h01	2h20
13	4h10	18h25	»	9h38	»	14h15	10h30	3h45
14	4h03	15h40	14h20	»	»	11h37	9h02	2h35
15	»	»	»	»	24h	»	»	»
16	6h	18h20	»	15h45	»	12h20	8h54	3h26
17	10h05	24h	20h05	»	»	13h55	8h30	5h25
18	20h05	»	»	»	»	»	»	»
19	»	7h45	»	11h09	»	11h40	7h40	4h
19	18h54	»	»	»	»	»	»	»
20	»	7h30	20h40	»	»	12h36	10h21	2h15
21	4h10	18h05	»	9h58	»	13h55	10h10	3h45
22	4h03	15h40	14h20	»	»	11h37	8h52	2h45
23	»	»	»	»	24h	»	»	»
24	»	»	»	»	24h	»	»	»
25	6h	18h20	»	15h45	»	12h20	9h03	3h17
26	10h05	15h40	14h20	»	»	5h35	5h35	»
27	6h	18h20	»	15h45	»	12h20	9h03	3h17
28	10h05	24h	20h05	»	»	13h55	8h35	5h20
29	20h05	»	»	»	»	»	»	»
30	»	7h45	»	11h09	»	11h40	7h50	3h50
30	18h54	»	»	»	»	»	»	»
Mai								
1	»	7h10	21h	»	»	12h16	9h50	2h26
2	4h10	»	»	»	»	»	»	»

qui donne un pareil rendement. Et il ne s'agit, je vous le répète,
que d'un graphique très moyen.

Compagnie X... Tableau de service
Chef de train et conducteur.

Janvier 1923	Commencement du travail à (Heures)	Fin du travail à (Heures)	Repos à la résidence (Durées)	Repos hors la résidence (Durées)	Repos périodiques (Durées)	Amplitude de la journée (Durées)	Battements (Durées)
1	13ʰ30	20ʰ42	»	10ʰ03	»	7ʰ12	»
2	6ʰ45	14ʰ03	14ʰ40	»	»	7ʰ20	»
3	4ʰ45	7ʰ08	»	8ʰ38	»	9ʰ26	»
3	15ʰ46	22ʰ49	18ʰ40	»	»	»	»
4-5	17ʰ29	1ʰ09	14ʰ04	»	»	7ʰ40	1ʰ58
5	15ʰ13	22ʰ03	15ʰ35	»	»	6ʰ50	»
6	13ʰ38	20ʰ54	16ʰ20	»	»	7ʰ16	»
7	13ʰ14	22ʰ34	14ʰ06	»	»	9ʰ20	2ʰ52
8	12ʰ40	19ʰ34	»	9ʰ43	»	6ʰ54	2ʰ08
9	5ʰ17	13ʰ59	16ʰ46	»	»	8ʰ42	3ʰ02
10	»	»	»	»	24ʰ	»	»
11	6ʰ45	10ʰ33	»	10ʰ01	»	6ʰ27	»
11-12	20ʰ34	24ʰ13	15ʰ17	»	»		»
12	15ʰ30	19ʰ58	»	10ʰ13	»	4ʰ28	»
13	6ʰ11	17ʰ35	17ʰ25	»	»	11ʰ24	3ʰ59
14	11ʰ	20ʰ21	14ʰ54	»	»	9ʰ21	2ʰ
15	11ʰ15	20ʰ08	»	9ʰ57	»	8ʰ53	1ʰ28
16	6ʰ05	17ʰ59	13ʰ33	»	»	11ʰ54	6ʰ16
17	7ʰ32	19ʰ16	»	9ʰ32	»	11ʰ44	5ʰ28
18	4ʰ48	12ʰ	16ʰ23	»	»	7ʰ12	»
19	4ʰ23	14ʰ03	16ʰ03	»	»	9ʰ40	1ʰ33
20	»	»	»	»	24ʰ	»	»
21	6ʰ06	9ʰ39	»	8ʰ36	»	6ʰ59	»
21	18ʰ15	21ʰ41	14ʰ51	»	»		»
22	12ʰ32	20ʰ55	16ʰ11	»	»	8ʰ23	»
23	13ʰ06	22ʰ23	»	10ʰ24	»	9ʰ20	3ʰ17
24	8ʰ50	13ʰ06	15ʰ19	»	»	4ʰ26	»
25	4ʰ35	12ʰ44	16ʰ51	»	»	8ʰ09	»
26	5ʰ35	15ʰ20	14ʰ20	»	»	9ʰ45	3ʰ27
27	5ʰ40	16ʰ42	14ʰ08	»	»	11ʰ02	3ʰ52
28	6ʰ50	17ʰ08	20ʰ22	»	»	10ʰ18	2ʰ20
29	»	»	»	»	24ʰ	»	»
30	»	»	»	»	24ʰ	»	»

Je reviens sur le travail supplémentaire dont je vous parle plus
haut : c'est celui qui est effectué tant avant le départ qu'après

l'arrivée. Il est alloué, pour la préparation d'une machine, un temps qui varie de 50 minutes à 1 h. 10 (mise en tête sur le train comprise); il faut reconnaître que, pratiquement, ce temps est nettement insuffisant. Un mécanicien soigneux n'hésite pas à se présenter au dépôt 2 heures avant le départ de son train. Un graissage minutieux, une mise en pression rationnelle demande, suivant les circonstances, de 1 h. 1/4 à 1 h. 3/4. Il en est de même à l'arrivée où une visite rapide des organes, après le remisage, demande un bon quart d'heure. Ce temps-là n'entre pas dans les comptes.

Certes, il est des services faciles, d'autres plus rudes ; de même qu'il est des mécaniciens consciencieux et soigneux, d'autres qui sont de vrais saboteurs. Mais je ne crois pas exagéré de dire qu'ils font au bas mot 9 heures de travail par jour.

Ce travail supplémentaire, digne de remarque chez les mécaniciens et chauffeurs, n'existe guère chez les agents des trains. Il leur est alloué, avant le départ du train et après l'arrivée un temps restreint mais suffisant.

B) *Personnel sédentaire, gares, stations, dépôts.* — Ce personnel est soumis maintenant au décret de septembre 1922, dit décret « Le Trocquer ».

Un rapport précédant ce décret donne des indications intéressantes sur ce qui s'est passé lors de l'application de la loi de 8 heures au personnel sédentaire.

Daté du 13 septembre 1922, il est ainsi conçu :

Monsieur le Président.....

En fait, les dispositions de la loi du 23 avril 1919 ont été appliquées aux agents des chemins de fer dès les premiers mois qui ont suivi la promulgation de la loi, en conformité des conclusions d'une Commission paritaire instituée par un arrêté du 24 avril 1919. Après échange d'observations et discussion, cette Commission avait formulé, à des dates comprises entre le 6 mai et le 24 novembre 1919, un certain nombre de conclusions acceptées par les réseaux; celles-ci sont appliquées depuis lors.

Quel que soit l'arrangement ainsi établi, il n'en est pas moins indispensable, pour satisfaire aux dispositions légales, de promulguer les décrets portant règlement d'administration publique pour l'application de la loi du 23 avril 1919.

Il était apparu, dès l'origine, qu'en conformité des dispositions de la loi d'après laquelle les règlements sont établis par catégories professionnelles, il y avait lieu d'établir des règlements distincts, d'une part pour les mécaniciens, chauffeurs et agents des trains, d'autre part pour le reste du personnel.

Etant donné que les conditions du travail et des repos des mécaniciens, chauffeurs et agents des trains ont été postérieurement à la loi du 23 avril 1919, réglementées par deux arrêtés ministériels du 8 novembre 1919, pris en application de la loi du 15 juillet 1845 et remplaçant les arrêtés antérieurs relatifs aux conditions de travail et de repos de ces catégories d'agents, c'est le décret relatif aux agents autres que les mécaniciens, chauffeurs, et agents des trains qui devait retenir l'attention du Gouvernement. C'est d'ailleurs dans le service de ces agents que la réglementation qui avait été élaborée par la Commission paritaire de 1919, a donné lieu, dans la pratique, à la constatation d'*anomalies* dont s'est émue l'opinion publique et auxquelles il importe de mettre les réseaux en mesure de remédier.

Mon administration a en conséquence préparé un texte de projet de décret; comme, en raison des anomalies auxquelles avait donné lieu l'application des conclusions de la commission paritaire de 1919, il n'était pas possible de se borner à reprendre purement et simplement ces conclusions pour la rédaction du dit décret, il était nécessaire de provoquer à nouveau les observations des organisations patronales et ouvrières intéressées, conformément aux prescriptions de l'article 7 du chapitre 2 du titre 1er du livre II du Code du travail et de la prévoyance sociale, modifié par l'article 1er de la loi du 23 avril 1919. C'est ce qui a été fait, en conformité d'un avis inséré à cet effet au *Journal officiel* du 6 décembre 1921..... L'examen des observations ainsi rassemblées a conduit à apporter... certaines retouches au projet de décret... Après quoi, un texte définitif du projet de règlement a été arrêté en tenant compte de ces observations dans la mesure qui a paru justifiée.....

La préoccupation essentielle qui a présidé à la rédaction du décret a été d'améliorer le rendement sur les chemins de fer français dans toute la mesure compatible avec la loi du 23 avril 1919.

Il est en particulier conforme à l'esprit de cette loi de distinguer très nettement la durée du travail effectif, d'une part, et la durée de présence d'autre part. C'est ce que n'avait pas fait la Commission paritaire de 1919; c'est ce qu'ont fait, par contre, un certain nombre de règlements relatifs à l'application de la loi du 23 avril 1919. En remédiant aux anomalies constatées, le règlement évitera que l'ensemble de cette loi puisse se trouver compromis par le fait de critiques qui ne doivent s'appliquer en réalité qu'à une interprétation défectueuse de ses termes.

La loi prévoit en outre, que la moyenne de 8 heures de travail peut être établie sur une période autre que la semaine. Il est indispensable que les grands réseaux de chemin de fer puissent user largement de cette faculté et adapter ainsi les conditions de travail aux exigences d'un trafic dont l'importance varie suivant les époques de l'année. C'est ce que stipule le projet de règlement en répartissant sur l'année entière la durée totale du travail.

La loi prévoit enfin, de la façon la plus explicite, des dérogations permanentes et des dérogations temporaires.....

TEXTE DU DÉCRET

CHAPITRE PREMIER. — *Durée du service, décompte et répartition :*

Art. 2. — La durée du travail effectif ne peut excéder 2.504 h. du 1er janvier au 31 décembre pendant une année ordinaire ni 2.512 heures pendant une année bissextile.

Art. 3. — La durée du service des agents qui exécutent un travail effectif pendant toute la durée de leur service ne peut dépasser les limites totales prévues par l'article précédent. Elle ne peut excéder, d'autre part, le maximum de 10 heures par jour.

Toutefois, pour certains de ces agents, chargés de services spéciaux à raison desquels ils doivent être assujettis à un horaire variable, tels que les contrôleurs de routes, etc..... le maximum journalier de 10 heures est remplacé par un maximum mensuel égal à autant de fois 10 heures qu'il y a eu effectivement de journées de service dans le mois sous réserve de l'observation pour chaque journée de l'amplitude maximum de durée de service journalier fixé aux articles suivants :

Art. 4. — La durée du service des agents dont le travail a un caractère intermittent ne peut excéder : *a)* 12 heures par journée de service pour les plantons, agents assurant un service d'encaissements, un service de guichet..... conducteurs de ponts tournants ou roulants; *b)* 12 heures par journée de service pour les agents spécialisés dans les postes de signalisation ou aiguillage, où, pendant la période d'occupation quotidienne du poste, le nombre moyen horaire des passages établis sur un mois est inférieure à 4. Si ces agents assurent en outre le service des barrières d'un passage à niveau, chaque manœuvre complète compte pour demi-passage,

si les barrières sont normalement fermées; il n'est pas tenu compte
si les barrières sont tenues normalement ouvertes.....

Dans les limites indiquées ci-dessus, les tableaux de service
fixeront la durée de présence des agents, en tenant compte de la
nature et de l'importance du service dont ils sont chargés.

Il est admis que cette durée de présence est équivalente à la
durée maximum du travail effectif fixé par l'article 6 du chapitre II
du titre Ier du livre II du Code du travail et de la prévoyance
sociale.

Art. 5. — Le décompte de la durée du service sera effectué d'après
les règles suivantes :

a) Dispositions générales. — Est compté comme durée de service l'intervalle de temps compris entre le commencement effectif à pied d'œuvre et la cessation effective à pied d'œuvre du service assigné à l'agent.

Ne sont pas comptés dans la durée du service : la durée totale
des coupures; le temps consacré à la collation, dite casse-croûte;
le déshabillage, lavage, rhabillage; les trajets; le temps nécessaire
à la transmission du service.....

b) Dispositions spéciales pour les agents en déplacement et les
agents affectés à l'entretien des voies, ainsi que pour les agents
chargés du convoyage et du service de nuit des passages à niveau.

Art. 6. — : .....

Art. 7. — Lorsque le service de la journée comporte 2 ou 3 interruptions pour repos, dites coupures, la plus longue doit avoir une
durée minimum de 1 h. ½, les 2 autres doivent avoir chacune une
durée minimum de 1 heure.....

Le nombre des coupures ne peut dépasser 3 au cours d'une même
journée de service.....

Art. 8. — La durée du travail effectif ou la durée de présence,
suivant les cas, augmentée de la durée des coupures, constitue
l'amplitude de la journée de service.

Cette amplitude ne peut excéder 15 heures pour les agents logés
gratuitement sur place ou dans un rayon de 1 kilomètre ni
14 heures pour les autres agents.....

Art. 9. — Le nombre des journées de service comprises entre
2 repos périodiques successifs ne doit pas excéder 14.....

Art. 10-11 et 13. — .....

Art. 13. — Dérogations : Énumération de dérogations permanentes tout à fait semblables à celles qui ont été indiquées pour
l'industrie.

Art. 14. — Dérogations temporaires : A titre temporaire la durée du service peut être prolongée..... : 1º En cas de travaux urgents : faculté illimitée pendant 1 jour au choix du chef de service. Les jours suivants: 2 heures au delà de la limite assignée.....; 2º Travaux exécutés dans l'intérêt de la sûreté et de la défense nationale : limite à fixer dans chaque cas par le ministre des Travaux publics; 3º Surcroît extraordinaire de travail: 450 *heures par an.*

La durée du service ne pourra, en raison des dérogations prévues au paragraphe 3, dépasser les maxima fixés, soit en ce qui concerne les maxima mensuels de plus d'un nombre d'heures égal à autant de fois 2 heures qu'il y a eu effectivement de journées de service dans le mois. La durée de l'amplitude ne pourra dépasser 15 heures..

Art. 15. — .....

Art. 16. — ..... Récupération des temps perdus : ..... L'amplitude ne pourra être portée au delà de 15 heures.

Délais des récupérations..... Maximum fixé pour la récupération des heures perdues pendant l'hiver pour cause d'intempéries : 180 heures par an.

Art. 17. — Lorsque l'amplitude résultant de la prolongation accidentelle de service ne dépasse pas 15 heures, l'agent doit reprendre son service à l'heure normale prévue pour le commencement de la période suivante.

Lorsque l'amplitude dépasse 15 heures la période de service est suivie d'un repos de 9 heures consécutives au moins, après lequel l'agent rentre exactement dans l'horaire prévu à son tableau de service.....

Art. 18. — .....

Art. 19. — Contrôle.....

Art. 20. — Affichage des tableaux de service.....

Art. 21. — .....

Art. 22. — .....

Art. 23. — Un règlement d'administration publique fixera ultérieurement les conditions d'application de la loi du 23 avril 1919 au personnel des mécaniciens, chauffeurs et agents des trains...

Art. 24. — .....

Fait à Rambouillet, le 14 septembre 1922.

Signé :

MILLERAND — LE TROQUER

Compagnie X... Tableau de Service. Gare d'A... 1ᵉʳ octobre 1923

AGENTS (non logés)	NATURE DU TRAVAIL	DECOMPOSITION DE LA JOURNEE (Heures)	DUREE du travail effectif	DUREE des coupures	AMPLITUDE de la journée	DUREE du repos ininterrompu
X..., chef de halte	Direction générale	5 à 6 h. 10 — coupure — 7 h. 10 à 8 h. 30 — coupure — 10 h. 30 à 14 heures — coupure — 16 h. 15 à 20 h. 30.	9 h. 45	5 h. 05	14 h. 50	9 h. 10
Y..., homme d'équipe	Manœuvre du matériel	7 heures à 12 h. 15 — coupure — 14 heures à 16 h. 45 — coupure — 17 h. 45 à 19 h. 15.	9 h. 30	2 h. 45	12 h. 15	11 h. 45

Compagnie X... Tableau de Service. Gare de H... 1ᵉʳ octobre 1923

(Exemple d'application maximum du décret Le Trocquer. Art. 14, 3ᵉ alinéa)

AGENTS	NATURE DU TRAVAIL	DECOMPOSITION DE LA JOURNEE (Heures)	DUREE du travail effectif	DUREE des coupures	AMPLITUDE de la journée	DUREE du repos ininterrompu
X... Mᵐᵉ, chef de halte (logée)	Service général	6 h. 30 à 12 heures (4 trains) — coupure — 13 h. 45 à 19 h. 15 (4 trains) — coupure — 21 heures à 21 h. 30 (1 train).	11 h. 30	3 h. 30	15 h.	9 h.

Compagnie **X**... Tableau de service. Petite gare ouverte de 5 h. 45 à 22 heures. 1923

FONCTION des agents	NATURE DU TRAVAIL	DECOMPOSITION DE LA JOURNEE (*Heures*)	DUREE du travail effectif	DUREE des coupures	AMPLITUDE de la journée	DUREE de l'arrêt non interrompu	REPOS
A) Chef de gare (seul agent logé).	Surveillance générale	5 h. 45 à 8 h. 30 — coupure — 9 h. 30 à 12 h. 30 coupure — 14 h. 30 à 19 heures.	10 h. 15	3 h.	13 h. 15	10 h. 45	52 repos — 15 jours de congé — Remplacements assurés par la base ou un intérimaire
B) Commis de 1re classe.	Comptabilité — Aide le chef de gare dans toutes les parties du service.	8 h. 30 à 11 heures — coupure — 12 h. 30 à 17 h. 15 — coupure — 19 heures à 22 heures.	10 h. 15	3 h. 15	13 h. 30	10 h. 30	
C) Facteur aux écritures.	Billets — Écritures Comptabilité	5 h. 45 à 8 h. 30 — coupure — 9 h. 30 à 13 heures — coupure — 15 h. à 19 h.	10 h. 15	3 h.	13 h. 15	10 h. 45	
D) Facteur mixte.	Manœuvre Manutention Entretien	5 h. 30 à 10 h. 30 — coupure — 13 h. 15 à 18 h. 40.	10 h. 15	2 h. 55	13 h. 10	10 h. 50	
E) Facteur mixte.	id.	9 heures à 13 h. 35 — coupure — 16 h. 20 à 22 heures.	10 h. 15	2 h. 45	13 h.	11 h.	
F) Facteur mixte.	id.	6 h. 30 à 12 h. 40 — coupure — 15 h. 20 à 19 h. 45.	10 h. 15	2 h. 45	13 h. 15	10 h. 45	

Compagnie X... Gare de Ch... (grande gare)
Tableau de service, octobre 1923

FONCTION des agents	NATURE DU TRAVAIL	DÉCOMPOSITION DE LA JOURNÉE
A. Chef de gare.	Surveillance générale	8^h à 11^h30 – coupure – 13^h30 à 18^h.
B. Sous-chef.	id.	10^h à 13^h30 – coupure – 15^h30 à 20^h.
C. Sous-chef.	id.	6^h à 11^h – coupure – 13^h à 16^h.
D. S.-chef (agents logés).	id.	2^h à 6^h – coupure – 20^h à 24^h.
E. Chef de manœuvre.	Direction des manœuvres	6^h à 14^h.
F. id.	id.	14^h à 22^h.
G. id.	id.	22^h à 6^h.
H. S.-chef de manœuvre.	Supplée le chef de manœuvre	6^h à 14^h.
I. id.	id.	14^h à 22^h.
J. id.	id.	22^h à 6^h.
K. Brigadier de manœuvre.	Débranchement	6^h à 14^h.
L. id.	id.	6^h à 14^h.
M. id.	id.	14^h à 22^h.
N. id.	id.	14^h à 22^h.
O. id.	id.	22^h à 6^h.
P. id.	id.	22^h à 6^h.
Q. Equipe.	Accrochage et rattrapage	6^h à 14^h.
R. id.	id.	6^h à 14^h.
S. id.	id.	6^h à 14^h.
T. id.	id.	14^h à 22^h.
U. id.	id.	14^h à 22^h.
V. id.	id.	14^h à 22^h.
W. id.	id.	22^h à 6^h.
X. id.	id.	22^h à 6^h.
Y. id. (agents non logés)	id.	22^h à 6^h.

POSTES ET CABINES

FONCTION des agents	NATURE DU TRAVAIL	DÉCOMPOSITION DE LA JOURNÉE
A. Aiguilleur de 1re classe.	Poste A	6^h à 14^h.
B. id.	id.	14^h à 22^h.
C. id.	id.	22^h à 6^h.
D. Aiguilleur de 2e classe.	Poste B	6^h à 14^h.
E. id.	id.	14^h à 22^h.
F. id.	id.	22^h à 6^h.
G. Garde-signaux.	Poste 53	6^h à 14^h.
H. id.	id.	14^h à 24^h.
I. id.	id.	22^h à 6^h
K. Equipe.	Poste X...	6^h à 12^h – coupure – 14^h à 18^h
L. id.	Graissage des aiguilles	6^h à 14 h.

Ce décret qui envisage comme maximum de l'amplitude de la journée de service 15 heures permet de supprimer toutes les « anomalies » résultant de l'application brutale de la journée de 8 heures. Ainsi, les chemins de fer offrent un nouvel exemple du processus signalé pour l'industrie : erreur sur le sens de la loi, application brutale, revirement.

L'apparition de ce décret a soulevé les protestations des syndicalstes et provoqué une campagne dans *La Tribune des Cheminots*. Il s'est différemment appliqué, suivant les compagnies.

Les tableaux de service publiés ci-devant pour le personnel sédentaire de grandes et petites gares de la Compagnie X... montreront les amplitudes diverses qui peuvent atteindre les journées de service.

Voici quelques renseignements sur les conditions de travail du personnel sédentaire d'un important dépôt de la Compagnie Y... :

Le personnel sédentaire comprend ici les spécialistes, les manœuvres employés aux corvées diverses et les manœuvres spécialisés.

Les deux premiers groupes font 8 h. 30 de présence, pas une minute de plus (sauf exceptions motivées par des raisons sérieuses : travail urgent devant être terminé après l'heure, par exemple, auquel cas le temps supplémentaire est rendu à l'agent sous forme d'heures de repos ou de repos complémentaires entiers).

Les manœuvres spécialisés sont soumis à d'autres régimes. Voici des exemples :

Les machinistes qui surveillent les pompes d'alimentation en eau font 10 heures de travail dans une amplitude de 12 heures.

Les piétons (qui sont à la disposition pour la commande du personnel), les agents qui s'occupent des appareils indicateurs de vitesse, le baigneur (son titre indique son rôle), font 9 heures de présence dans une amplitude de 11 heures (le repos de 2 heures devant être pris sur place, en ce qui concerne les piétons).

Les tubistes (agents qui nettoient les tubes des machines à mesure qu'elles rentrent) sont au régime des 2/9.

Les surveillants de dépôt, aide-surveillant et machinistes des plaques et ponts tournants sont au régime des 3/8.

Sauf pour ces derniers, le travail des manœuvres spécialisés est en somme intermittent, c'est pourquoi la période est augmentée.

II. — Transports en commun de la Région parisienne

Pour l'industrie des transports, l'enquête a été limitée en dehors des chemins de fer, aux Transports en commun de la région parisienne.

Le statut du personnel contient, pour la durée du travail, les dispositions suivantes, en vue de l'application de la loi du 23 avril 1919 au personnel du mouvement (receveurs et machinistes) auquel s'est bornée notre enquête :

La durée moyenne du travail effectif est fixée à 48 heures par semaine. Cette durée moyenne est calculée sur l'ensemble des roule ments d'une même ligne.

Aucun roulement ne comportera de service dépassant 9 h. ½ de travail effectif.

Les services non coupés seront effectués sans autre interruption que celle d'un repos d'une durée comprise entre 1 heure et 1 h. ½.

Exceptionnellement, sur les lignes où la révolution sera supérieure à cette durée, l'interruption sera égale à la durée de la révolution.....

L'amplitude des services coupés ne pourra pas dépasser 13 h. 30. Toutefois, les délégués du personnel seront entendus lorsqu'ils croiront pouvoir proposer toute modification relative à cette amplitude.

Nonobstant les dispositions indiquées ci-dessus, à certaines époques et particulièrement dans les périodes de service intensif et dans les périodes de congé, la durée moyenne de service pourra être augmentée jusqu'à concurrence de 10 %, sous réserve toutefois que le nombre annuel d'heures ne pourra dépasser 2.360 (ou 2.368 si l'année est bissextile) et étant entendu que l'amplitude de 13 h. 30 fixée ci-dessus ne sera pas dépassée.

Application de ce règlement

Les 6 premiers roulements indiqués sur un tableau de service de la ligne X, service d'été, moyenne du travail 8 h. 15, donnent les horaires suivants :

1º 6 h. 24 à 9 h. 42; 11 h. 27 à 15 h. 52. — Travail : 7 h. 43; — coupure : 1 h. 45. — Amplitude de la journée : 9 h. 28.

2º 7 h. 21 à 11 h. 38; 15 h. 35 à 20 h. 10. — Travail : 8 h. 52. — Coupure : 3 h. 57. — Amplitude : 12 h. 49.

3º 11 h. 15 à 15 h. 47; 17 h. 19 à 21 h. 03. — Travail : 8 h. 16. — Coupure : 1 h. 32. — Amplitude : 9 h. 48.

4º 7 h. 47 à 12 h. 20; 15 h. 45 à 20 h. 18. — Travail : 9 h. 06. — Coupure : 3 h. 25. — Amplitude : 12 h. 31.

5º 13 h. 23 à 20 h. 08. — Travail : 6 h. 45; pas de coupure, même amplitude.

6º 13 h. 15 à 17 h. 38; 20 h. 34 à 24 h. 55. — Travail : 8 h. 49; coupure : 2 h. 51. — Amplitude : 11 h. 40.

Ainsi, 4 types de journées sont faits à la T. C. R. P. :

1º Journée avec coupure courte, dite journée non coupée puisque la coupure est juste suffisante pour le repas (1 et 3).

2º Journée avec coupure longue (2 et 4).

3º Journée avec une seule séance de travail, faite soit dans la matinée, soit dans l'après-midi (5).

4º Service de nuit (6).

Eté comme hiver ces types de journées sont pratiqués avec la différence qu'en été la moyenne du travail effectif est de 8 h. 15 et qu'en hiver elle est de 7 h. 15.

Les agents font, pendant une semaine, un type et passent à un autre.

Le tableau de service utilisé compte 35 roulements. La moyenne de travail indiquée est calculée sur ces 35 roulements.

Toûs les 7 jours en moyenne, les agents ont leur journée de repos. Ils ont, en plus, 21 jours de congé annuel.

Heures supplémentaires. — Le règlement les prévoit, conformément à la loi. Fréquemment, une équipe de receveurs machinistes est priée de faire, payé en plus, naturellement, le soir, un tour supplémentaire (50 minutes). Généralement elle accepte. Des refus sont pourtant signalés, dus, non pas au désir de ne pas dépasser le total normal d'heures de travail, mais à la crainte d'amener une perturbation trop grande dans la vie familiale, quand la femme restée au logis n'a pas été prévenue d'une possibilité de rentrée plus tardive.

Sommeil déduit, l'étendue des loisirs et leur répartition dans la journée apparaît clairement à la simple lecture des horaires cités. Pour se faire une idée de la répartition sur l'année, il faut se représenter, pour un agent, l'alternance, de semaine en semaine, des 6 types de journées indiqués.

CHAPITRE II

MINES

La loi du 23 avril 1919 ne s'applique qu'aux ouvriers travaillant à l'extérieur des exploitations.

Pour les ouvriers du fond, qui bénéficiaient de la journée de 8 heures depuis 1913, une loi spéciale, modifiant la façon de compter ces 8 heures est intervenue. C'est la loi du 24 juin 1919, dite loi Durafour.

Alors que précédemment le temps de travail ne comprenait pas la descente dans la mine et la remontée, ni le briquet, d'une ½ heure, pris après 4 heures, la loi Durafour compte dans les 8 heures qui peuvent être demandées à l'ouvrier le temps de descente, le briquet et la remontée. C'est fort intéressant au point de vue du calcul du temps que le mineur passe hors de chez lui.

Voici le texte de la loi Durafour :

Loi relative à la durée du travail dans les mines (*J. O.*, 25 juin 1919, p. 6522).

Article premier. — Les articles 9 à 13, constituant la section II du chapitre II du livre II du Code du travail et de la prévoyance sociale, sont abrogés et remplacés par les dispositions suivantes :

Art. 9. — La journée des ouvriers et des employés dans les travaux des mines de combustibles, de quelque nature qu'elles soient, celle des ouvriers et employés occupés dans les travaux des autres mines, des minières et des carrières, ainsi que dans les recherches des mines, ne peut excéder la durée de 8 heures, tant pour les ouvriers de l'intérieur que pour ceux occupés à l'extérieur des exploitations.

Art. 10. — En ce qui concerne les ouvriers du fond, cette durée est calculée, pour chaque poste et pour chaque catégorie d'ouvriers, depuis l'heure réglementaire de l'entrée dans le puits des premiers ouvriers descendants, jusqu'à l'heure réglementaire de l'arrivée au jour des derniers ouvriers remontants. Pour les mines où l'entrée a lieu par galeries, elle est calculée depuis l'arrivée à l'entrée de la galerie jusqu'au retour au même point.

Art. 11. — Les dispositions des articles précédents ne portent aucune atteinte aux conventions et aux usages équivalents à des conventions qui, dans certaines exploitations, ont fixé pour la journée normale une durée inférieure à celle fixée par les articles précédents.

Art. 12. — Par dérogation aux dispositions des articles précédents, la durée de la journée pourra, en cas de guerre ou de tension extérieure, être augmentée au delà de 8 heures. Ces dérogations seront décidées par le ministre chargé des mines, sous sa responsabilité.

Art. 2. — (N'offre pas d'intérêt)....

Art. 3. — En aucun cas les salaires de toutes catégories, payés par suite de l'application de la présente loi, ne pourront être inférieurs aux salaires payés au jour de la promulgation. Il en sera de mêmes des primes.

APPLICATION DE LA LOI

Voici des exemples pris dans le Pas-de-Calais, la Loire, la Moselle.

PAS-DE-CALAIS. — A) *Au fond* : Premier poste (matin) : début de la descente à 5 h. 30; fin de la remontée à 13 h. 30;

Deuxième poste (après-midi) : début de la descente à 13 h. 30; fin de la remontée à 21 h. 30;

Troisième poste (nuit) : *id.* 21 h. 30; *id.* 5 h. 30.

En principe, l'abatage du charbon est réservé au poste du matin.

Le poste d'après-midi exécute :

a) Les travaux qui gêneraient l'abatage : remblayage, réparations, entretien des appareils et des voies, descente et répartition des bois.

b) Certains travaux urgents (aérage, recherches, communication entre chantiers) poussés à double équipe, une au poste du matin, l'autre au poste d'après-midi;

c) Temporairement certaines fosses qui ne sont pas encore outillées pour la descente et la remontée rapides du personnel, font de l'abatage au poste d'après-midi.

Le poste de nuit ne comporte en principe aucun travail de mine proprement dit. Il comprend : la surveillance (grisou, écuries), l'épuisement (on fait de préférence fonctionner les pompes électriques pendant la nuit, pour améliorer l'utilisation des centrales électriques), l'entretien ou les réparations du puits (celui-ci n'étant pas accessible pendant les deux autres postes à cause de la circulation des cages).

Aux puits en creusement, le travail est toujours à triple poste.

Le même régime serait appliqué, bien entendu, à tout travail d'extrême urgence (renforcement d'aérage en cas de dégagement de grisou par exemple).

Le roulement des équipes *n'est pas régulier* comme dans l'industrie, en sorte que tous les mineurs ne sont pas d'abord du matin, ensuite d'après-midi, ensuite de nuit. Les spécialisations nécessaires empêchent l'alternance régulière des équipes. C'est intéressant à noter dans une description de la vie des mineurs ayant pour but de préciser leurs loisirs.

Il faut savoir que :

1º Les mineurs du matin (abatage), soit 75 % du personnel, sont, pour la majorité, toujours du poste du matin. Une minorité de ces mineurs, les meilleurs ouvriers en général, peut être d'après-midi quand deux équipes sont organisées soit pour faire de l'abatage à deux postes, soit pour achever rapidement des travaux (galerie au rocher, voie de recherche en veine, percement d'aérage); en ce cas, les équipes alternent chaque semaine pour redevenir, en fin de travail, toutes deux du matin. Les mêmes mineurs peuvent être aussi de nuit quand le travail est organisé à trois équipes pour puits en creusement, ou travail très intense; en ce cas, l'alternance se fait encore chaque semaine.

2º Les raccommodeurs (entretien et réparation des galeries) et remblayeurs, soit 20 % du personnel, sont toujours d'après-midi. Les travaux de réparation ne peuvent être confiés en effet qu'à un petit nombre de spécialistes, vieux mineurs trop peu robustes pour l'abatage du charbon, mais expérimentés et prudents. Par contre, les travaux de remblayage sont le lot d'ouvriers très peu spécialisés, simples manœuvres qui n'ont pas leur place au poste d'abatage.

3º Les abouts (entretien et réparation des puits), pompiers (épuisement) et gardes d'écurie, soit environ 5 % du personnel, sont toujours de nuit.

B) *Au jour*. — La journée en deux séances est la règle générale (85 % du personnel de jour); l'horaire est le suivant : 7 heures à 12 heures (y compris ½ heure de casse-croûte) et 13 h. 30 à 17 heures.

Le lavage du charbon se fait à double équipe. Des installations à marche continue (fours à coke, central électrique) fonctionnent bien entendu à triple équipe. Les horaires sont alors les mêmes que pour les postes du fond, et le roulement est hebdomadaire.

Pour les employés de bureau, les horaires sont : 8 heures à 12 heures et 14 heures à 18 heures.

Heures supplémentaires. — La loi ne les admet qu'en cas de guerre ou de tension extérieure. La première expression est nette; la deuxième l'est moins. Elle doit être interprétée d'une façon très étroite et considérée comme désignant l'imminence de la guerre.

Au moment le plus difficile de l'affaire de la Ruhr, au début de 1923, une demande d'autorisation d'heures supplémentaires fut adressée au ministre. Ce dernier refusa son autorisation considérant que les circonstances n'étaient pas suffisamment graves. Pour la détermination des loisirs, les 8 heures peuvent donc être considérées comme une base très fixe.

Et pourtant, l'informateur qui a bien voulu donner tous ces renseignements, signale qu'une tolérance existe, et que les mineurs demandent à faire des heures supplémentaires, et en font durant 3 ou 4 quinzaines par an, notamment durant la deuxième quinzaine de novembre, avant les fêtes de la Sainte-Barbe et de la Saint-Nicolas. Traditionnellement, les ouvriers prolongent leurs journées pendant cette quinzaine et augmentent leurs salaires en vue des fêtes et des achats de fin d'année.

Le 16 janvier 1924, avis est donné que cette année la quinzaine Sainte-Barbe n'a pas comporté de prolongation du travail et que la tradition paraît devoir être abandonnée.

Au jour, les heures supplémentaires sont exceptionnelles et justifiées seulement par des travaux urgents, tels que la réparation d'un organe important.

Loire. — Les mineurs font trois postes: 6 heures à 14 heures. 14 heures à 22 heures; 22 heures à 6 heures.

Le premier poste est le plus important pour l'extraction du charbon et pour le nombre des ouvriers.

Le deuxième poste roule aussi du charbon, mais d'une façon moins intense.

Il y a alternance hebdomadaire entre les équipes matin et après-midi employées à l'abatage.

Le troisième poste est le poste d'entretien et de réparation. Les spécialistes de ces travaux sont toujours de nuit.

Alternent matin, après-midi et nuit, les équipes employées à des travaux urgents tels que le traçage...

Moselle. — La société X... possède actuellement deux sièges principaux d'extraction.

Le siège de M... occupe par jour 5.000 ouvriers, dont 1.200 à la surface et 3.800 au fond. Le siège de F... occupe au fond et au jour 2.500 ouvriers.

Dans les deux sièges, le travail se fait de la façon suivante : 6 heures à 14 heures; 14 heures à 22 heures; 22 heures à 6 heures ; soit 8 heures de la première descente à la dernière remontée.

L'abatage se pratique le matin et l'après-midi. Les équipes 6/14 et 14/22 alternent tous les 8 jours et sont en majeure partie occupées à l'abatage (80 % du personnel).

L'entretien et la réparation sont réservés au poste de nuit (5 % du personnel).

Quinze pour cent du personnel sont en outre employés aux travaux urgents de traçage (travaux préparatoires) qu'il est nécessaire de mener à 3 équipes. Les équipes alternent tous les 8 jours.

Des heures supplémentaires sont faites à certaines époques

de l'année, avant certaines fêtes. Contrairement à ce qui se passe dans le Nord, la tradition persiste, et cette année des heures supplémentaires ont été faites durant la quinzaine qui a précédé Noël.

Il n'en reste pas moins que les heures supplémentaires sont exceptionnelles dans les mines et que la journée de 8 heures y est la règle générale. Aussi la répartition des loisirs y est-elle nette. Nous renvoyons pour les travailleurs du fond et ceux du jour aux tableaux établis pour les journées en une séance et en deux séances.

TROISIÈME PARTIE

ENQUÊTE SUR L'UTILISATION DES LOISIRS

TITRE PREMIER

L'INQUIÉTUDE GÉNÉRALE
NÉCESSITÉ DE L'ENQUÊTE

Cette question est primordiale.

Donner des loisirs est bien, est nécessaire; mais encore faut-il que ces loisirs soient employés selon les justes désirs de celui qui les donne.

Si l'ouvrier se fatigue durant ses heures de liberté, au point que la réparation par le sommeil de l'ensemble de son travail à l'usine et au dehors ne puisse être complète, le surmenage ne sera pas évité.

Si l'ouvrier passe son temps à dormir, la préoccupation de sa culture physique, intellectuelle et morale restera vaine.

Si l'ouvrier emploie ses loisirs à boire et à faire des sottises, aucun des deux buts d'hygiène et de culture ne sera atteint.

De ces trois excès, le moins dangereux serait encore celui du sommeil; au moins, de la sorte, notre homme se reposerait-il.

L'emploi des loisirs doit combler à la fois les vœux de vie plus complète, ainsi que d'hygiène, exprimés par le législateur.

En est-il ainsi? Tout est là.

En 1917, les industriels et les gouvernants se demandaient

tous : « Comment les loisirs seront-ils utilisés ? » Même préoccupation chez les partisans et chez les adversaires de la loi.

Cette inquiétude est exprimée dans les enquêtes qui ont précédé le dépôt du projet de loi, dans les documents parlementaires et enfin dans la circulaire du ministre du Travail pour l'application de la loi.

I

L'enquête de *La Journée industrielle*, faite en 1919, fournit quelques exemples typiques.

M. A. Thomas, 26 février 1919 :

Ce qui inquiète les patrons, c'est l'emploi que feront de leurs heures de liberté les ouvriers que n'attire évidemment pas l'agrément de leur logis. J'ai été très frappé, dans des conversations récentes avec des industriels, d'entendre leurs inquiétudes et leurs soucis au sujet de la vie ouvrière générale.

Voici leur thèse : « Nous allons instituer chez nous les courtes journées. Mais pourrons-nous espérer vraiment un meilleur rendement tant que nos ouvriers seront logés dans des taudis, tant que ces taudis les chasseront au cabaret, tant qu'ils se fatigueront et perdront du temps avec des moyens de communication défectueux, tant qu'ils n'auront aucune joie, et pour cause, à observer les lois de l'hygiène et de la propreté physique, tant que les femmes ouvrières ne pourront remplir en pleine tranquillité leurs devoirs de mères. » La conclusion de ces industriels était que la journée de 8 heures ne donnerait pas les résultats attendus si elle n'était pas accompagnée immédiatement de larges réformes.

M. Lacroix, président de la Chambre de commerce d'Angoulême, 11 mars 1919 :

S'il était prouvé que la réforme proposée permette de réaliser les progrès espérés, il faudrait l'adopter sans hésiter. Mais nous, qui sommes des hommes pratiques et non des théoriciens, nous ne pouvons nous contenter d'hypothèses où nous devons tout au moins les éclairer par l'expérience et par les faits établis. Or, nous n'avons pas besoin d'imaginer les résultats que peut donner actuellement la journée de 8 heures au point de vue social, nous n'avons qu'à ouvrir les yeux pour les constater.

En effet, cette journée de 8 heures existe depuis plusieurs années déjà dans les usines de l'Etat, mais nous ne voyons pas que les ouvriers de ces établissements soient supérieurs à ceux de l'industrie privée, ni au point de vue moral, ni au point de vue intellectuel, ni comme pères de famille; nous ne voyons pas que leurs enfants soient plus nombreux ni plus robustes que ceux de leurs camarades travaillant 10 heures ou même 12 heures dans les usines à marche continue.

Par l'emploi que font la plupart des ouvriers de leurs soirées et surtout de leurs dimanches, il nous est facile de prévoir comment ils emploieront leurs nouveaux loisirs.

Pour que ceux-ci servent au progrès moral, intellectuel ou social de l'ouvrier, il est nécessaire que ce dernier reçoive une éducation et une instruction qui l'y prépare.

Or, nous ne devons pas oublier la grande proportion d'illettrés qui existe en France, comparativement à celle des autres pays civilisés.

Pour que l'ouvrier préfère la vie de famille à la fréquentation du cabaret, il faut améliorer son habitation, il faut l'habituer à rechercher et au besoin lui procurer les distractions saines physiquement et moralement. Pour écarter de lui la maladie, il faut perfectionner son hygiène, il faut combattre l'alcoolisme et l'immoralité; en un mot, si l'on veut que les loisirs de l'ouvrier améliorent sa santé morale et physique, il faut d'abord résoudre de nombreux problèmes d'ordre social, qui, jusqu'à présent, n'ont été que posés ou à peine abordés.

M. Meyer, directeur de la Compagnie générale de Travaux d'éclairage et de force, 18 mars 1919 :

Tout ira-t-il mieux si l'on ne travaille que 8 heures? Comment, en effet, occupera-t-on les heures de loisirs supplémentaires? Il est à craindre qu'elles ne soient employées à dépenser d'une façon inutile et nuisible une partie de ce qui aura été produit dans les 8 heures de travail.

Une haute personnalité des transports, 22 mars 1919 :

Au point de vue social l'établissement de la journée de 8 heures serait très désirable si la vie ouvrière était modifiée, si l'on pouvait donner à l'ouvrier un logement salubre et si l'on pouvait lui assurer la possibilité de s'éduquer. Il faudrait en effet que la plus grande liberté dont il jouirait fût utile à son foyer et à sa famille et qu'elle constituât un des facteurs actifs de la lutte contre la dépopulation.

Mais cette transformation exigerait fatalement un certain temps.

Procéder par étapes serait bien, afin de donner le temps de transformer les conditions de la vie ouvrière.

Opinion patronale dans l'Industrie chimique; un des représentants les plus qualifiés dirigeant en même temps une grande société textile :

Je ne suis pas de ceux qui font état contre l'adoption de la journée de 8 heures du mauvais usage que feraient les ouvriers de leur plus grande liberté.

Certes, l'argument aurait de la valeur si les patrons conservaient la mauvaise habitude de ne point s'occuper de la vie matérielle et morale de l'ouvrier. Mais ce souci doit aujourd'hui faire partie du rôle de la direction.

Je vous citerai l'exemple suivant : j'ai dirigé un certain moment une usine de 2.000 ouvriers, dans laquelle nous avions organisé des terrains de jeux, des salles de lecture et un orchestre.

Chaque soir, entre 6 heures et 7 h. ½, 250 ouvriers de 18 à 30 ans jouaient au foot-ball et il se produisit ceci, c'est qu'en moins d'un an, sur 250 débits de boisson, 70 durent fermer.

Je vois la solution de la question dans la création de sociétés sportives, musicales et autres, où l'ouvrier trouvera l'emploi agréable et utile de ses heures de loisirs et qu'il administrera lui-même.

Spécialiste éminent de la Construction électrique et de la Câblerie, 2 avril 1919.

Les ouvriers désirent la journée de 8 heures Mais que feront-ils en quittant l'atelier?

Il faut distinguer évidemment entre les ouvriers de Paris et des grandes villes et les ouvriers de la campagne.

A la campagne, l'ouvrier a généralement logement avec jardin, comme dans les corons. Là, il raccommodera ses outils, cultivera son jardin. Mais à Paris? Le célibataire habite généralement à l'hôtel une chambre incommode pour ne pas dire plus et il n'y rentrera pas. Il est aisé de voir où il ira.

L'homme marié, qui a un intérieur, rentrera chez lui.

Mais ceux dont la femme travaille au dehors? Ils feront comme le célibataire.

Et alors, cela fera 2 heures ou 2 h. ½ à passer au cabaret.

La vérité qui s'impose c'est qu'avant de réduire la journée de travail, il faut organiser des distractions pour l'ouvrier. Il faut installer à proximité des usines, des salles de lecture, de réunion, des espaces pour les jeux. La première chose à faire serait de démolir les fortifications, d'y installer des terrains de sport, des bibliothèques, etc...

M. Henri Cezanne, secrétaire général de la Chambre syndicale des constructeurs d'automobiles :

L'organisation des loisirs de l'ouvrier a une importance considérable. Si l'on n'y procède pas, il est aisé d'apercevoir quel sera le véritable bénéficiaire de l'application généralisée de la journée de 8 heures. Or, à une recrudescence éventuelle de l'alcoolisme correspondrait une diminution de valeur dans la main-d'œuvre.

Donc, il est indispensable qu'on fasse, pour occuper les loisirs de l'ouvrier, ce qu'on a fait pour les habitations à bon marché.

Il faudrait créer, à une certaine distance de Paris, en raison de l'élévation du prix des terrains aux alentours mêmes de la capitale, 3 ou 4 grands centres de jeux ouvriers dans des parcs de 10, 15, 20 hectares, situés au bord d'une rivière, où l'ouvrier pourrait se rendre une fois son travail terminé.

Dans ces parcs, l'ouvrier aurait la possibilité de se livrer à toutes les branches de l'athlétisme : foot-ball, course à pied, poids, saut à la perche, canotage accompagné de natation, etc... Il y trouverait des boissons hygiéniques et des salles de douches bien installées. Il prendrait ainsi, avec le goût du plein air, le goût de la propreté. Ce dernier point a une grande importance. Actuellement, dans les usines où les industriels ont installé des salles de douches, que se passe-t-il en effet? Elles sont en général si mal installées que l'ouvrier y va simplement fumer une cigarette si le temps de la douche est pris sur le temps du travail. En cas contraire, il n'y va pas.

Mais l'initiative privée est tout à fait insuffisante pour l'organisation de ces terrains. Il y faut, de toute nécessité, l'intervention de l'Etat. La question se complique de la création de trains ouvriers spéciaux à destination des parcs dont nous jugeons la création indispensable.

M. Delage, constructeur d'automobiles, 16 avril 1919 :

Indiscutablement, la durée actuelle de la journée de travail est trop longue. Sa réduction s'impose, mais il eut mieux valu qu'elle soit progressive.

Nos ouvriers auraient alors appris à se servir de leur temps libre supplémentaire. Aujourd'hui, ils n'y sont pas préparés. Aussi faut-il que nous les y aidions. Et comme nous ne pouvons ni ne devons nous opposer au mouvement actuel, il faut qu'il n'ait pas de conséquences fâcheuses.

Elles pourraient être de deux ordres, en effet : 1º très gros bouleversements que l'adoption de la journée de 8 heures amènera dans la vie de l'ouvrier. Là, il faut que les patrons trouvent moyen d'aider l'ouvrier à se créer des distractions sportives, musicales, intellectuelles; 2º conséquences sur la production.

Pour ne parler que de la question des ouvriers, examinons quel est, aujourd'hui, l'emploi de leur temps avec la journée de 10 heures.

En raison des conditions pitoyables de communications des centres urbains, et du fait qu'ils ne peuvent, le plus souvent, habiter près de leur usine, la journée des ouvriers se décompose ainsi : 10 heures de travail, 1 h. ½ pour le déjeuner, 1 h. ½ de voyage pour se rendre à l'usine et pour en revenir. Voilà donc des hommes qui sont hors de chez eux pendant 13 heures, quittant leur domicile à 6 heures du matin pour n'y rentrer qu'à 7 h. 30 au plus tôt.

J'estime, pour ma part, étant donné que la question du logement ouvrier est intimement liée à la question des transports, que nous devrions nous unir à eux pour faire campagne auprès des pouvoirs publics en vue d'améliorer nos transports urbains.

Le jour où l'ouvrier pourra, sans perte appréciable de temps, loger assez loin de l'usine pour vivre dans des habitations bien aérées et bien situées, sa condition sera du même coup très améliorée. Et le jour où on lui aura permis de vivre comme son patron, où il aura pu organiser sa vie et, à côté de son labeur, s'assurer une part d'agrément, ce jour-là, nous aurons les uns et les autres une existence bien ordonnée dans notre beau pays qui doit rester à la tête des nations.

M. Turcat-Mery, Marseille, 16 avril 1919 :

Pour que la loi soit utile, il faudrait que le temps retranché du travail fut réellement employé à l'amélioration de la vie de l'homme et non au cabaret et à l'oisiveté.

Si, dans les usines, il pouvait être institué des cours de perfectionnement, il pourrait être l'intérêt des patrons de consacrer une ½ heure du temps de leurs ouvriers à les faire assister à ces cours; une autre ½ heure pourrait être consacrée à la culture physique et à l'hygiène; un peu de jardinage serait également un changement heureux. Il faudrait pour cela qu'il fût admis que le patron, payant le temps de l'ouvrier, puisse lui demander, pendant ce temps, de se cultiver réellement.

M. Jean Hardy, dans les conclusions de cette enquête de *La Journée industrielle*, écrit :

Avec beaucoup de raison, nombreux sont les industriels qui se préoccupent de l'utilisation des heures gagnées. Cette préoccupation est de celles qui doivent s'imposer aux pouvoirs publics. La réforme n'aurait aucun sens si parallèlement on ne donnait aux bénéficiaires non seulement des terrains de jeux ainsi qu'on l'a proposé, mais des logements salubres, les moyens pratiques de s'éduquer, de s'instruire et de se distraire.

II

Documents parlementaires

Rapport Justin Godart, Chambre des députés (Séance, 10 avril 1919, annexe 5980) :

Un argument banal revient constamment dans les conversations sur la journée de 8 heures : « D'accord, dit-on, mais ces heures que l'ouvrier ne consacrera plus à l'usine, à quoi va-t-il les employer? Ah! si nous étions certains qu'elles soient données au repos, à la lecture, au jardinage, à la vie de famille. Mais c'est au cabaret que l'ouvrier va les passer. Alors, il vaut mieux qu'il reste à l'usine ».

Ces propos témoignent d'une inintelligence pitoyable des conditions sociales qui dominent et faussent la vie, et peut-être d'une malveillance hypocrite à l'égard des travailleurs..... Cependant, il ne faut point croire que la seule promulgation à 8 heures de la journée de travail entraînera les conséquences favorables prévues. Chacun aura son rôle à jouer pour arriver au résultat.

..... Enfin, et ici l'État et les municipalités entrent en scène. A la famille ouvrière ayant des loisirs, il faudra des logements sains des espaces libres, des moyens de transport économiques pour les banlieues, des bibliothèques publiques, des distractions éducatives et peu coûteuses.

Intervention de M. Tournade :

En effet, si le loisir de l'ouvrier n'est pas organisé, j'ai peur que nous n'ayons à côté du bienfait quelque chose qui l'amoindrit.

Sénat. Séance du 23 avril 1919. Rapport Strauss :

En imposant à l'ouvrier une courte journée de travail, nous favorisons la vie de famille et sauvegardons l'hygiène sociale. Mais en même temps, nous prenons par cela même l'engagement de réaliser un certain nombre de réformes, soit dans l'ordre économique, soit dans l'ordre social, sans lesquelles la loi de 8 heures n'aurait pas son plein rendement et sa complète efficacité.

M. Henri Chéron, même séance :

Enfin, messieurs, nous autres législateurs, nous avons un grand devoir à remplir pour la sauvegarde morale des loisirs que la loi nouvelle va attribuer aux travailleurs. C'est à la vie de famille qu'ils doivent aller; c'est elle qui doit en bénéficier. Il faut refaire le foyer que l'ouvrier, sa femme et ses enfants ont trop souvent déserté pour l'usine. Nous devons, et je suis particulièrement heureux, disant cela, de voir ici M. Ribot, qui s'est tant occupé de ces questions, nous devons faire un effort considérable pour installer partout l'habitation saine et à bon marché. C'est la seule manière pour nous de faire une concurrence utile au cabaret qui tue. Il faut que nous multiplions les œuvres d'éducation populaire. Redoublons d'énergie contre l'alcoolisme afin de ne pas lui livrer les énergies que nous allons soustraire au surmenage.

C'est dans cet esprit que je voterai la loi. Elle vaudra, comme toutes les autres, par l'application qui en sera faite ou pour mieux dire, par l'effort moral qui saura la compléter.

M. Ribot, même séance :

Nous ne sommes pas maîtres de l'heure où se produisent certaines évolutions, préparées depuis longtemps dans les esprits et auxquelles les masses travailleuses attachent une grande espérance, celle d'une amélioration dans leurs conditions matérielles et surtout dans leurs conditions morales.

Se réalisera-t-elle complètement? Cela dépend surtout des ouvriers eux-mêmes. Mais cela dépend aussi, dans une certaine mesure, de nous-mêmes. Nous ne pouvons assister, impassibles, à cette diminution des heures de travail et croire que notre besogne est ainsi terminée. Il nous faudra multiplier, pour les ouvriers qui ont des loisirs, le moyen de ne pas les dépenser dans une oisiveté contraire à leur santé et à leur vie. Il faudra multiplier les moyens d'éducation, les mettre à leur portée. Il faudra surtout faire un effort plus énergique encore au lendemain de cette loi, pour aménager le logement des ouvriers en France.

L'amélioration des logements ouvriers, c'est pour moi comme pour ceux qui connaissent bien la question, la clé de toutes les autres difficultés.

C'est le meilleur moyen de lutter contre l'alcoolisme et tous les fléaux qui menacent notre race. Il y a beaucoup à faire.....

M. Colliard, même séance :

J'ai entendu souvent poser la question de savoir quel usage les ouvriers feront des loisirs que leur procurera la réduction du travail. Je connais les ouvriers. Ils peuvent avoir des défauts; ils ne profitent pas toujours comme il faut des lois que nous votons pour eux, mais c'est parce que nous ne les leur faisons pas connaître suffisamment.

Nous ne faisons pas leur éducation morale.

Je suis de ceux qui ont la conviction profonde que les ouvriers avec la réduction du travail, se perfectionneront au point de vue technique comme au point de vue moral.

Je puis le rappeler. Il y a bientôt cinquante ans quand je commençais ma carrière de militant, je disais aux ouvriers : « Si vous voulez vous émanciper, défendre vos intérêts, allez aux organisations de défense, aux sociétés de secours mutuels, dans les bibliothèques, pour arriver à faire votre éducation. Evitez les cafés et les cabarets. Votre cabaret à vous doit être votre bibliothèque, votre société de secours mutuels, votre société de retraite..... »

III

CIRCULAIRE RELATIVE A L'APPLICATION DE LA LOI DU 23 AVRIL 1919 SUR LA JOURNÉE DE 8 HEURES, 27 MAI 1919, M. COLLIARD, MINISTRE DU TRAVAIL :

..... Il est une question sur laquelle je tiens, en terminant, à attirer spécialement votre attention, car les heureuses solutions qui pourront lui être données contribueront sans aucun doute à assurer la sincère application du nouveau régime du travail..... je veux parler des mesures à prendre pour la bonne utilisation des loisirs que cette loi procurera au personnel et employés.

C'est un point sur lequel M. Ribot, président de la Commission sénatoriale, a cru devoir insister.....

J'estime qu'il y aurait grand intérêt à ce que toutes les fois que l'occasion s'en présentera le service de l'inspection du travail appelle l'attention des organisations patronales et ouvrières sur les moyens qu'elles peuvent avoir d'assurer le meilleur emploi possible des loisirs du personnel.

Parmi ces moyens, on peut citer : la création de cours à l'usage des apprentis de la profession, et, dans certains cas, pour les adultes, l'installation de salles de lecture ou de bibliothèques, des encouragements aux jardins ouvriers, la création de terrains de jeux.....

Il convient donc que les inspecteurs du travail suivent attentivement les initiatives qui, dans cet ordre d'idées, seraient prises par des employeurs, afin que celles qui paraîtraient les plus intéressantes puissent être données en exemple.

Les inspecteurs devront, à cet effet, me signaler les initiatives de ce genre parvenues à leur connaissance, pour que, s'il y a lieu, je puisse en faire part à leurs collègues. C'est en effet en s'efforçant de généraliser une utilisation rationnelle et saine des loisirs donnés aux travailleurs par la journée de 8 heures qu'on permettra à la loi nouvelle de produire tous ses bons effets.

IV

Les syndicalistes ont partagé les préoccupations des industriels et des parlementaires.

Le Dr Hazemann (Syndicat de médecine sociale) a présenté
en 1919 un rapport au nom de la Commission chargée d'étudier l'utilisation des loisirs et les questions d'hygiène sociale.
Ce rapport, présenté au XIVe Congrès Confédéral, est publié
dans *La Voix du peuple* de septembre 1919.

Il débute ainsi :

Camarades, dans une réunion éducative à laquelle j'assistais
en mai dernier, je disais à nos camarades réunis : prenez garde à
cette loi de 8 heures qui diminuera le travail de la masse ouvrière;
elle augmentera considérablement le vôtre.

L'ouvrier ayant plus de loisirs, vous devrez le diriger dans l'utilisation de ces loisirs, et ce sera le rôle des militants ouvriers de
faire son éducation d'une façon plus suivie, plus longue aussi,
puisque l'ouvrier aura de plus longues heures de repos pour vous
écouter.

La Commission que vous avez désignée hier s'est livrée à un
travail de préparation de rapports; je crois que ce serait abuser
de vos instants, que de vous lire ces rapports en entier. Je vais,
si vous le voulez bien, vous présenter le résultat de la condensa-
tion de ces travaux.

La journée de 8 heures amène le travailleur, en plus de la transformation qu'il devra apporter dans son travail pour une production journalière normale, à envisager une modification totale de
son mode d'existence; en ajoutant aux 8 heures de travail les 8 à
10 heures nécessaires pour la réparation des forces par le sommeil
il lui restera 6 à 8 heures de loisirs.

Ces heures de loisirs devront être occupées par le perfectionnement des connaissances intellectuelles, morales et artistiques de
l'ouvrier; par l'amélioration de sa personnalité physique, par les
sports de toutes natures.

Pour arriver à cette occupation des loisirs, nous pourrons mettre
en œuvre les moyens collectifs et les moyens individuels.

Tout d'abord : la maison des syndicats.

Dans chaque localité importante, il vous appartient de créer la
maison de l'union des syndicats. Cette maison des syndicats sera
spacieuse, avec un confort moderne où tout devra être rassemblé :
bibliothèque contenant tous les ouvrages et encyclopédies relatives
aux questions sociales, salles de lecture, salles de réunions, salle
de représentations théâtrales et cinématographiques, salles de
bain, grands espaces où pourront jouer les enfants des parents

attirés à ce centre pour s'instruire; services médicaux, chirurgicaux, dispensaires.....

Pour arriver à lutter contre les fléaux sociaux dont nous parlerons tout à l'heure, il faut immédiatement entreprendre la construction de maisons individuelles et modifier les logements actuels...

Industriels, parlementaires, syndicalistes, se posent donc les mêmes questions : « Que faut-il faire pour le bon emploi des loisirs ? Quels résultats seront obtenus ? »

Les adversaires de la loi, même ralliés au principe de l'utilité théorique des loisirs, affirment qu'ils seront mauvais et s'en effraient. Les partisans de la loi espèrent qu'ils seront bons; même, ils veulent qu'ils soient bons, et sont disposés à se dépenser pour cela.

L'enquête ci-dessous répond par quelque chose de positif à ces inquiétudes et à ces espérances.

TITRE II

L'UTILISATION FORCÉE DES LOISIRS
LES LOISIRS DISPONIBLES

CHAPITRE PREMIER

LES JOURNÉES EN DEUX SÉANCES

Reprenons les tableaux établis pour les différents types de journées :

Journée de 8 heures

Matin : 7 h. 30 à 11 h. 30. — 2 h. de loisirs.
Soir : 13 h. 30 à 17 h. 30. — 5 h. de loisirs.
Sommeil : 22 h. 30 à 6 h. 30. — 1 h. de loisirs

Journée de 9 heures

Matin : 7 h. 30 à 11 h. 30. — 1 h. 30 de loisirs.
Soir : 13 h. à 18 h. — 4 h. 30 de loisirs.
Sommeil : 22 h. 30 à 6 h. 30. — 1 h. de loisirs.

Journée de 10 heures

Matin : 6 h. 30 à 11 h. 30. — 1 h. ½ de loisirs.
Soir : 13 h. à 18 h. — 3 h. ½ de loisirs.
Sommeil : 21 h. 30 à 5 h. 30. — 1 h. de loisirs.

Une première utilisation des loisirs est forcée et régulière :
1º Les repas; 2º Les trajets pour aller à l'usine et en revenir;

3º la toilette du matin et le petit déjeuner; 4º la mise en tenue de travail et le rhabillage.

Dans la journée en deux séances, l'intervalle central est consacré au déjeuner, qu'il soit de 2 heures avec la journée de 8 heures ou de 1 h. 30 avec les journées de 9, 10 heures, etc...

L'ouvrier habite en général assez loin de l'usine. D'après les renseignements recueillis, 50 à 60 minutes de trajet pour le matin et le soir constituent un minimum. Soit par exemple 50 minutes (2 trajets de 25).

Pour le dîner, il faut compter 1 heure. La toilette et le premier café n'absorbent jamais moins de 30 minutes.

La mise en tenue et le rhabillage ne prennent jamais moins de 10 minutes (5 à l'arrivée, 5 à la sortie).

Immédiatement, les tableaux se modifient ainsi, le dîner étant placé entre 19 heures et 20 heures (heure habituelle) et le sommeil se maintenant à 8 heures.

Journée de 8 heures

Travail : 7 h. 30 à 11 h. 30.
Déjeuner.
Travail : 13 h. 30 à 17 h. 30.
Rhabillage, trajet retour : 17 h. 30 à 18 h.
Loisirs : 18 h. *à* 19 h.
Dîner : 19 h. à 20 h.
Loisirs : 20 h. à 22 h. 30.
Sommeil : 22 h. 30 à 6 h. 30.
Toilette, café : 6 h. 30 à 7 h.
Trajet aller et mise en tenue : 7 h. à 7 h. 30.
Maximum de loisirs disponibles : 3 h. 30 *entre* 18 h. *et* 22 h. 30.

Journée de 9 heures

Travail : 7 h. 30 à 11 h. 30.
Déjeuner.
Travail : 13 h. à 18 h.
Rhabillage, trajet de retour : 18 h. à 18 h. 30.
Loisirs : 18 h. 30 à 19 h.
Dîner : 19 h. à 20 h.

Loisirs : 20 h. à 22 h. 30.
Sommeil : 22 h. 30 à 6 h. 30.
Toilette, café : 6 h. 30 à 7 h.
Trajet aller et mise en tenue : 7 h. à 7 h. 30.
Maximum de loisirs disponibles : 3 h. *entre* 18 h. 30 *et* 22 h. 30.

Journée de 10 heures

Travail : 6 h. 30 à 11 h. 30.
Déjeuner.
Travail : 13 h. à 18 h.
Rhabillage, trajet retour : 18 h. à 18 h. 30.
Loisirs : 18 h. 30 *à* 19 h.
Dîner : 19 h. à 20 h.
Loisirs : 20 h. à 21 h. 30.
Sommeil : 21 h. 30 à 5 h. 30.
Trajet aller et mise en tenue : 6 h. à 6 h. 30.
Maximum de loisirs disponibles : 2 h. *entre* 18 h. 30 *et* 21 h. 30.

Journée de 11 heures

Travail : 6 h. 30 à 11 h. 30.
Déjeuner.
Travail : 13 h. à 19 h.
Rhabillage, trajet retour : 19 h. à 19 h. 30.
Dîner : 19 h. 30 à 20 h. 30.
Loisirs : 20 h. 30 à 21 h. 30.
Sommeil : 21 h. 30 à 5 h. 30.
Toilette, café : 5 h. 30 à 6 h.
Trajet aller et mise en tenue : 6 h. à 6 h. 30.
Maximum de loisirs disponibles : 1 h. *entre* 20 h. 30 *et* 21 h. 30

Si cette expérience est poursuivie avec la même formule,
jusqu'à ce que les loisirs disponibles aient disparu, ce résultat
est atteint avec la journée de 12 heures :

Travail : 5 h. 30 à 11 h. 30.
Déjeuner.
Travail : 13 h. à 19 h.
Rhabillage, trajet retour : 19 h. à 19 h. 30.
Dîner : 19 h. 30 à 20 h. 30.
Sommeil : 20 h. 30 à 4 h. 30.

Toilette, café : 4 h. 30 à 5 h.
Trajet aller et mise en tenue : 5 h. à 5 h. 30.
Loisirs disponibles : néant.

Avec la journée de 12 heures il n'y a pas de loisirs disponibles.

Avec la journée de 11 heures, le problème de l'utilisation des loisirs, insignifiants, d'ailleurs, ne se pose pas, non plus qu'avec la journée de 10 heures, pour la bonne raison que l'ouvrier n'a plus qu'à se reposer s'il veut revenir à « l'état initial ». La loi du 23 avril 1919 place le point A à 10 heures de travail effectif.

L'utilisation des loisirs se conçoit à partir de là et selon les oscillations du point B.

Avec la journée de 9 heures l'ouvrier a trois heures de loisirs disponibles à raison de ½ heure avant le dîner et 2 h. 30 après le dîner.

Avec la journée de 8 heures il dispose de 3 h. 30 à raison de 1 heure avant le dîner et 2 h. 30 après le dîner.

Dès maintenant l'attention doit être attirée sur la *place* de ces loisirs. Elle est telle qu'en hiver, ce sont des loisirs *de nuit*, ce qui limite singulièrement les possibilités d'emploi.

En été, les loisirs sont en partie de jour. Pour profiter davantage du jour, l'ouvrier peut de temps en temps retarder son dîner jusqu'à la tombée de la nuit et se coucher peu après.

CHAPITRE II

LES JOURNÉES EN UNE SÉANCE

D'autres types de journées donnent plus de loisirs disponibles; ce sont les demi-journées du samedi dans la semaine anglaise, et les journées en une seule séance.

I. — SEMAINE ANGLAISE

Exemple du samedi :
    Travail : 7 h. à 12 h.
    Loisirs : 12 h. *à* 22 h.
    Sommeil : 22 h. à 6 h.
    Loisirs : 6 h. à 7 h.

Dans ce cas, le temps forcément employé est à peu près le suivant : 2 heures pour les repas; 1 heure pour les trajets, mise en tenue, rhabillage, ½ heure pour la toilette et le café. D'où le tableau suivant :

Travail : 7 h. à 12 h.
Trajet et retour : 12 h. à 12 h. 30.
Déjeuner : 12 h. 30 à 13 h. 30.
Loisirs disponibles : 13 h. 30 *à* 19 h.
Dîner : 19 h. à 20 h.
Loisirs : 20 h. *à* 23 h.
Sommeil : 23 h. à 7 h.
    Dimanche.

Voilà une journée intéressante : liberté acquise de 13 h. 30 à 19 heures. Cela donne un bloc de loisirs de jour important et vraiment utilisable. Il reste en plus, après le dîner, le temps de prendre une distraction. Et le lendemain, journée de repos complet.

C'est l'avantage de la semaine anglaise.

Vaut-il mieux vivre sous le régime suivant : tous les jours 8 heures avec 1 heure de loisirs avant le dîner et 2 h. 30 après, ou bien n'appliquer que le lundi ce régime et se contenter les 4 jours suivants d'une ½ heure de loisirs avant le dîner et de 2 h. 30 après, pour avoir le samedi 5 h. 30 de loisirs dans l'après-midi et 3 heures après le dîner. De suite, avec cet horaire de base, apparaît l'énorme avantage obtenu par la simple suppression d'une ½ heure de loisirs journaliers.

Vaut-il mieux faire tous les jours 9 heures et avoir tous les jours une ½ heure de loisirs avant le dîner et 2 h. 30 après, ou bien n'appliquer ce régime que le lundi, pousser les 4 journées suivantes au faîte de 10 heures et le samedi se trouver libre à partir de 11 h. 30, par exemple?

Voilà tout le problème de la semaine anglaise.

Au Sénat, lors de la discussion de la loi de 8 heures, dans la séance du 23 avril 1919, M. Dominique Delahaye s'est exprimé en ces termes :

Plus encore que la diminution du travail quotidien, l'arrêt du samedi après-midi est cause du confort, du repos et du bien-être de la famille.

C'est seulement dans l'industrie du vêtement qu'il est obligatoire en France (loi de 1917). Appliquons-nous à le généraliser, dussions-nous faire mentir le titre de la loi, en adoptant 8 h. 48 pendant 5 jours de la semaine et 4 heures le samedi, soit toute autre combinaison appropriée aux besoins des diverses industries.

Cet arrêt du samedi a fait la joie des travailleurs de la chrétienté pendant quatre siècles. Au moyen âge, du XIIe au XVe siècle la moyenne du travail était de 55 heures par semaine. Suivant les corporations, le travail cessait le samedi à midi ou à 4 heures du soir.

En usage dans tous les pays catholiques, cette coutume se perdit, en Angleterre, à la Réforme.

Il faut arriver en 1816 pour la voir revivre dans la déposition, à une enquête officielle, d'un certain Swainson, manufacturier à

Preston qui faisait travailler environ 75 heures par semaine,
13 h. 1/4 pendant 5 jours et 8 heures le samedi. Il déclarait ce
système usité dans toute la région et préférable au suivant : 12 h.
pendant chacun des 6 jours de la semaine, système que l'on proposait de rétablir. (Citation de l'*Histoire des Corps de métiers*
de M. Martin Saint-Léon).

En 1906, je souhaitais l'arrêt industriel de l'après-midi du
samedi, favorable au repos dominical, au repos familial, aux facilités d'approvisionnement. Il est désirable que désormais cet arrêt
de l'après-midi se généralise.

Il est très certain que les loisirs disponibles ne peuvent être
réellement utilisés que s'ils forment un groupement suffisant
et sont bien placés.

Un homme qui, dans la journée, aurait à six reprises différentes une ½ heure de loisirs, n'en pourrait rien faire d'intéressant, au lieu qu'il pourrait tirer parti de 3 heures de suite.
L'ouvrier peut retarder son dîner afin de constituer, avant
lui, un bloc important de loisirs; mais de toutes façons, quelle
que soit la journée de travail faite, 8, 9 ou 10 heures et la place
du dîner, 19, 20 ou 21 heures, l'ouvrier n'aura en hiver que
des loisirs de nuit. Certaines occupations réclament la lumière
du jour : sports, jardinage, etc... Au printemps et en été seulement le recul du dîner augmentera les loisirs de jour. A ce
sujet, l'intérêt du changement d'heure, tant discuté en 1923,
est à souligner.

En hiver, le sacrifice de quelques loisirs nocturnes assure
une fois par semaine des loisirs diurnes. Avec le régime anglais,
été comme hiver, l'ouvrier est sûr d'avoir, en semaine, des
loisirs diurnes.

M. Delahaye note avec raison que c'est la meilleure manière
de faire du repos hebdomadaire une réalité. Ayant pu, dans
la semaine, se livrer réellement à tous les travaux nécessaires,
l'ouvrier pourra se reposer complètement le dimanche.

Les industriels en sont en général, très partisans. M. T. M.
de Marseille, écrit en juin 1923 :

J'ai adopté le régime de base 8, 4 fois 9, 4. Ainsi mes ouvriers
bénéficient-ils au moins du samedi après-midi. Avec la journée de

8 heures; ils ne bénéficiaient de rien du tout et se contentaient de perdre leur temps.

Dans le dernier livre de M. Jacques Valdour : *Ateliers et taudis de la région de Paris*, les ouvriers cités apprécient cette répartition du travail.

Tous ne pensent pas ainsi.

Pour les travaux très pénibles, dans certaines branches de la métallurgie, par exemple, il a paru bon de ne pas allonger la journée.

Certains ouvriers se sont montrés partisans acharnés de la journée uniforme, afin d'avoir chaque jour un peu de temps libre. Les femmes, au contraire, sont unanimes à réclamer la semaine anglaise. Elles désirent, en effet, faire le samedi, de jour, les lavages et nettoyages nécessaires.

A la maison H..., instruments d'optique, les hommes, au moment de la première application de la loi, se montrèrent peu partisans de la semaine anglaise. Les femmes, au contraire, la désiraient. Il y eut des querelles de ménage à ce sujet, les hommes disant que les femmes n'y entendaient rien. En fin du compte la question fut soumise au vote et comme dans ces ateliers les femmes sont plus nombreuses que les hommes, la semaine anglaise fut adoptée.

Elle se donne parfois le lundi au lieu du samedi. Le samedi après-midi est préféré au lundi matin. La raison invoquée par les intéressés se comprend : « Le samedi, la liberté nous est donnée, alors que nous sommes bien en train, et nous l'utilisons. Le lundi matin, nous sommes tentés de faire tout simplement la grasse matinée, et c'est du temps perdu. »

Quoi qu'il en soit, la semaine anglaise s'est généralisée en France.

II

Les semaines de journées en une séance

Avec les 3/8 (5-13, 13-21, 21-5), les tableaux suivants sont obtenus en défalquant 2 heures pour les repas, 1 heure pour

les trajets, la mise en tenue et le rhabillage, ½ heure pour la
toilette et le café :

Travail : 5 h. à 13 h.
Rhabillage, trajet retour : 13 h. à 13 h. 30.
Déjeuner : 13 h. 30 à 14 h. 30.
Loisirs disponibles : 14 h. 30 *à* 19 h.
Diner : 19 h. à 20 h.
Sommeil : 20 h. à 4 h.
Café, toilette : 4 h. à 4 h. 30.
Trajet aller, mise en tenue : 4 h. 30 à 5 h.

Travail : 13 h. à 21 h.
Rhabillage, trajet retour : 21 h. à 21 h. 30.
Diner : 21 h. 30 à 22 h. 30.
Sommeil : 22 h. 30 à 6 h. 30.
Café, toilette : 6 h. 30 à 7 h.
Loisirs disponibles : 7 h. à 11 h. 30.
Déjeuner : 11 h. 30 à 12 h. 30.
Trajet aller, mise en tenue : 12 h. 30 à 13 h.

Travail : 21 h. à 5 h
Trajet retour, rhabillage : 5 h. à 5 h. 30.
Sommeil : 5 h. 30 à 13 h. 30.
Toilette : 13 h. 30 à 14 h.
Déjeuner : 14 h. à 15 h.
Loisirs disponibles : 15 h. à 19 h. 30.
Diner : 19 h. 30 à 20 h. 30.
Trajet aller, mise en tenue : 20 h. 30 à 21 h.

Au point de vue des loisirs, ces ouvriers sont tout à fait pri-
vilégiés. Les heures supplémentaires sont très rares en ce cas
et limitées le plus souvent à des remplacements d'équipiers
malades. Rappelons que le régime des 3/8 est appliqué dans
les usines à feu continu, dans d'autres branches de la grande
industrie au cas de travaux très pénibles ou pressés, et dans
les mines.

Les ouvriers ont ainsi chaque jour 4 h. 30 de loisirs disponibles, de jour en été, et en grande partie de jour l'hiver.

Seuls ces ouvriers disposent de loisirs *journaliers* réellement
utilisables. Ils ont tous les jours les avantages dont les ouvriers

faisant la semaine anglaise ne bénéficient pas le samedi ou le lundi.

Dans le cas de deux équipes 2/8, la répartition est la même.

Dans le cas d'équipes 2/9, le travail se fait de 4 heures à 22 heures, en général, avec changement d'équipes à 13 heures. Les loisirs sont diminués de 1 heure; l'ouvrier qui travaille le matin est libre de 14 h. 30 à 18 heures et celui qui travaille dans l'après-midi, de 8 heures à 11 h. 30.

Les équipes alternent normalement chaque semaine.

Dans le cas signalé d'une journée de 8 heures faite par une seule équipe, le travail allait de 6 heures à 14 heures. D'où le tableau suivant :

Travail : 6 h. à 14 h.
Rhabillage, trajet retour : 14 h. à 14 h. 30.
Déjeuner : 14 h. 30 à 15 h. 30.
Loisirs disponibles : 15 h. 30 *à* 19 h.
Dîner : 19 h. à 20 h.
Loisirs disponibles : 20 h. à 21 h.
Sommeil : 21 h. à 5 h.
Toilette : 5 h. à 5 h. 30.
Trajet aller, mise en tenue : 5 h. 30 à 6 h.

Avec 1 ou même 2 heures supplémentaires, ce tableau se modifie facilement.

III

LES MINES

Les ouvriers du fond travaillent 8 heures sans exception importante.

Les renseignements reçus du Pas-de-Calais, de la Loire et de la Moselle permettent de déterminer exactement les loisirs employés de façon obligatoire et régulière et les loisirs disponibles.

A) *Pas-de-Calais*

I. — TRAJETS : a) *Ouvriers logés dans les cités.* — Sauf convenance personnelle, les ouvriers logés dans les cités ont un trajet maximum de 15 minutes à pied, entre leur domicile et leur fosse, chantiers ou ateliers;

b) *Ouvriers logés en dehors des cités*. — Un petit nombre d'ouvriers propriétaires d'un petit bien dans les environs (30 km. au maximum) préfèrent y demeurer. La compagnie a organisé à leur intention des trains spéciaux (d'accord avec la Compagnie du Nord), trajet maximum : 1 heure; des services d'autobus : trajet maximum : 45 minutes

Ce recrutement est fort onéreux et peu productif, car à la belle saison ces ouvriers manquent volontiers une journée à la mine pour cultiver leur petit champ. Il ne se justifie que par la pénurie de main-d'œuvre.

II. Soins de propreté. — Ils ont une particulière importance dans la vie du mineur. Notre informateur nous dit :

Quand fonctionneront les bains-douches actuellement en construction, il faudra compter 30 minutes pour les ouvriers du fond : 10 minutes avant la descente pour changement d'effets, 20 minutes après la remonte pour bain et rhabillage. Ils perdent actuellement beaucoup plus de temps à se laver chez eux et cela au détriment de la propreté, voire même de la moralité de leur intérieur.

III. Repas. — Le mineur qui travaille au poste du matin fait quatre repas par jour : petit déjeuner vers 5 heures, briquet au fond vers 9 heures, déjeuner et dîner, chez lui, vers 14 h. 30 et 18 h. 30.

Les mineurs de l'après-midi font trois repas seulement. Le mineur se couche aussitôt rentré et nettoyé. Mais le briquet pris au fond vers 18 heures est plus copieux

Le mineur du poste de nuit fait 4 repas : briquet à 1 heure au fond, petit déjeuner en rentrant à la maison vers 6 heures, déjeuner vers 14 heures, dîner vers 18 h. 30.

Actuellement, les ouvriers logés dans les cités et faisant le poste du matin sont libres vers 15 h. 30, heure moyenne à laquelle ils terminent leur repas, jusqu'à 21 heures ou 21 h.30, heure moyenne de leur coucher.

L'installation imminente de leurs bains-douches diminuera de moitié environ le temps de leur toilette et leur permettra de se mettre à table vers 14 heures au lieu de 14 h. 30.

Ils seront libres de 15 heures, au lieu de 15 h. 30, jusqu'à leur coucher, moins 1 heure pour le dîner.

Après leur sommeil, ils doivent se lever à temps pour s'habiller, prendre leur café, faire le trajet, se mettre en tenue de travail, soit disposer de 30 + 15 + 10 minutes, c'est-à-dire d'environ 1 heure. Ainsi, ils se lèvent au plus tard à 4 h. ½.

Au moyen de ces chiffres, se peuvent établir les tableaux suivants :

Poste du matin :

Lever, 4 h. 30.
Toilette, café, trajet aller, habillage.
Travail : 5 h. 30 à 13 h. 30.
Bain, rhabillage, trajet retour, déjeuner.
Loisirs disponibles : 15 h. à 18 h. 30.
Dîner : 18 h. 30 à 19 h. 30.
Loisirs disponibles : 19 h. 30 à 20 h. 30.
Sommeil : 20 h. 30 à 4 h. 30.

Poste d'après-midi :

Lever : 6 h.
Toilette, café. ...
Loisirs disponibles : 6 h. 30 à 12 *h.*
Déjeuner : 12 h. à 13 h.
Trajet aller, habillage.
Travail : 13 h. 30 à 21 h. 30.
Bain, rhabillage, retour, coucher : 22 h.

Poste de nuit :

Travail : 21 h 30 à 5 h. 30.
Bain, rhabillage, retour, petit déjeuner
Sommeil : 6 h. 15 à 14 h. 15.
Toilette.
Déjeuner : 14 h. 30 à 15 h. 30.
Loisirs disponibles : 15 h. 30 à 18 h. 30.
Dîner : 18 h. 30 à 19 h. 30.
Loisirs disponibles : 19 h. 30 à 21 h.
Trajet aller.
Habillage.

En somme, dans ces conditions, le mineur du matin et le

mineur de nuit ont environ 4 h. 30 de loisirs; le mineur d'après-midi a 5 h. 30 de loisirs.

Les mêmes calculs pourraient être faits pour les mineurs logeant hors des cités, qui ont chaque jour 2 heures de trajet au lieu de 30 minutes: leurs loisirs sont diminués, quel que soit le poste auquel ils appartiennent, d'environ 1 h. 30.

B) *Loire*

M. L. nous écrit :

Les mineurs du poste du matin qui travaillent de 6 heures à 14 heures partent pour la mine dès 5 h. 15 après s'être levés vers 4 h. ½ (½ heure de trajet).

A 5 h. 45, ils se dirigent directement vers les lavabos qui sont des locaux spacieux dont toute la partie centrale est occupée par des installations de douches. Les murs sont garnis de petites manivelles avec poulie servant à manœuvrer les paniers qui pendent au plafond et qui sont en somme des porte-manteaux primitifs.

Une fois en tenue, affublés de costumes disparates, les mineurs s'acheminent vers la lampisterie où chaque mineur est connu par un numéro indiqué sur un jeton accroché à sa lampe.

Près de la lampisterie se trouve un garde qui fouille les poches afin qu'on ne descende à la mine aucune matière inflammable. Seule la musette ou la caisse à provisions est autorisée. Est tolérée aussi la petite boîte où le vieux mineur conserve le traditionnel « culot » (tabac à chiquer).

A 6 heures la distribution des lampes est terminée On se rend à son chantier soit par la cage du puits qui descend de la recette supérieure à la recette inférieure, soit par une « fendue » qui varie de 200 à 800 mètres de profondeur. Les « fendues » n'existent pas dans tous les puits. La « fendue » est un plan incliné qui sert à descendre ou à remonter les matériaux de la mine, débouteillant ainsi les manœuvres des cages du puits proprement dit. La circulation des chariots et des bennes de bois ou de remblai par voie montante et descendante est assurée par un treuil à air comprimé.

Je suis descendu souvent par la cage, mais l'eau qui tombe par l'orifice du puits, la région humide et les plans boueux qu'il me fallait parcourir pour me rendre à ma tâche me faisaient préférer la descente de pied ferme par la « fendue ».

Nous descendons donc à la mine par l'étroit couloir ménagé le long de ce plan qui sert en même temps pour le retour d'air de la mine. Les machines installées à la surface (ventilateurs) assurent la circulation d'air par aspiration à l'orifice du puits et retour par la fendue.

Une odeur fétide prend aux narines dès que la double porte de la fendue s'est refermée. Cinq cent trente-huit marches, et c'est le sous-sol. Ces marches paraissent doubles après une journée de travail. La petite flamme des lampes trahit seule la présence d'un être vivant, et à chaque carrefour donnant accès vers une « contrée » les petites lueurs se font plus rares. On s'enfonce toujours dans la terre, et si les premiers plans donnent l'impression de la sécurité, les dernières étapes pour arriver au chantier donnent bien l'impression de l'isolement et du sacrifice permanent que doit être la vie du mineur.

Ici, l'on patauge dans l'eau qui coule au milieu de l'étroit chemin, le pied glisse sur les fers de la voie ou sur les galets qui, de place en place, facilitent le glissement d'un câble de traction; puis c'est une région tiède, chaude, très chaude, où l'on ne respire plus. Marchant toujours courbé dans d'étroits couloirs, on veut redresser la poitrine pour chercher un peu d'air, et l'on oublie que la voûte basse est faite de tronçons de bois qui, en certains endroits, fléchissent et heurtent douloureusement le front.

Le trajet d'un ouvrier mineur pour se rendre à son chantier varie de 15 à 35 minutes suivant la « contrée » où se trouve sa tâche...

La fin du travail est annoncé par un roulement de clochettes vers 13 h. 25.

Les ouvriers remontent à la surface et se rendent au lavabo.

Le poste de jour est tout entier dehors à 14 heures.

La toilette dure en moyenne ½ heure.

Les mineurs quittent le carreau de la mine entre 14 h. 15 et 14 h. 45, suivant le temps qu'il leur faut pour remonter de leur chantier et la diligence qu'ils mettent à faire leur toilette.

Comme les puits ne se trouvent pas dans les centres habités, il faut compter en moyenne ½ heure pour se rendre chez soi.

Le mineur qui n'a rien mangé depuis le briquet (9 h. à 9 h. 30), collationne en arrivant chez lui, et prend ½ heure sur ses loisirs. Il est donc 15 h. 15 ou 15 h. 30, 15 h. 45 pour certains lorsqu'une autre occupation est possible.

Afin de pouvoir se lever vers 4 h 30 le mineur se couche de bonne heure après son dîner (durée 1 h.).

Ces données diffèrent peu de celles du Pas-de-Calais, et des tableaux aussi précis pourraient être établis pour cette nouvelle région. Ils feraient ressortir des loisirs tout à fait analogues, et par leur importance et par leur place.

Les temps à défalquer seraient du même ordre.

Trajets : 1 heure; repas : 1 h. ½ à 2 heures (en tenant compte que le mineur d'après-midi ne fait qu'un seul repas) 30 minutes pour la toilette et le café, 10 minutes pour la mise en tenue et 30 minutes pour le bain et le rhabillage après le travail; au total, *environ 4 h. 10 de loisirs disponibles.*

C) *Moselle*

Les ouvriers travaillant pour le compte de la Société X... sont recrutés dans une région de 10 kilomètres environ autour des sièges. Quelques-uns seulement viennent du Palatinat et ne rentrent chez eux que tous les quinze jours.

Quarante pour cent des ouvriers habitent dans les colonies installées auprès des puits.

Soixante pour cent doivent quitter leur domicile 1 h. 30 environ avant le début du poste s'ils viennent en chemin de fer, les trains passant sur la ligne des puits ½ heure avant le début du poste; s'ils viennent à bicyclette ou à pied, le trajet dépasse rarement 1 heure.

Un ouvrier ayant 1 heure de trajet et travaillant le matin, quitte son domicile vers 4 h. 45, et rentre chez lui vers 15 h. 30. A son retour, il se met à table.

Dans cette région, contrairement à ce qui se passe dans les deux précédentes, tous les mineurs ne font que 3 repas par jour : le petit déjeuner après le lever, le briquet à la mine, et un grand repas hors la mine.

Le mineur du matin se met à table à 15 h. 30, en sort à 16h.30.

Pour pouvoir partir de chez lui le lendemain à 4 h. 45, il se lève vers 4 h. 15, une ½ heure étant nécessaire pour sa toilette et son café, 1 heure étant prise par le trajet et 15 minutes par la mise en tenue. Il sera prêt à descendre à 6 heures. Pour dormir 8 heures il se couche vers 20 h. 15. *Ses loisirs disponibles vont de 16 h. 30 à 20 h. 15 (3 h. 45).*

Pour les mineurs des autres postes, calcul analogue en défalquant 1 heure pour le repas, ½ heure pour la toilette et le café, 15 minutes pour la mise en tenue, 30 minutes pour le bain-douche à la sortie, 2 heures pour les trajets, soit au total environ 4 h. 15. Ce temps se réduit, naturellement, pour les ouvriers ayant des trajets plus courts.

CHAPITRE III

LES TRANSPORTS

I. — Chemins de fer

A) *Mécaniciens, chauffeurs et agents des trains.* — Rapportons-nous au tableau indiquant la place exacte de leur travail et de leurs loisirs.

Pour déterminer les loisirs disponibles, il faut défalquer les trajets pour se rendre au travail et en revenir, la toilette du matin, la toilette plus rapide après le travail, les repas. La plupart du temps un seul repas doit être compté, l'autre étant pris au cours de la journée de service, pendant une coupure.

Dans ce métier, un autre temps utilisé régulièrement par les mécaniciens doit être défalqué : c'est le travail supplémentaire, volontaire et non rétribué signalé ci-dessus : celui qui est effectué avant le départ et après l'arrivée. M. S. dit :

qu'il est alloué pour la préparation d'une machine un temps qui varie de 50 minutes à 1 h. 10 et que ce temps est nettement insuffisant. Un mécanicien soigneux n'hésite pas à se présenter au dépôt *2 heures* avant le départ de son train. Un graissage minutieux, une mise en pression rationnelle demandent, suivant les circonstances, de 1 h. 1/4 à 1 h. 3/4.

Il en est de même à l'arrivée où une visite rapide des organes, après le remisage, demande un bon 1/4 d'heure.

Ce temps supplémentaire n'est pas compté dans les horaires donnés. Seul est incorporé le temps restreint alloué pour la mise en état de la machine et le remisage.

Les loisirs disponibles du mécanicien sont ainsi diminués d'environ 50 + 15 = 65 minutes.

Examinons maintenant en détail l'existence d'un mécanicien pendant les 7 premiers jours du tableau.

A première vue, frappé par l'amplitude qu'atteignent certaines journées, le lecteur se doute que les heures de loisirs doivent être peu nombreuses et, en tous cas, très inégalement réparties. Des groupements assez importants apparaissent, en même temps que des journées semblent devoir être totalement privées de loisirs.

L'attention est attirée également par le lieu où ces loisirs sont donnés : à la résidence, ou hors la résidence (alternance à peu près régulière). Cette distinction est importante au point de vue de leur utilisation. Le mécanicien doit utiliser son temps chez lui et le perdre souvent hors de chez lui.

Au 1er avril notre mécanicien se lève à 4 h. 30; toilette, café; trajet aller; mise en état de la machine (travail supplémentaire volontaire compris); départ et travail jusqu'à 15 h. 35 (au cours de cette séance, 2 h. 29 de coupures, déjeuner); nettoyage de la machine après remisage (1 /4 d'heure); toilette rapide; trajet de retour. *Liberté vers 16 h. 15 à la résidence*; dîner; coucher vers 21 h. 30; lever; *liberté toute la journée à la résidence*. Dîner entre 18 et 19 heures; trajet aller; à la machine à 19 h. 15 pour partir, après 20 h. 10 à l'heure indiquée, et rouler jusqu'à 6 heures du matin. Ici le mécanicien est *hors de sa résidence*. Couché à 6 h. 30, après s'être lavé, il déjeune une fois reposé, fait la sieste, est *libre environ 2 heures* jusqu'à son dîner. De nouveau à sa machine vers 18 heures, l'heure fixée étant 18 h. 54. Une seconde fois il passe la nuit et travaille jusqu'à 7 h. 15, heure à laquelle il rentre *à sa résidence*. Il peut être couché vers 8 heures, se lever pour déjeuner, faire la sieste jusque vers 16 heures, disposer de 3 heures avant son dîner (vers 18 heures), et se coucher peu après. Il doit le lendemain se lever vers 3 heures, faire sa toilette et ajouter le temps nécessaire au travail réglementaire fixé à 4 h. 10. Travail jusqu'à 17 h. 58 (3 h. 45 de coupure et déjeuner). Libre à 18 h. 30 *hors de sa résidence*, il ne peut que dîner et se coucher car il se lève à nouveau le 6 avril avant 3 heures pour être à sa machine le temps nécessaire avant 4 h. 03, après avoir fait sa toilette et bu son café.

Le 6 avril il travaille jusqu'à 15 h. 45, heure à laquelle il rentre *à sa résidence*. Vers 16 heures 15, il est libre, chez lui, et entre en repos périodique. C'est dire qu'il a toute la soirée, une nuit tranquille et sa liberté toute la journée du 7.

En résumé cette équipe de mécanicien-chauffeur dispose des loisirs suivants :

A la résidence : 1er avril, environ quatre heures après 16 h. 15; 2 avril, toute la journée jusqu'à 18 heures.

Hors la résidence : 3 avril, environ deux heures : 15 heures à 17 heures.

A la résidence : 4 avril, environ deux heures : 16 heures à 18 h.

Hors la résidence : 5 avril, néant.

A la résidence : 6 avril, liberté à partir de 16 h. 15 environ.

Jusqu'au 2 mai, le tableau de service publié offre la même répartition de 7 en 7 jours. C'est bien l'illustration de la formule que donne un ingénieur : « les mécaniciens et chauffeurs disposent chez eux de loisirs assez longs et peu nombreux ».

B) *Chefs de trains, conducteurs, rampistes.* — Sur le tableau indiquant le travail d'une équipe chef de train-conducteur, il n'y a plus à défalquer de temps avant l'horaire indiqué. Cet horaire comprend les minutes allouées à cette catégorie d'employés avant le départ et après l'arrivée; elles sont suffisantes. A retrancher seulement des loisirs totaux les trajets (15 minutes en moyenne par trajet à la résidence, 5 minutes hors la résidence), les repas à raison de 1 heure par repas pris en dehors du temps de service, et le temps nécessaire à la toilette journalière (30 minutes).

Dans ce cas comme dans le précédent, il y a lieu de considérer, au point de vue des possibilités d'utilisation, les loisirs donnés à la résidence et hors de la résidence.

Prenons la première période de 10 jours pour chercher les loisirs disponibles :

Le 1er janvier 1923, *à sa résidence*, ayant *disposé de sa matinée* et déjeuné vers midi, le conducteur X... part à 13 h. 15 pour son travail. Travaille de 13 h. 30 à 20 h. 42; est *hors de sa résidence*. Il dîne et se couche vers 21 heures.

Il se lève le 2 vers 6 heures, s'habille, prend son café, est à son poste à 6 h. 45. Travaille jusqu'à 14 h. 5; *est à sa rési-dence*. Il gagne son domicile, déjeune, est *libre vers* 15 *h*. 30 *jusqu'à son dîner*. Après son repas, il se couche vers 20 h. 30.

Le lendemain 3, il se lève à 4 heures, va à son travail, après avoir fait sa toilette et pris son café. Travaille de 4 h. 45 à 7 h. 8, est *hors sa résidence*, *libre jusqu'à* 15 *h*. 30, moins le temps de son déjeuner. Travaille à nouveau de 15 h. 46 à 22 h. 49 (casse-croûte en route); arrive à *sa résidence*, colla-tionne et se couche.

Le 4, il dort jusque vers 8 heures, est *libre toute la matinée* après sa toilette, déjeune, est *libre jusque vers* 17 *h* 15. Il est à nouveau à son poste à 17 h. 29 et travaille jusqu'à 1 h. 9 (1 h. 58 de coupure, dîner).

A cette heure, le 5, il est rentré à *sa résidence*. Il peut être couché vers 1 h. 30, dormir jusque vers 10 heures, faire sa toilette et déjeuner. Ainsi, il est *libre de* 11 h. 30 *à* 14 *h*. 45 *ou* 15 *heures*. Il reprend en effet son service à 15 h. 13 et travaille jusqu'à 22 h. 03 (casse-croûte en route); est à *sa résidence*, collationne et se couche vers 23 heures.

Il dort le 6 jusque vers 7 heures, fait sa toilette, prend son café, est *libre jusqu'à son déjeuner vers midi* 15; regagne ensuite son poste pour 13 h. 38 et travaille jusqu'à 20 h. 54. Rentré à *sa résidence*, il est à son domicile vers 21 h. 15, dîne et se couche vers 22 h. 15.

Le 7, il dort jusque vers 7 heures, est *libre après sa toilette jusqu'à son déjeuner*, déjeune de midi à 13 heures, est à son travail pour 13 h. 14, travaille jusqu'à 22 h. 34 (coupure 2 h. 52, dîner); *à sa résidence*, se couche vers 23 heures.

Il dort jusque vers 8 heures le 8, fait sa toilette, est *libre jusqu'à son déjeuner*, déjeune entre 11 h. 15 et midi 15, est à son travail pour midi 40, et travaille jusqu'à 19 h. 34. *Hors sa résidence*, il dîne et se couche vers 21 heures.

Le 9, il dort jusque vers 4 h. 30, fait sa toilette, gagne son poste pour 5 h. 17, travaille jusqu'à 13 h. 59. Il est de nouveau à *sa résidence*, et chez lui vers 14 h. 15. Il déjeune et se trouve *libre à partir de* 15 *h*. 15 pour le reste de l'après-midi.

Le lendemain 10, repos périodique.

En résumé, cette équipe chef de train-conducteur a comme loisirs disponibles :

A la résidence : 1er janvier, la matinée.

A la résidence : 2 janvier, 15 h. 30 à 19 h. 30 environ.

Hors sa résidence : 3 janvier, de 7 h. 30 à 15 h. 30 moins le déjeuner.

A la résidence : 4 janvier, de 8 h. 30 à 17 heures moins le déjeuner.

A la résidence : 5 janvier, 11 h. 30 à 14 h. 45.

A la résidence : 6 janvier, 7 h. 30 à midi.

A la résidence : 7 janvier, 7 h. 30 à midi.

A la résidence : 8 janvier, 8 h. 30 à 11 h. 30.

A la résidence : 9 janvier, à partir de 15 h. 15.

Voilà des loisirs très importants, très bien distribués, et susceptibles d'un large emploi.

C) *Personnel sédentaire.* — Les tableaux publiés sont très explicites. Sauf pour le personnel travaillant en équipes 3/8, les loisirs disponibles n'apparaissent pas comme très nombreux.

Certaines coupures ne peuvent être employées qu'aux repas.

A défalquer pour les repas, hors coupures, 1 heure; pour les trajets des agents non logés un minimum d'une ½ heure et 30 minutes pour la toilette journalière.

Aucun exemple ne sera pris parmi les agents travaillant en équipes 3/8 (voir les tableaux établis pour l'industrie).

Dans le tableau de service d'une petite gare, choisissons par exemple le facteur mixte D. Sa journée va de 5 h. 30 à 10 h. 30, puis de 13 h. 15 à 18 heures. Il part de chez lui vers 5 h. 15 et s'est levé à 4 h. 45. Il a dû se coucher normalement vers 20 h. 45. Il était rentré chez lui vers 19 h. 5. Son dîner lui ayant bien pris une heure, ses loisirs disponibles à ce moment de la journée se sont élevés à 40 *minutes.* La coupure de 10 h. 30 à 13 h. 15 a été employée au déjeuner, minimum 1 h. 30 (1 h. + 2 trajets). Reste 1 *h.* 15 *de loisirs* disponibles entre 10 h. 30 et 11 h. 45.

Dans le tableau de service d'une halte, choisissons l'homme d'équipe Y... Il se lève à 6 h. 15, fait sa toilette, est à son poste à 7 heures, travaille jusqu'à 12 h. 15. Coupure de 12 h. 15 à 14 heures : déjeuner. Travaille de 14 heures à 16 h. 45. Coupure de 16 h. 45 à 17 h. 45 (1 *heure* de loisirs disponibles); il reprend le travail de 17 h. 45 à 19 h. 45. Il est à 19 h. 30 chez lui, dîne et se lève de table vers 20 h. 30 et se couche à 22 h. 15 après avoir disposé de 1 *h.* 45 *de loisirs.*

II. — Transports en commun de la Région parisienne

Reprenons les horaires indiqués et sans tenir compte des heures supplémentaires occasionnelles, cherchons dans le cadre normal les loisirs disponibles d'une équipe machiniste-receveur.

La première utilisation des loisirs est là, comme ailleurs :

1° Toilette du matin, café. Mettons 30 minutes, comme pour l'industrie. Un receveur dit que c'est nettement insuffisant et qu'il faut au moins 40 minutes à un individu de n'importe quel métier pour faire sa toilette, se raser et déjeuner. Un chiffre faible sera maintenu intentionnellement comme pour toutes les autres occupations envisagées, afin que toute exagération soit sûrement évitée et que les chiffres de loisirs disponibles indiqués restent *des maxima.*

2° Les repas : minimum 1 heure par repas;

3° Les trajets. En moyenne 15 minutes par trajet et souvent plus le matin quand il est nécessaire de gagner le dépôt à pied.

4° *De même que dans les chemins de fer,* l'employé fournit ici volontairement un travail supplémentaire le matin et le soir. Les statuts disent bien, aux dispositions complémentaires relatives à l'application de la « journée de 8 heures », que « dans la durée du travail effectif est compris le temps pendant lequel l'agent doit être présent, soit au dépôt, soit au terminus, le matin, avant sa prise de service et le soir, à sa rentrée ». Ce temps réglementaire (2 minutes au départ) est tout à fait insuffisant; un employé consciencieux y ajoute au moins un quart d'heure. A l'arrivée, un supplément de 10 minutes est couramment ajouté par le receveur, pour verser sa recette, et par le machiniste, pour revoir sa voiture.

Pour les quatre types de journées précédemment dégagés,
les tableaux suivants peuvent être établis :

1er type : Lever 5 h. 15.
        Toilette, café, trajet aller, travail préparatoire.
        Travail : 6 h. 24 à 9 h. 42.
    . Déjeuner.
        Travail : 11 h. 27 à 15 h. 52.
        Travail à l'arrivée, trajet retour.
        Loisirs : 16 h. 30 à 19 heures.
        Dîner : 19 heures à 20 heures.
        Loisirs : 20 h. à 21 h. 15.
        Sommeil : 21 h. 15 à 5 h. 15.

2e type : Lever : 6 h. 15.
        Toilette, trajet aller, travail préparatoire.
        Travail : 7 h. 21 à 11 h. 38.
        Trajet retour, déjeuner.
        Loisirs : 13 heures à 15 h. 20.
        Trajet aller.
        Travail : 15 h. 35 à 20 h. 10.
        Travail à l'arrivée, trajet retour.
        Dîner : 20 h. 35 à 21 h. 35.
        Loisirs : 21 h. 35 à 22 h. 15.
        Sommeil : 22 h. 15 à 6 h. 15.

3e type : Lever 7 heures.
        Toilette, café.
        Loisirs : 7 h. 30 à 11 h. 45.
        Déjeuner : 11 h. 45 à 12 h. 45.
        Trajet aller, travail préparatoire.
        Travail : 13 h. 23 à 20 h. 08.
        Travail à l'arrivée, trajet retour.
        Dîner : 20 h. 35 à 21 h. 35.
        Loisirs : 21 h. 35 à 23 heures
        Sommeil : 23 heures à 7 heures.

4e type : Lever : 9 h. 30.
        Toilette, café.
        Loisirs : 10 heures à 11 h. 45.
        Déjeuner : 11 h. 45 à 12 h. 45.
        Trajet aller, travail préparatoire.
        Travail : 13 h. 15 à 17 h. 38.

Trajet retour, dîner.
Loisirs : 19 *h.* à 20 *h.* 15.
Travail : 20 h. 34 à 24 h. 55.
Travail à l'arrivée, trajet retour
Sommeil : 1 h. 30 à 9 h. 30.

Les agents font pendant une semaine un de ces types de journées et changent.

TITRE III

L'UTILISATION DES LOISIRS DISPONIBLES

Comment les ouvriers emploient-ils les loisirs ainsi déterminés?

Les renseignements recueillis au cours d'une enquête personnelle ont été réunis à ceux donnés par les enquêtes officielles en vue de l'établissement de conclusions aussi nettes que possible.

CHAPITRE PREMIER

Après avoir demandé aux industriels de quels loisirs disposaient réellement leurs ouvriers, nous leur avons posé la question suivante : « Comment ces loisirs sont-ils employés, tendances des ouvriers, efforts faits pour les diriger?

Voici un choix des réponses les plus intéressantes émanant en général d'établissements dont les horaires ont été cités.

I. — Région du Sud-Est

Lettre de M. V., 10 juin 1923 :

De mes observations et des conversations que j'ai eues depuis que vous m'avez questionné, je conclus que les loisirs, dans nos petites villes, sont occupés en grande partie par le travail du jardin.

A n'en pas douter, ce genre d'occupation s'est considérablement développé. Et là même où le travail du jardin existait avant la loi du 23 avril 1919, il est à remarquer qu'on est arrivé au moins à ce résultat appréciable que le dit travail s'accomplit en semaine tandis qu'autrefois il envahissait la matinée et parfois l'après-midi des dimanches. Ainsi, le dimanche est débloqué; il devient un peu plus le jour du repos et de la famille. N'est-ce pas un point de vue intéressant?

Au surplus, une partie des loisirs est employée à des travaux d'aménagement intérieur. Les petits ateliers, les établis de menuisier, par exemple, ne sont pas rares sous un auvent ou dans un coin éclairé de la cave..... Les petits propriétaires, très nombreux dans nos milieux ouvriers, procèdent volontiers à des réfections et à des réparations d'immeubles..... et de meubles.

Jusqu'à l'élevage du lapin qui trouve son compte à la nouvelle loi.

Et ainsi s'accroît le bienfaisant amour de la Maison.

Quant aux jeunes gens, ils utilisent leurs loisirs en s'adonnant de plus en plus aux sports : c'est une vérité éclatante!

Jardins, maison, sport, tel est le tableau récapitulatif..... Vieux et jeunes en tout cas ne semblent pas diriger leur effort vers l'étude ni même vers la simple lecture, et l'on ne peut pas dire que la loi de 8 heures ait augmenté beaucoup le nombre des rats de bibliothèque et des fervents du forum!

Un point intéressant est que les loisirs des ouvriers ne sont pas en général gaspillés au cabaret. Doit-on ce résultat à l'action antialcoolique, à un nouveau stade d'éducation, à un sentiment accru de dignité?.....

N'est-ce pas tout simplement une conséquence de la cherté des consommations? Ceci importe peu, mais le fait paraît démontré : certaines craintes exprimées au moment du vote de la loi étaient exagérées.

En conclusion, je crois pouvoir affirmer que pour beaucoup d'ouvriers, pour les meilleurs, quitter l'usine ne signifie pas ne plus rien faire. On ne produit pas qu'à l'atelier, et ils sont innombrables les ouvriers et employés sérieux pour qui la loi de 8 heures ne veut pas dire farniente et sous-production.

Beaucoup rêvent tout simplement d'une vie plus harmonieusement remplie, moins étouffée, plus équilibrée, plus aérée, plus largement humaine. Ceux-là n'ont pas en vue le cabaret ou le cinéma, mais le jardin, la table de travail, la maison et la famille.

Et je pense, pour répondre à votre question, qu'il y a surtout à entreprendre par tous les moyens et surtout par la revue et le journal un effort intense de formation et d'éducation pour que personne ne reste impuissant et oisif, *faute de savoir*, devant ces heures trop précieuses pour qu'elles restent inemployées.

Je regrette de ne pouvoir fournir que ces quelques réflexions à une enquête aussi importante..... je sens bien que le moindre grain de statistique ferait bien votre affaire; je m'excuse d'en être dépourvu.

Lettre de M. H. (horaire Q), 29 novembre 1923 :

Tout le personnel, sauf quelques ouvriers propriétaires dans les environs, est logé par la société, et la plus grande partie dans des maisons à quatre logements avec entrée indépendante, et ayant chacun cave, cabinet, vestibule, deux pièces au rez-de-chaussée dont une grande et deux chambres de bonne dimension au premier; eau, éclairage électrique, logement gratuit.

Chaque ménage dispose en outre, devant son logement, d'un jardin potager de 240 mètres carrés et d'une parcelle de terre située près de la cité, d'une contenance de 400 à 500 mètres carrés.

Diverses sociétés se sont créées parmi le personnel : fanfare, chorale, société de boules, rugby, etc. Il a été élevé un vaste bâtiment comprenant une salle de spectacle pouvant contenir 800 personnes, dans laquelle peuvent être données des séances de cinéma et toutes autres représentations.

De chaque côté de la salle de spectacle, se trouvent d'autres grandes salles mises à la disposition des diverses sociétés, chacune ayant la sienne propre.

Le personnel employé dispose d'une salle de repos et de jeux.

Une salle est mise à la disposition des jeunes filles.

De nombreux jeux de boules ont été créés autour de cet ensemble complété par un petit square et un kiosque à musique.

Le personnel a donc à sa disposition, jardins et terrains pour occuper utilement ses loisirs en semaine et tous les moyens de se distraire le dimanche sans être dans l'obligation de s'éloigner de l'usine.

En général, les ouvriers mariés cultivent avec soin jardin et terrain mis à leur disposition. Certains, parmi ceux qui travaillent en une seule séance, trouvent en outre le temps de s'occuper pendant quelques heures chez des particuliers. Parmi les jeunes gens, beaucoup ne trouvent malheureusement pas à employer utilement leur temps libre et n'aident pas leurs parents qui ont en général bien peu d'autorité sur eux.

Lettre de M. P. V., 4 mai 1923 :

Nous vous adressons les renseignements que vous nous avez demandés, très heureux de vous aider pour la documentation d'une publication aussi intéressante que celle que vous préparez.

Nous avons même étendu les questions que vous nous posez, afin de vous faire mieux saisir la portée de l'œuvre morale que nous avons entreprise, car il ne s'agit pas seulement de récréer l'ouvrier, mais de l'éduquer afin qu'il profite mieux des distractions mêmes qui lui sont offertes.

Nous employons 1.800 à 2.000 ouvriers, personnel qui comporte : hommes, femmes, et enfants à partir de 13 ans.....

Nous avons organisé, en dehors des heures de travail :

I. Pour les jeunes filles :

1º Au point de vue instruction :

A) Cours professionnels (loi Astier) donnés par un professeur de l'Ecole pratique du Commerce et de l'Industrie de notre ville.

B) Cours de français, de couture, de coupe, de cuisine. Une directrice en est spécialement chargée. Ils sont suivis avec assiduité par une centaine de jeunes filles de moins de dix-huit ans, pour lesquelles nous les rendons obligatoires.

Des cours facultatifs sur les mêmes matières sont organisés pour les personnes plus âgées. Ils ont beaucoup de succès.

C) Œuvre du trousseau, qui vient compléter cette organisation en procurant à ces jeunes filles des tissus à des prix très bon marché pour leur permettre de se confectionner des effets personnels.

2º Au point de vue distraction :

A) Bibliothèque.

B) Estudiantina de mandoline.

C) Groupe artistique.

C'est la directrice de nos cours ménagers qui s'occupe de la recherche des pièces, monologues, chants et de leurs répétitions.

II. Pour les jeunes gens :

1º Au point de vue instruction :

Cours professionnels, mais plus spécialement pour des professions déterminées telles que : aide-gareurs et apprentis-mécaniciens.

2º Au point de vue distraction :

A) Bibliothèque.

B) Groupes sportifs avec sociétés de gymnastique et équipes de football.

Nous avons tout spécialement poussé la gymnastique, le foot-ball étant beaucoup plus dispendieux : il occasionne des sorties beaucoup trop fréquentes et c'est de plus un jeu brutal.

Notre société se déplacera cette année et ira au concours fédéral de Rouen.

Cette société fonctionne sous notre direction. L'un de nous est président; le Conseil est choisi parmi les contremaîtres qui occupent tout spécialement les jeunes gens du groupement dans leurs ateliers. Un moniteur attaché à l'établissement est chargé de la direction technique.

III. Pour les adultes :

A) La création des divers groupements artistiques nous a amenés à construire une salle de spectacle de 1.200 places comprenant : scène de théâtre et cabine cinématographique. Chacun des groupes désigné plus haut concourt à tour de rôle à assurer une séance mensuelle que nous complétons au besoin par le cinéma. Pour ce dernier, il est regrettable qu'il ne soit pas possible de trouver davantage de films moraux et éducateurs.

Nos concerts sont mensuels ou bi-mensuels. De temps à autre nous organisons quelques spectacles d'art avec des artistes étrangers.

Nos concerts sont, parfois, entrecoupés de conférences, récits de voyages, conseils d'hygiène que des avocats ou des médecins consentent à venir donner.

B) Un journal d'usine, de 8 pages, distribué gratuitement tous les mois à notre personnel maintient le contact entre tous. Il renferme des articles d'éducation, des conseils familiaux, des conseils d'hygiène, de jardinage, des recettes de cuisine, des articles d'histoire locale.

Les annonces de mariage, les naissances, les décès qui se sont produits le mois précédent, parmi le personnel, ont leur place dans le journal :

Il tient les ouvriers au courant des diverses œuvres de la maison, des prix pratiqués à la coopérative, des chroniques de sociétés sportives et musicales; il est illustré de photographies.

C) Toutes ces organisations sont centralisées dans un bureau que nous appelons le Secrétariat des familles. Un avocat ami vient, une fois par semaine, y donner à tous les ouvriers qui le désirent des renseignements juridiques et des conseils.

A côté de ces organisations nos efforts se sont naturellement orientés vers les logements ouvriers, car si nous voulons que l'ouvrier consente à rester chez lui, il faut avant tout lui procurer un logement convenable et agréable. Nous avons donc construit quelques maisons individuelles et la cherté seule des matériaux nous à fait mettre en chantier dernièrement une maison collective qui sera malgré tout une amélioration sur les logements existants.

On peut signaler encore l'existence d'une garderie d'enfants où les fillettes apprennent à coudre et les jeunes garçons font de petits travaux et prennent des leçons de gymnastique.

Les loisirs que laisse la journée de travail ne sont pas les mêmes pour tous les ouvriers, car si les deux tiers environ font la journée en deux séances, un tiers fait sa journée en une séance, une équipe travaillant de 4 heures à 12 h. ½ et l'autre de 12 h. ½ à 21 heures.

Cette diversité d'horaires est une grosse difficulté pour l'organisation des cours.

Au point de vue culture intellectuelle, il est difficile de se rendre compte des résultats acquis, nos organisations ne fonctionnant que depuis trois ans. Cependant, il n'est pas douteux, au point de vue esprit et mentalité, que nous avons obtenu une grosse amélioration et que le personnel se montre très reconnaissant des efforts que nous avons faits.

Par le contact fréquent que les jeunes filles ont avec la directrice de l'enseignement ménager, dont le choix doit être fait d'une façon judicieuse, elles sont arrivées pour la plupart à faire de bonnes ménagères sachant se confectionner des vêtements et capables d'établir un budget familial.

Les visites à domicile pour les malades par la directrice de la garderie, pour les nourrissons par notre visiteuse d'enfants, est certainement une des choses les plus intéressantes et les plus utiles. Un conseil, un encouragement bien donné sous cette forme, porte ses fruits.

La visiteuse d'enfants arrive, par son action sur la mère, à encourager et entretenir l'esprit de famille. Nous nous sommes efforcés de rendre moins redoutable la venue de l'enfant en appliquant un systèmes de primes et d'allocations très importantes.

En général nous devons noter un très bon résultat, même parmi les jeunes gens qui passaient pour être fort turbulents et qui causaient des grèves fréquentes. Nous sommes arrivés à avoir un personnel plus discipliné et plus travailleur.

Un résultat encore plus tangible se fera sentir certainement quand une bonne partie de notre personnel, du fait de notre cycle d'œuvres, aura passé par cette filière complète de formation. Touché dès sa naissance par l'éducation que fait à domicile la visiteuse qui enseigne à la mère la façon d'élever son enfant d'une manière rationnelle et hygiénique, l'enfant passe dans nos garderies où il apprend à se tenir propre et à obéir.

Entré à l'usine, il est pris, jeune fille par l'enseignement ménager, jeune homme, par les groupes gymniques et musicaux.

A ce moment là, certainement, la valeur morale et technique de notre personnel n'aura pu que s'améliorer.

Il est indiscutable que notre action, facilitée par une situation éloignée de la ville, a été pour beaucoup dans l'amélioration d'une place qui compte 6.000 ouvriers environ, qui, avant guerre, étaient incessamment en grève.

Lettre de M. Ch. (horaire N), 30 avril 1923 :

Utilisation des loisirs des ouvriers occupés aux usines de S. Ch.,
mécanique, fonderie, modelage, etc. — Sur les 338 ouvriers considérés, 163 font leurs 8 heures de travail en une seule séance. Sur ces 163, 10 à 15 % occupent leurs loisirs soit en faisant des heures payées dans de petits ateliers des environs, soit en travaillant à façon chez eux; 30 à 40 % s'occupent de jardinage.

Les autres n'ont pas d'occupation bien définie. On peut toutefois estimer que 5% font partie de sociétés de gymnastique, de préparation militaire ou de culture physique qui absorbent une certaine partie de leurs loisirs; 3 à 4 % seulement, au plus, semblent consacrer leurs loisirs à compléter leurs connaissances techniques et professionnelles.

Aux usines de M., étant donnée la situation de ces usines à la campagne, la plupart des ouvriers (394 réparties entre mécanique, chaudronnerie, électricité, fonderie, modelage, etc.) se livrent au jardinage ou aux travaux agricoles pour leur propre compte ou pour le compte d'exploitations avoisinantes.

Les jeunes gens s'adonnent aux sports et suivent des cours de perfectionnement.

Aux Forges S., où le travail se fait soit en deux séances, soit en une, les occupations, en dehors des heures d'usine, sont les suivantes :

La plupart des ouvriers mariés ont un jardin de plus ou moins grande étendue qui absorbe leurs loisirs du printemps et de l'automne.

Les jeunes gens sont, en majorité, membres de sociétés sportives.

Les ouvriers qui n'ont pas de jardin et ne font pas de sport sont de fervents amateurs du jeu de boules, très en faveur dans la région.

Il est évident que les ouvriers qui font leur journée en une fois ont plus d'heures de loisirs utiles à leurs délassements ou à leurs occupations hors de l'usine que ceux qui travaillent en deux fois.

Lettre de M. R. (horaire E), 9 mai 1923 :

En ce qui concerne les loisirs de nos ouvriers, nous vous signalons que nous possédons 91 jardins. C'est dire qu'un certain nombre d'ouvriers, pères de famille, sont intéressés par la culture des légumes.

Quant aux jeunes gens, ils font beaucoup de sport.

Les jeunes ouvriers suivent le samedi après-midi des cours professionnels.

Ci-joint texte d'une conférence faite sur ce sujet :

Pour occuper les loisirs des ouvriers, surtout depuis l'application de la loi de 8 heures, il a été créé des bibliothèques, des salles de lecture ou d'études; des industriels de G. ont organisé des parcs pour les sports de toutes sortes.

Au point de vue de l'hygiène, des installations de bains-douches ont été faites par la ville pour utiliser un legs destiné à cet usage.

Tout ceci se complète par la création de jardins ouvriers qui constituent un moyen très efficace d'améliorer en même temps le budget et la santé des ouvriers.

Aux Etablissements E. des jardins ont été distribués aux ouvriers et employés. Mensuellement il est remis à chaque jardinier une courte notice donnant des indications sur la culture et signalant ce que généralement on sème ou plante durant le mois dans la région.

Les ouvriers paient 40 francs par an pour la location du jardin et du petit pavillon en planches de 4 mètres carrés qui est placé au milieu. Les Etablissements E. paient le complément.

Les membres du jury qui distribuent des prix chaque année le premier dimanche de juillet, estiment à 400 francs la valeur moyenne annuelle des légumes récoltés dans chaque jardin.

Au fur et à mesure des possibilités et des disponibilités, on édifie des maisons ouvrières pour lutter contre la contamination et l'immoralité du taudis. Malheureusement, ces réalisations sont retardées par la cherté encore exorbitante de la construction.

Dans de nombreuses usines des consultations médicales gratuites sont accordées certains jours au personnel.

Tous les industriels métallurgiques de G. ont organisé des cours obligatoires pour leurs apprentis. Des constatations faites il résultait en effet que la plupart du temps, par égoïsme, individualisme, crainte de concurrence, les ouvriers qui devraient former les apprentis ne les instruisaient pas ou les conseillaient mal. Ces jeunes gens, envoyés dans les ateliers à la sortie des écoles, n'étaient pas respectés et sous prétexte d'émancipation ils étaient condamnés à entendre des propos immoraux quand ils n'étaient pas entraînés au spectacle, au jeu, au cabaret, aux mauvaises lectures et aux mauvaises fréquentations.

Les industriels n'ont qu'à se féliciter des résultats obtenus.

Parallèlement aux institutions établies par les industriels, une action éducative s'est organisée par des œuvres privées, en dehors de toute contrainte patronale. Depuis 1905 existe une Maison populaire, siège des œuvres qui ont un rôle familial et un rôle éducatif nettement définis. Les frais sont couverts par les versements libres annuels de plus de 500 adhérents comprenant des industriels, des commerçants, des employés et des ouvriers.

L'organe moteur est le secrétariat social ouvert tous les jours non fériés, centre de renseignements gratuits, de documentations et d'initiatives.

La plus importante des institutions est la « Ruche Populaire » qui groupe environ 600 familles.

Elle s'intéresse aux patronages et cercles de jeunes gens et de jeunes filles, aux groupements de gymnastique, chants, fanfare qui procurent à la jeunesse une excellente utilisation de ses loisirs

Une salle de lecture est installée qui reçoit de nombreux journaux et revues. Une bibliothèque comporte une importante documentation sociale.

Un journal, *La Réponse du Sud-Est*, mensuel, réfute certains articles de journaux dangereux : 5 000 numéros sont déposés gratuitement dans les boîtes aux lettres.

Le rôle éducatif de la « Ruche populaire » est surtout caractérisé par les réunions qui ont lieu le premier mercredi de chaque mois, à 20 h. 15 dans une grande salle qui groupe toujours de 800 à 1.200 personnes. Le programme de ces réunions comporte des chants, des conférences et une partie récréative, théâtre ou cinéma.

Ces œuvres sont très vivantes et très appréciées, elles sont organisées totalement en dehors de toute action patronale directe. La liberté la plus absolue est laissée à ceux qui désirent participer à ces institutions.

Lettre du secrétariat social de l'Isère, 22 mai 1923 :

Quant aux loisirs laissés aux ouvriers, on remarque une grande tendance des ouvriers et des employés à louer un petit jardin autour de la ville pour y cultiver des légumes nécessaires à la famille.

Pour ceux qui ont des économies plus considérables il y a une tendance très marquée à se faire construire une petite maison de 3 ou 4 pièces, toujours entourée d'un jardin.

Chez les jeunes gens le sport est en grande faveur, qu'il s'agisse du foot-ball ou de la bicyclette. En outre, l'alpinisme dans nos montagnes est très en vogue, de même que la luge ou le ski en hiver.

Enfin les gens plus âgés s'occupent volontiers pendant leurs loisirs au jeu de boules qui est très populaire dans la région.

Je ne dis pas que le café n'hérite pas bien souvent du temps laissés aux paresseux, mais la plus grande partie des ouvriers et employés occupent ses loisirs de la façon que je vous indique.

II. — Région du Midi

Lettre de M. R. (Horaire H.), 6 mars 1923 :

D'après ce que je vois, et ce qu'on m'a dit, la moitié des ouvriers possède un petit jardin et le cultive.

Beaucoup parmi les jeunes gens ont commencé à s'adonner aux sports et nous avons pu constater l'utile influence de cette utilisation des loisirs qui occupe les esprits et éloigne des réunions publiques et des centres d'agitation, en même temps que le corps en profite utilement car l'hygiène est nulle dans notre ville.

Un stade a été organisé avec le concours des industriels de la région.

Les apprentis achètent des journaux de sports à la place de l'*Humanité.*

Il s'est constitué également un groupement catholique qui a acheté un local dit « La Maison du Peuple » où se donnent des conférences, pièces de théâtre, représentations cinématographiques avec le concours de jeunes gens.

Je vous signale que sans pouvoir donner plus de précisions nous savons qu'un bon nombre de nos ouvriers travaillent en ville, ou même dans nos chantiers, en dehors des heures règlementaires, pour le compte de petits industriels de la localité ou d'entrepreneurs ayant à exécuter des travaux pour nous.

Nous n'avons pas à exercer un contrôle sur les heures de présence des ouvriers chez nous après le travail réglementaire, mais nous savons que souvent plusieurs de nos ouvriers sont rentrés ainsi pour le compte d'un autre.

Nous savons également qu'à leur sortie plusieurs vont travailler dans de petits ateliers. En fait, cela ne nous regarde pas.

Des employés vont le soir faire de la musique au cinéma, au concert, au théâtre, et servir de contrôleurs de billet au casino, stade, etc.

Il m'a été dit qu'avec ce système de travail chez deux patrons les ouvriers échappaient à l'impôt sur le revenu parce que leur salaire, déclaré chez un seul patron, est inférieur au minimum imposable. En réalité, les deux salaires rendraient l'ouvrier imposable.

Lettre de M. T. M. (Horaire I), 11 juin 1923 :

Je fais faire la semaine anglaise. De cette façon mes ouvriers bénéficient du loisir du samedi; car du temps de la journée égale pendant 6 jours, ils ne bénéficiaient de rien du tout; ils se contentaient de perdre leur temps.

Les ouvriers n'utilisent pas leur temps, à de très rares exceptions près. Un seul chez nous va à des cours du soir. Une douzaine vont très rarement faire du foot-ball, encore n'est-ce qu'au printemps et quand il y a l'heure d'été. L'hiver, il fait trop froid, l'été trop chaud, et en tous temps cela les fait rentrer trop tard chez eux.

Les initiatives patronales particulières sont des échecs. Les ouvriers ont encore la sensation d'être à l'usine. Cela ne les amuse pas de retrouver dans leurs distractions le chef d'équipe ou le contremaître ou même le camarade d'atelier qui n'est pas forcément de leur choix.

Que donneraient des initiatives patronales collectives assez larges pour que les ouvriers se sentent changés de milieu? Qui, sait? Les questions de distance pour rentrer chez eux ensuite, jouent un grand rôle dans leur détermination. Il faut être un psychologue bien pénétrant pour dire ce qui plaira aux ouvriers ou ne leur plaira pas.

Il me semble que la majorité des ouvriers est indifférente et à la culture mentale et à la culture physique. Les deux réclament un effort dont ils n'aperçoivent pas la récompense immédiate. Par contre, la culture d'un petit jardin, l'embellissement de leur maison sont des buts capables de les passionner. Et pour cela, ils assisteraient bien volontiers à de courtes conférences pratiques horticoles.

Cette maison et ce jardin sont-ils des rêves irréalisables? Il me semble que non si l'on s'y attelait sérieusement. Et quelle répercussion sociale une pareille œuvre n'aurait-elle pas?

III. — Région du Sud-Ouest

Lettre du secrétariat social du Sud-Ouest, 18 mai 1923 :

Nous ne pouvons faire mieux que de vous envoyer la copie des résultats de notre enquête sur la journée de 8 heures.

La question de l'utilisation des loisirs nous intéresse particulièrement : un industriel attaché au secrétariat nous a prié d'examiner cette question afin que nous puissions en saisir un groupe de patrons bordelais...

Quel emploi les travailleurs font-ils de leurs nouveaux loisirs?

Beaucoup de réponses disent que le cabaret profite surtout de ces heures de loisirs.

Cependant on nous signale que l'ouvrier, à la campagne, cultive son jardin et à la ville va souvent travailler chez un autre patron...

Des réunions publiques occupent parfois le temps libre. On fait observer que cette liberté que l'on donne à l'ouvrier est souvent une occasion de dépenses et que c'est une plus forte ruée vers le plaisir, le cinéma, les théâtres.

En réalité, pas plus qu'autrefois l'ouvrier ne paraît en général avoir grand souci d'employer utilement ses heures de loisirs bien qu'elles soient plus nombreuses que lorsqu'il travaillait tous les jours 10 heures.

A la campagne, on note que le foot-ball attire un assez grand nombre d'ouvriers qui délaissent les distractions qu'ils trouvaient avant la guerre dans les réunions musicales.

A noter une observation intéressante qui nous est faite par l'ameublement : les ouvriers laborieux travaillent à façon à leur domicile et, prenant goût à ce travail, abandonnent le travail de l'atelier.

Il semble d'autre part que dans les entreprises un peu importantes les employeurs ne puissent donner aucune réponse. Le personnel assez nombreux se disperse en quittant le travail et on ne sait l'emploi qu'il fait de ses heures de liberté.

Quelles tentatives ont été faites afin que les loisirs soient bien utilisés?

Les réponses sont inexistantes ou négatives.

En principe rien ne paraît n'avoir été tenté. Quelques réponses disent que ces tentatives n'ont aucun succès, que les ouvriers sont trop dispersés. Les suggestions suivantes sont cependant fournies : Il faudrait organiser une éducation sociale et former des propagandistes anti-communistes, organiser l'instruction professionnelle et générale, organiser des jeux et créer des terrains pour ces jeux.

Un syndicat féminin conseille à ses adhérents de prendre le goût de l'intérieur.

Il résulte de cette enquête que dans notre région :

1° Sauf de très rares exceptions l'ouvrier livré à lui-même ne cherche pas à employer utilement ses heures de loisirs;

2° Qu'aucun effort sérieux ne paraît avoir été fait par le patronat pour suppléer à l'initiative des ouvriers ou la provoquer.

La circulaire du 27 mai 1919 avait annoncé qu'il serait fait quelque chose à cet égard; rien n'est arrivé.

Il paraîtrait du plus grand intérêt de réaliser ce qu'avait indiqué M. Ribot au Sénat : multiplier les moyens d'éducation, les mettre à la portée de l'ouvrier. Tout cela au surplus est très bien dit dans la conférence de M. Chabrun à la Semaine sociale de Metz : « L'utilisation de la journée de 8 heures ». Mais il ne faut pas oublier que sur ce point comme sur beaucoup d'autres, l'éducation de l'employeur est à faire, comme celle de l'employé.....

C'est là comme ailleurs une question morale qui intéresse toutes les classes sociales, et où chacun peut trouver un devoir à accomplir.

Lettre de M. R. (Horaire P.), 11 mai 1923 :

En ce qui concerne votre troisième question, je dois dire que jusqu'ici nous n'avons encore rien fait pour occuper les loisirs de nos ouvriers. Plusieurs habitent hors ville et ont des maisons avec jardin qu'ils cultivent eux-mêmes. C'est dans cette voie que j'espère m'orienter en augmentant par des prêts le nombre des ouvriers et ouvrières ayant leur maison et leur jardin.

IV. — Région du Centre

Lettre de M. L. (Horaire O), 3 mai 1923 :

A partir du mois de mars jusqu'à fin octobre les loisirs des ouvriers sont occupés pour la plupart du temps par la culture des jardins qui sont distribués par l'usine ou loués par les ouvriers eux-mêmes. Il n'y a point de distractions qui les intéressent autant et qui soient meilleures pour des gens qui sont restés enfermés longtemps.

Ils en retirent profit, santé physique et morale. La maison et le jardin ouvrier sont capables à eux seuls d'apporter la solution de la question sociale.

Pour la jeunesse nous avons organisé un club sportif où tous les sports utiles et la culture physique sont pratiqués.

Les jeunes filles de 13 à 20 ans suivent des cours de couture, de coupe, d'économie ménagère et de cuisine qui ont été très bien accueillis et sont très fréquentés.

Une harmonie qui comprend une centaine d'exécutants groupe trois fois par semaine les ouvriers pour les répétitions.

Nous avons envisagé également la création d'une salle de spectacle et de conférences avec projections, mais cette partie de notre programme n'est pas encore réalisée.

Je ne vous parle pas ici de toutes les œuvres d'aide sociale qui sont organisées.

Reste votre dernière question : « Quel succès a été obtenu par la culture intellectuelle? » Il m'est impossible de répondre d'une façon précise. Mais je suis convaincu que présentée sous une forme attrayante l'éducation de l'esprit peut donner les meilleurs résultats.

Les ouvriers sont de grands enfants, plus faciles à conduire qu'on ne croit, à condition que leurs guides soient dégagés de toute préoccupation personnelle, politique ou autre. Pour ma part, je suis entièrement dévoué à leur cause, sans arrière pensée. Ils le savent. Aussi ma tâche auprès d'eux est-elle des plus faciles et des plus agréables.

Lettre de M. M. (Horaire R.), 5 mai 1923 :

Déjà bien avant le vote de la loi du 23 avril 1919, nous avions pensé que les quelques loisirs dont jouissaient alors nos ouvriers pouvaient être utilement employés à la culture. Nous avions donc doté les habitations à bon marché dont nous avons entrepris la construction dès 1909, de jardins individuels attenant à ces habitations. Nous n'avons pas tardé à constater que nos ouvriers arrivaient à exploiter dans de très bonnes conditions 20 mètres carrés de jardin. Aussi, dès que nous eûmes la certitude qu'un nouveau régime de travail allait être adopté, nous fîmes l'acquisition de vastes terrains situés à proximité des groupes d'habitations à bon marché afin de permettre à notre personnel de se livrer à des cultures encore plus importantes capables non seulement de faire face à leurs besoins journaliers, mais de leur donner aussi des récoltes à conserver ou même à vendre.

L'expérience ainsi faite nous permet de dire aujourd'hui que l'occupation la plus recherchée par nos ouvriers est la culture. Nous ajoutons qu'elle est aussi la plus recommandable parce qu'elle présente le double avantage d'être saine en même temps que productive et accessible à tous sans grande préparation préalable.

D'autre part, nous avions aussi pensé aux personnes et surtout aux jeunes gens que des occupations agronomiques n'auraient pas suffisamment intéressés ou retenus. Nous avons créé dès 1911 une société d'éducation physique à laquelle nous avons donné un développement et une impulsion intensifs depuis l'application de la loi de 8 heures.

Elle comprend actuellement 8 sections : rugby, football-association, athlétisme, cross, boxe, lutte, tennis et natation. Une société de pêche et une société de joueurs de boules lui sont annexées. Dotés d'un matériel très complet et d'installations tout à fait modernes, dont une piscine de 30 mètres de longueur, couverte, chauffée à la vapeur, entourée de cabines individuelles munies d'appareils à douches, elle offre à ses 1.500 membres toutes les facilités désirables pour la pratique de tous les sports. De plus, elle dispose d'une salle de fêtes contenant 1.500 places et où des représentations cinématographiques et théâtrales sont données.

Enfin, nous n'avons pas négligé le côté intellectuel. Avant même que la loi Astier ait obligé les Communes à créer des cours d'apprentissage nous avions ouvert une école d'apprentis où les enfants de nos ouvriers reçoivent une instruction théorique et pratique donnée par nos ingénieurs et nos contremaîtres. En plus, nous faisons fonctionner aujourd'hui des cours spéciaux pour les professionnels qui désirent compléter leurs connaissances techniques ou en acquérir de nouvelles et des cours de culture générale pour les jeunes gens et jeunes filles âgés de moins de dix-huit ans.

Tout cet enseignement est donné en dehors des heures de travail
Il est assidûment suivi...

V. — Région de l'Ouest

Lettre de M. L. (Horaire G.), 24 avril 1923 :

Je vous signale que j'occupe maintenant une quinzaine d'ouvriers
monteurs travaillant manuellement à domicile. J'en connais qui
travaillent 11 à 12 heures chaque jour et qui se font aider par
leur femme.....

A quoi mes ouvriers occupent-ils leurs loisirs?

En général, les femmes consacrent leurs heures libres à leur
ménage.

Parmi les hommes, une partie consacre chaque jour une heure
au moins au café. D'autres travaillent chez eux après avoir travaillé
à l'atelier; ils revendent à leur profit les produits de leur fabrication.

Suivant la mentalité de chacun le temps libre est employé
différemment. Est-il employé dans un sens profitable à la moralité
et au développement de l'individu? Je ne le crois pas. Je pense
plutôt qu'en général, les heures de loisirs sont des heures de flânerie. En dehors des heures consacrées à la famille et de celles consacrées aux soins du corps, il reste de nombreuses heures dont plusieurs pourraient être vivifiées par l'esprit. Ce n'est peut-être pas
la faute de l'ouvrier s'il néglige cette partie si importante de nous-
même : l'âme.....

*Lettre du secrétariat général de l'Union des Syndicats pro-
fessionnels de la Sarthe*, 18 juin 1923 :

Nous avons une bibliothèque qui a été installée, il y a plus de
quinze ans par la jeunesse catholique de notre ville..... Au point de
vue de l'utilisation des loisirs laissés aux ouvriers, nous ne croyons
pas que, dans notre ville, ces loisirs soient employés à la culture
intellectuelle.

Au contraire, nous avons remarqué que depuis 1918 le nombre
des jardins ouvriers augmentait constamment et que beaucoup de
nos syndiqués, ces derniers temps surtout, s'adonnaient au jardinage.....

VI. — Région parisienne

Lettre de M. J. V., 24 mars 1923 :

Quant à l'utilisation des loisirs, notez ceci : le cabaret est peu fréquenté, le cinéma et le théâtre le sont beaucoup. Tout ouvrier possesseur d'un jardin le cultive avec un soin extrême et désire, pour pouvoir le cultiver de son mieux que la journée d'usine lui en laisse le temps. Les jeunes ouvriers s'adonnent beaucoup aux sports. Quelques-uns font de la photographie.

Tous, même les jeunes, se préoccupent de faire des économies, achètent des bons de la défense et des valeurs mobilières, et surtout souhaitent de pouvoir devenir propriétaires de leur logis.

Toutefois, il faut remarquer que ces constatations ont été faites surtout sur les ouvriers mécaniciens, c'est-à-dire sur l'élite de la classe ouvrière.....

Lettre de M. V., 18 mai 1923 :

Nous avons fait toutes sortes de démarches et d'enquêtes pour vous donner une réponse qui reflèterait dans son ensemble les résultats pratiquement obtenus.

Nous devons malheureusement vous dire que nous n'avons constaté aucune utilisation dominante.

Quelques-uns ont acheté dans la banlieue un petit coin de terre qu'ils cultivent et sur lequel ils érigent une baraque.

D'autres retournent simplement chez eux, dînent plus tôt et se couchent plus tôt, ou sortent après leur repas du soir. En ce cas, la sortie est plus souvent en famille qu'avant le dîner.

Très peu suivent des cours professionnels.

Enfin, un certain nombre, qui n'est pas négligeable, font des heures de travail chez de petits façonniers ou chez de petits patrons.

Enfin, en réponse à votre question relative à l'initiative que nous avions prise au point de vue de la culture intellectuelle de notre personnel, nous vous avouons que cette organisation a à peu près disparu par suite d'abandon par le personnel lui-même.

A l'origine, des cours de sciences et de mathématiques élémentaires ainsi que de dessin étaient donnés chaque soir par des professeurs ou des contremaîtres ou ingénieurs de l'usine. Une école d'apprentissage fonctionnait.

Par la suite, des conférences dites éducatives et plus ou moins tendancieuses durent être interdites à l'usine, et l'organisation périclita petit à petit avec la période des beaux jours.

Actuellement, l'organisation est réduite à une bibliothèque et à un cours de dessin suivi par 5 ou 6 jeunes gens.

Nous sommes persuadés cependant qu'il y a beaucoup à faire dans cet ordre d'idées. Il est certain qu'il faut, pour mener à bien des initiatives de ce genre, des qualités de pédagogie que l'on trouve rarement d'ailleurs dans les organisations industrielles.

VII. — RÉGION DE L'EST

Lettre de M. G. (Horaire M.), 7 novembre 1923 :

Les loisirs de notre personnel sont relativement restreints.....

L'ouvrier, à notre avis, ne sait pas les utiliser et il est très difficile et délicat pour le patron d'organiser ou de vouloir organiser ces loisirs.

Nous faisons cependant exception pour la partie de notre personnel qui s'intéresse à la culture du sol et qui réprésente environ les trois quarts de l'effectif.

Pour développer le goût de la terre et les saines occupations qui en résultent, nous avons pris les dispositions suivantes :

1º Organisation des heures de travail, notamment dans la belle saison, de façon à permettre à l'ouvrier de disposer de 2 à 3 heures de jour pour la culture de son champ ou de son jardin.

(Dans cet établissement industriel, cité par nous comme type des rares cas où l'on ne fasse que 8 heures malgré la possibilité légale de faire plus, une partie des ouvriers travaillent sous le régime 3/8 tandis que le plus grand nombre travaille en deux séances. C'est à ceux-là qu'il est fait allusion. Ils font en hiver 4 h. 3/4 le matin et 3 h. 1/4 l'après-midi; en été, 5 h. 1/2 le matin et 2 h. 1/2 l'après-midi. Toute l'année 1 h. 1/2 pour le déjeuner.)

2º Distribution de terrains cultivables, jardins et champs, soit à titre gratuit aux ouvriers ayant plus de quinze ans de service, soit à titre onéreux, mais avec une rétribution très faible aux ouvriers plus jeunes.

3º Tout ouvrier stable est logé dans la mesure du possible avec toujours deux ares de terrain attenant à son logement.

4º Encouragement à l'élevage des porcs, moyennant des primes.

En résumé, nous cherchons à dériver toute l'activité restante de l'ouvrier et tout son temps disponible vers la terre et les occupations connexes, loin du cabaret. Si ce résultat est atteint pour la majeure partie du personnel, il faut bien dire, par contre, que les éléments jeunes de 16 à 22 ans sont absolument réfractaires .

Nous avons essayé d'organiser pour eux des cours du soir, en vue d'achever leur instruction et de les détourner du cabaret et du cinéma, mais jusqu'à présent ces essais sont restés infructueux.

Sans doute il est permis d'espérer que les générations qui suivent, dont l'instruction et l'éducation n'ont pas souffert de la guerre, jeunes gens de 14 à 16 ans actuellement et plus jeunes encore, répondront mieux à nos efforts.

Il faut noter que quelques-uns s'adonnent aux sports.

Nous constatons également que l'ouvrier sérieux et sédentaire, celui qui, l'été, s'occupe de culture et d'élevage, et prend goût à son ménage, profite en hiver du surcroît d'heures de liberté que lui vaut la loi de 8 heures pour augmenter ses heures de sommeil.

Il est ainsi plus apte au travail du lendemain, à l'inverse des jeunes gens qui passent une partie de la nuit au dehors.

D'autres saines occupations sont courantes parmi notre population semi-industrielle, semi-agricole, la pêche à la ligne par exemple, très en honneur chez bon nombre d'ouvriers.

Toute cette utilisation pratique des loisirs de l'ouvrier, plus adaptée à son tempérament et à ses goûts que la lecture ou d'autres occupations intellectuelles, a le double avantage d'améliorer sa condition matérielle en même temps qu'elle l'attache au sol.

VIII. — Région du Nord-Ouest

Lettre de M. B. (Horaire D), 27 septembre 1923 :

Comment les ouvriers ont-ils tendance à employer leurs loisirs?

Gens mariés : soins du ménage, culture du jardin, amélioration de l'habitat, clapier, volaille, pêche, excursions aux environs.

Célibataires : pêche, excursions à bicyclette, football, canotage, tennis. Chasse facilitée.

Initiatives prises pour diriger les ouvriers?

Cantine pour le personnel (5 francs les 3 repas). Jeux autour de la cantine (boules, trapèze). Association sportive comprenant une section de football (terrain agencé, hangard, vestiaire), de cyclisme.

Des matchs sont organisés entre concurrents locaux et étrangers.

Le pays est accidenté; il y a des forêts et des ruisseaux, des routes pittoresques dans les vallées environnantes; nous encourageons aux excursions.

Logements : Toutes les maisons familiales ont leur jardin enclos (villas simples et doubles). Les premiers baraquements construits en briques comportent, pour les familles, des logements de trois vastes pièces. Plate-bandes à fleurs sur le devant. Ces logements peuvent bénéficier aussi d'un jardin (location 10 francs par an). De petits hangars élevés en arrière de chaque baraquement servent de débarras pour chaque famille (locaux non meublés : 30 francs par mois).

Des baraquements pour hommes seuls comportent une double rangée de vastes chambres meublées par l'établissement (1 franc par jour pour locataire seul, 0,50 à 2).

Les châlets neufs sont de 4 types différents : 7 châlets carrés pour familles nombreuses : 6 pièces, cave, grenier, jardin clos, W.-C.

Douze maisons doubles existent pour 2 familles. Dans chaque logement 4 pièces, cave, grenier, jardin clos, W. C.

Quatre petites maisons doubles pour 2 familles sans enfant : 3 pièces, appentis pour réserve, chauffage, W.-C. Toutes ces constructions sont à portée d'une petite rivière à cours rapide.

Outre ces habitations modernes, l'usine possède une certaine quantité de maisons anciennes remises à neuf et toutes habitées par le personnel : ouvriers ou employés.

La surface des jardins varie de 300 à 450 mètres carrés.

Les constructions neuves sont destinées à augmenter d'année en année.

IX. — LES LOISIRS DES MINEURS

PAS-DE-CALAIS. 1° *Lettres de M. B...*, 16 décembre 1923 et 16 janvier 1924.

A. — *Tendances des ouvriers*

Jardinage. — Le mineur a beaucoup de goût pour la culture potagère et y réussit fort bien. Il s'efforce de produire tous les légumes nécessaires à son ménage (sauf les pommes de terre que les coopératives lui fournissent à bon compte).

Elevage. — Poules, lapins, pigeons voyageurs, coqs de combat.

Métiers accessoires. — Menuisiers, vitriers, cordonniers, coiffeurs. Beaucoup de mineurs exercent ces métiers dans la cité où ils habitent.

Musique. — On trouve parmi les mineurs des musiciens fort bien doués; les cuivres ont leur préférence.

Cabarets. — En semaine, l'ouvrier y va très peu. Il y fait un tour en général le dimanche.

Le Dimanche. — Le mineur jardine le matin, déjeune tard et longuèment et n'apparaît à l'estaminet que vers 15 ou 16 heures, non pas tant pour boire (la population minière dans l'ensemble n'a jamais été alcoolique) que pour y causer ou jouer (cartes, fléchettes, javelot) ou assister à des combats de coqs.

Dans la bonne saison : sorties à pied ou à bicyclette (les mineurs n'épousent guère que des filles de mineurs et ont des parents ou amis dans tout le voisinage). Il faut citer aussi : concours de pigeons voyageurs, pêche à la ligne (assez en vogue, bien que les cours d'eau soient rares et éloignés.)

Le samedi soir et le dimanche soir, nombre d'estaminets, munis d'un piano mécanique, se transforment en dancings. Les jeunes filles y vont d'ailleurs beaucoup moins que les jeunes gens qui en sont réduits à danser entre eux.

Les cinémas (la plupart tenus par d'anciens mineurs) ont beaucoup plus de succès. Le choix des films n'appelle aucune observation spéciale en dehors de la médiocrité artistique.

B. — *Commodités ou encouragements donnés par la Compagnie*

Logement. — Les maisons récentes répondent à la description suivante : un étage plus un grenier; une cuisine distincte de la salle commune; trois chambres à coucher au moins (parents, garçons, filles) toutes plafonnées et non mansardées. Cube d'air et ouvertures sont conformes aux règlements du Comité d'hygiène.

Maisons groupées par deux, contiguës, chacune ayant une cour distincte, fermée de tous côtés, avec buanderie.

Eau sous pression dans les cuisines. Electricité. Certaines cités vont être munies, à titre d'essai, d'une distribution de gaz provenant des fours à coke.

Fourniture gratuite d'une certaine quantité de charbon, variable suivant les saisons et la composition de la famille, et pouvant atteindre en moyenne une tonne par an et par famille.

Loyer de l'ordre de 1 % du prix de la construction (coût moyen d'une maison : 25.000 francs.)

Dans les cités, on évite les alignements droits et les rues rectilignes. Clôtures en ciment armé imitant le bois et peintes en blanc.

Multiplication des arbres et des arbustes (défavorisés malheureusement par la nature crayeuse du sol.)

Au centre de chaque cité, vaste place autour de laquelle sont groupés les bâtiments d'utilité commune : Église, presbytère, écoles, ouvroirs, dispensaire, coopétative, salle de réunion, etc...

Jardins. — La Compagnie fournit le terrain (5 ares utiles en moyenne, par maison), et les arbres fruitiers (4 par maison). Les ouvriers fournissent eux-mêmes leurs graines. La Compagnie leur fournit, à prix réduit, du sulfate d'ammoniaque provenant des fours à coke. Des concours de jardins sont organisés périodiquement.

Elevage. — Chaque maison comporte clapier et volière. Toutes facilités sont données pour l'installation de pigeonniers.

Métiers accessoires. — Tolérés tant qu'ils ne compromettent pas le bon ordre dans les cités (chaque cité est surveillée à ce point de vue par un garde assermenté).

Sports. — La *jeunesse* ouvrière est très sportive et montre beaucoup d'émulation. Les ouvriers adultes et âgés s'intéressent aux spectacles qu'elle lui offre : matches, courses, etc...

Chaque cité est ou va être munie d'un terrain de sport comprenant : terrain de football, de basket-ball, piste de course à pied, perche de tir à l'arc, salle de gymnastique.

Plusieurs sociétés sportives ont été constituées, et presque chaque dimanche est marqué par un match, cross-country, démonstration d'ensemble, etc..... Les salles de gymnastique sont ouvertes à tous les jeunes gens de 10 à 20 ans. Des leçons régulières y sont données par les meilleurs gymnastes, promus moniteurs.

Une société de tir et de préparation militaire est en fonctionnement normal.

Musique. — Une fanfare groupe les meilleurs musiciens.

Jeux, spectacles, réunions. — Des salles de réunion (jeux d'intérieurs, bibliothèque, journaux, consommations hygiéniques) et des cinémas (installés par la Compagnie et fonctionnant sous son contrôle) sont ou vont être créés dans chaque cité importante.

Une salle des fêtes est installée pour les banquets corporatifs ou représentations théâtrales. Une société lyrique et dramatique qui existait avant la guerre, est en voie de reconstitution.

A citer encore :

Pour jeunes garçons et jeunes filles : *patronages* (salles de jeux, jardins aménagés pour jeux en plein air)

Pour jeunes filles (*ouvroir*) (2 ateliers de couture) et *cours ménager.*

Pour jeunes géomètres, dessinateurs, ajusteurs, menuisiers : *cours d'apprentissage ou de perfectionnement* professés par les ingénieurs et contremaîtres.

En somme, les distractions physiques tiennent beaucoup plus de place que les divertissements intellectuels. C'est qu'elles sont jusqu'ici les plus appréciées des ouvriers. La Compagnie se garde d'exercer à cet égard aucune pression, et de ne faire aucune propagande qui risquerait de rebuter le personnel. Elle cherche à mettre à leur disposition les divertissements les mieux adaptés à leurs tendances. Ainsi, des relations cordiales s'établissent ou se consolident entre ouvriers, employés et ingénieurs, ce qui ne peut faire qu'entrevoir favorablement l'avenir.

Les renseignements qui viennent d'être donnés varient peu d'une Compagnie à l'autre et peuvent, sans retouche notable, s'appliquer à l'ensemble du bassin houiller, Nord et Pas-de-Calais.

2º Loire. *Lettre de M. C...*, 18 décembre 1923.

Le mineur du poste-matin, terminant son repas vers 15 h. 30 comme nous l'avons vu, va, si c'est en hiver, fumer une pipe chez lui en lisant son journal. Quelques-uns sortent dans la rue et flânent quelques instants en quête d'un camarade pour faire la causette. On en rencontre peu au café. Il y a sur ce point de sensibles restrictions. Les jours de paye, les 10 et 25, les cabarets, surtout aux alentours des puits, sont animés. Généralement, ce jour-là, le mineur boit sa bouteille, mais cependant, même les jours de paye. le nombre des mineurs ivres a bien diminué.

Le mineur passe ses soirées d'hiver chez lui. D'ailleurs, comme celui dont nous nous occupons en ce moment se lève vers 4 heures ou 4 h. 30, il se couche de bonne heure.

L'été, c'est différent. Beaucoup de mineurs louent un petit jardin, le cultivent, élèvent une tonnelle.

Quand le courage leur fait un peu défaut ou que la culture n'est pas trop pressante, les mineurs jardiniers se rassemblent sous une tonnelle après avoir eu soin de préparer un litre de vin et un jeu de cartes; ils passent ainsi une soirée de distraction.

Si le jardin se trouve à proximité d'un jeu de boules, ce qui n'est pas rare, c'est alors plus dangereux. Les stephanois sont en effet de fervents boulistes. Le jardin sert alors de prétexte. On s'y donne en réalité rendez-vous pour une bonne partie de boules.

a la nuit tombante, en liquidant les derniers flacons, on discute fort, politique ou syndicat.

Cependant, des mineurs jardiniers très consciencieux passent tous leurs loisirs à leur jardin. C'est là l'unique distraction saine et sans danger du mineur. Ceux qui s'en écartent restent en somme inactifs ou fréquentent les jeux de boules.

Jardins ouvriers. — Il y a quelque dix ans, le Révérend Père V... avait créé un groupe de jardins ouvriers à Saint-Etienne. Ce groupe existe toujours, exerce une heureuse influence, mais dans une sphère trop restreinte.

A part cela, qu'a-t-on fait pour permettre aux ouvriers mineurs de bien utiliser leurs loisirs, à Saint-Etienne? Rien, rien, rien.

Logements. — Pour les ouvriers étrangers, les compagnies n'ont pas reculé devant la dépense pour leur donner un bien-être auquel ils n'étaient pas habitués. Les Arabes, Marocains, Grecs, Espagnols, Italiens, Polonais, sont logés, éclairés, chauffés.

Au fond, ces gens-là, malgré tous leurs défauts et leur paresse (il faut 5 Espagnols ou Marocains pour faire le travail d'un ouvrier mineur français d'avant-guerre; c'est toujours aux mineurs français que l'on a recours pour les travaux urgents ou délicats), ont rendu service aux mineurs français. Ils ont montré que les vrais esclaves, ce n'était pas eux, mais bien le mineur qui, avant la guerre, faisait 10 à 12 heures à la mine pour un salaire dérisoire. Les mineurs qui faisaient 2 ou 4 heures supplémentaires passaient leur hiver sans voir la lumière du jour. Certains étaient tellement fatigués qu'ils s'endormaient sur leur lit, sans se lever.

Aujourd'hui, bien que le confort soit encore relatif, il y a eu de sérieuses améliorations grâce à la nouvelle loi, aux caisses de maladie et de retraite.

A F... et M..., on a élevé quelques cités pour loger les mineurs. Mais, dans la Compagnie des houillères de Saint-E..., des mines de V..., de la L..., de la P.... près R. de G..., rien n'a été fait au point de vue social montrant que les dirigeants des Compagnies s'intéressaient au sort de leur personnel.

Tout ce qui a été obtenu comme amélioration de salaire, même l'allocation familiale (0 fr. 60 par enfant par journée de travail, 1 fr. pour le 3e et suivant) a été obtenu par la grève ou par la menace de la grève. Aussi, les situations se succèdent toujours les mêmes : si la période est favorable au patron, il y a des brimades, des exactions qui accumulent les rancœurs jusqu'au jour où les ouvriers peuvent à leur tour parler haut et ferme et obliger leurs vainqueurs d'hier à capituler.

La Fédération régionale du bassin minier de la Loire est dirigée par les éléments révolutionnaires extrémistes.

Cela veut-il dire que les mineurs soient révolutionnaires? Ce serait une grave erreur de le croire.

Pris individuellement, et à part quelques éléments perturbateurs, les mineurs *français* sont des travailleurs sérieux et honnêtes, de bons enfants sans souci, mais aussi, des enfants faciles à conduire et à détourner de la bonne voie en période de trouble. Pourquoi? Parce qu'on n'a jamais rien fait pour développer leurs facultés intellectuelles et leur procurer la moindre éducation sociale. Aussi leurs idées sont-elles faussées par les palabres de la Bourse du Travail, et si demain, pour un motif de surenchère quelconque, soulevé dans quelques réunions tumultueuses, on proposait la grève, il suffirait d'une poignée de malandrins à l'entrée des puits, flanqués des Arabes, Espagnols, Marocains, etc... pour faire abandonner le travail à 200 ou 300 ouvriers.

Je conclus donc, qu'à part deux compagnies qui ont fait construire quelques cités et donné une faible allocation familiale, on n'a rien fait pour l'ouvrier mineur dans le bassin de la Loire.

Si l'ouvrier sait utiliser ses loisirs (vie de famille, jeux, jardins, élevage, promenades, sports), à lui en revient toute l'initiative. S'il est devenu, depuis un certain temps, plus sobre, à lui en revient tout le mérite.

3º MOSELLE. *Lettres de M. M...*, 2 décembre 1923 et 27 janvier 1924 :

Les occupations des mineurs, à leurs moments de loisirs, sont évidemment très variées.

Prenons les célibataires. Certains, si nous examinons le poste de jour, se couchent en sortant de table, vers 17 heures; ce n'est le cas que d'une minorité.

D'autres, on peut les évaluer à 25 %, sont grands amateurs de *musique*. Ils se réunissent, et l'on peut entendre dans les rues des colonies des concerts d'accordéons ou de mandolines, ou encore des chœurs d'hommes chantant des mélopées.

Les cafés, d'aspect généralement plus séduisant que les cabarets d'ailleurs, avec leurs décorations intérieures et leurs vitraux de couleur, ne sont fréquentés qu'aux heures de changement de poste et le dimanche, où l'on peut y entendre quelques chanteuses à voix. Les jours de paye sont en général marqués par des beuveries et de nombreux ivrognes qui errent dans les rues jusqu'au matin. Cela dure le samedi, jour de paie, le dimanche, et parfois même le lundi matin. Cela fait, ils se nourrissent de pommes à l'eau jusqu'à la prochaine paie.

Ce n'est heureusement là que l'exception : le nombre des cafés est limité, et la fermeture à 1 heure du matin rafraîchit quelques enthousiastes.

Le cinéma, le dimanche, est presque de rigueur. Il fonctionne de manière continue, mais n'offre généralement que des films d'intérêt médiocre et sans valeur éducative. Nos cinémas du boulevard, bien que sans grandes qualités, leur sont nettement supérieurs. Ils sont évidemment plus riches. Le prix des places au cinéma de M... ne dépasse pas 2 francs.

Parlons maintenant de la vie de famille de la population ouvrière.

On peut compter en moyenne deux, cinq enfants par tête d'ouvrier. Il y a deux accouchements par jour dans la colonie de M...

A son retour du travail, le mineur du poste du matin lit son journal, casse du bois, souvent même fait la cuisine.

Les romans à bon marché sont très lus.

On fait peu de politique, mais elle est rouge, quoique sans brutalité.

Le dimanche : cinéma.

Les jours de paie, on va en ville, on achète un chapeau à Madame, des vêtements à Monsieur, et le couple, transformé, circule dans la rue, ne rappelant en rien les gens noirs du fond. Achats de liqueurs, de bon vin, promenade en famille, cinéma.

En été, la bicyclette est le sport favori. Départ à 50, hommes, femmes et enfants.

Des groupes de jeunes gens, fanions en tête, font des randonnées aux environs. D'autres groupes sont munis d'instruments de musique variés : accordéons, crécelles, etc...; ils circulent sur la route au pas cadencé.

Les compagnies de chemin de fer ont des billets spéciaux pour les excursionnistes.

La Société vient de faire construire une « goutte de lait », avec consultation pour les nourrissons : œuvre très populaire.

Une cantine est ouverte par la société, bien aménagée, offrant une cuisine bourgeoise aux mineurs.

Comment sont logés les mineurs? — Voilà une question délicate et difficile à résoudre dans une région où l'appât des salaires offerts par une société riche attire de nombreux ouvriers.

La maison est cependant pour une bien grosse part dans l'existence du mineur. Mais une maison pour deux familles, c'est-à-dire comprenant 2 logements séparés avec 4 pièces et une cuisine, avec cellier extérieur, ce qui évite la construction d'une cave, murs doubles en aggloméré avec matelas d'air intermédiaire, agréable à habiter, et muni d'un jardin potager de 1 à 2 ares vaut 30.000 fr.

La société a un gros programme de constructions nouvelles à exécuter, suivant les dernières et les plus modernes conceptions de la maison ouvrière.

Les maisons actuelles des colonies sont à 2 logements au rez-de-chaussée, 2 logements au premier. Electricité, eau potable à l'étage. Buanderie, jardin.

Elles sont de deux types : 8 pièces au total, ou 12 pièces.

Inconvénient de l'étage : le remue-ménage des gens du premier gêne ceux du rez-de-chaussée. Il est fort coûteux de réaliser des planchers insonores. Ce qu'il faut obtenir surtout, c'est la séparation des parents, des enfants, ce qui n'est malheureusement pas toujours réalisable, vu la densité de la population, et qui présente de graves inconvénients moraux.

Ce qui manque surtout, ce sont des foyers du type Y. M. C. A. pour les célibataires; les gens mariés pourraient également y trouver des ouvrages et des journaux qui les tiendraient au courant de la vie intellectuelle du reste du pays.

Une bibliothèque de 2.000 livres environ a été créée, mais la formalité du prêt est toujours gênante.

Il faudrait installer une grande coopérative-restaurant, où les repas pourraient être fournis à bon marché, et qui permettrait aux mineurs de sortir de leurs logements, souvent peu gais.

Il faudrait prendre en mains le contrôle du cinéma, et faire concurrence aux cinémas privés du pays.

Il est extrêmement facile d'amuser ces gens dont les goûts ne sont pas compliqués.

Enfin, et surtout, il faudrait concurrencer le commerce du pays dans la vente des denrées alimentaires, ce qui serait facile quand on a les débouchés assurés et de grandes facilités de transports.

Les écoles sont très florissantes. Les enfants sont assidus, la loi d'Alsace-Lorraine exigeant l'envoi de l'enfant à l'école jusqu'à quatorze ans. L'une d'elles réunit chaque jour 1.200 enfants.

J. Beaudemoulin   13

Il faut citer encore les œuvres de charité privée dont les femmes d'ingénieurs ont pris la direction. Elles n'ont naturellement pas la portée des institutions patronales, mais elles soulagent quelques misères dans cette immense tour de Babel où toutes les nations sont représentées.

Renseignements complémentaires : cotisation annuelle de logement : 40 francs. Prix de 500 kilogrammes de charbon, livré aux ouvriers : 20 francs.

Des économats, des caisses de maladie, de retraite, d'assurances, ont été organisés. Le service des blessés est également très bien fait : postes de secours, hôpitaux.

Des sociétés sportives se sont constituées.

Dès le mois de mai 1920 se formait l'Harmonie de la Ligue française, société musicale.

Une société de gymnastique, « le Rocher », groupait bientôt dans ses diverses sections les jeunes gens du pays et préparait les futurs conscrits au certificat d'aptitude militaire. Il y a d'autres sociétés sportives.

La direction de l'usine ne se désintéresse pas de ces efforts dont elle apprécie le but moral et éducateur. Elle les encourage, leur donne son appui, et les subventionne, aidant ainsi à leur création et à leur développement.

X. — Les loisirs des employés de chemin de fer

A) *Mécaniciens et chauffeurs*

Lettre de M. S..., 7 juin 1923.

Un mécanicien dispose chez lui de repos assez longs et peu nombreux. Il en passe une partie à dormir.

Il entretient presque toujours un jardin. Le reste du temps, il se promène ou va au cabaret. Habitué qu'il est à vivre toujours au grand air, il ne peut pas rester longtemps chez lui, il ne s'enferme pas dans sa maison pour y goûter les joies familiales. Sa femme, qui n'est pas toujours fidèle, hélas! n'est pas sa compagne; elle est là surtout pour préparer le panier. Les enfants connaissent peu le père « qui n'est jamais là ».

Pourtant, on peut signaler le besoin de confort qui est un des sentiments le plus fort dans ce milieu. Le mécanicien qui a fourni un travail violent, qui a été sale pendant deux jours, qui a couché dans un dortoir, sur un lit de soldat, aime, en rentrant chez lui, à trouver ses aises. Il gagne assez largement sa vie et peut se les offrir.

Aussi trouve-t-on parfois des intérieurs qui ont quelque chose de bourgeois. En fortifiant ce sentiment, on ferait une bonne œuvre, à condition que l'on s'ingéniât à créer des habitations saines et qu'on évitât les agglomérations affreuses que sont certaines cités.

On peut citer dans cet ordre d'idées les efforts qui ont été fait par la Compagnie du Nord et l'installation de ses cités modèles dans le Nord, à la Délivrance, Tergnier et Laon.

Les mécaniciens et chauffeurs ne sont pas sobres. Ils boivent facilement. Je crois qu'il est nécessaire qu'ils boivent. Le travail des machines est un travail nerveux qui épuise et déprime. De plus, il se fait dans une transpiration inévitable. Il faut remplacer le liquide évaporé, et le vin que boit le mécanicien (à l'exclusion du petit verre d'alcool, *très rare*) est, s'il n'en est pas fait abus, un remontant. De là à l'ivrognerie, il y a un pas, que quelques-uns franchissent sans doute, mais le cas est moins courant qu'on ne le pense généralement dans le pays.

L'esprit du mécanicien est variable. Ne parlons pas du chauffeur, il est quelque peu en tutelle et suit son maître, son ancien, du moins.

Le mécanicien a besoin de grogner, de discuter, mais il exécute. Comme tout homme un peu simple, il est très sensible au qu'en dira-t-on, et ne se soucie pas d'entendre ses camarades lui dire qu'il fait du zèle. S'il est mené par une tête mauvaise, mais active, il deviendra un syndicaliste acharné, un gréviste au besoin. Mais là comme ailleurs, l'influence des chefs est énorme, la direction est une affaire de tact. On peut obtenir beaucoup d'un caractère indiscipliné.

B) *Agents des trains*

Ce personnel a beaucoup plus de loisirs et des loisirs beaucoup mieux placés, très nombreux à la résidence, que les mécaniciens et chauffeurs. Les agents des trains utilisent leurs loisirs en menant une vie de famille beaucoup plus large, surtout dans les endroits où ils sont convenablement logés. Presque tous ont un jardin qu'ils cultivent avec soin. Des cas de second métier très intéressants sont relevés pour ce personnel. Dans les régions dévastées, de très nombreux employés de chemin de fer, attirés par le haut salaire, sont couramment charretiers ou manœuvres pendant leurs heures de liberté.

C) *Personnel sédentaire*

Comment les agents sédentaires utilisent-ils leurs loisirs? M. S... écrit :

Comme les ouvriers d'usine en général.

Beaucoup ont un jardin ; il en est peu qui ne l'entretiennent pas. Si l'on examine le cas du personnel des *ouvriers* des dépôts, on doit reconnaître que la vie de famille est peu développée. Le milieu est en général assez bas. Les ajusteurs sont en majorité des ouvriers de peu de valeur. Quant aux manœuvres, ce sont des gens pour la plupart sans métier, n'ayant que leurs forces. Le cabaret a donc sa part dans l'utilisation des moments de liberté, la flânerie également.

Les cas de second métier sont plutôt rares chez des gens qui ne recherchent pas le confort. Ils existent pourtant chez ceux qui disposent de loisirs suffisants : je vous citerai tel manœuvre qui, sa journée terminée, est charretier chez un marchand de bois ; tel autre utilise son habileté manuelle à faire des travaux de serrurerie. On peut estimer à 3 % au maximum la proportion de ceux qui, ainsi, ont deux emplois.

Les agents des grandes gares, surtout s'ils travaillent en équipes 3/8, ont, la plupart du temps, un second métier. Ceux qui ne travaillent pas ailleurs cultivent leur jardin. La vie de famille a largement sa part.

Quant aux agents des petites gares et des haltes, ils ne peuvent guère consacrer leurs loisirs semainiers qu'à leur jardin et à leur intérieur.

D'une façon générale, celui qui étudie l'utilisation des loisirs disponibles du personnel des chemins de fer doit fixer particulièrement son attention sur les *coupures*, au cours de la journée de service. Les possibilités d'emploi de toutes les coupures qui n'ont pas une durée supérieure au minimum imposé d'une heure sont très limitées. Il paraît prudent de s'attacher surtout à *l'amplitude de la journée de service* et de considérer que seuls les loisirs disponibles au delà sont vraiment susceptibles d'être utilisés.

XI. — Les loisirs dans les Transports en commun de la Région parisienne

Deux receveurs, adultes et mariés, donnent complaisamment les indications suivantes :

Depuis l'application du nouveau régime du travail, nous sentons notre existence moins resserrée; nous avons toujours notre compte de sommeil; ce que nous apprécions par-dessus tout, c'est d'avoir chaque jour la possibilité d'agir un peu à notre guise.

Que faisons-nous? Rien de bien compliqué. Et cela dépend de la place de nos loisirs? Vous vous en rendrez très bien compte en vous reportant aux exemples choisis :

1º Journée non coupée : 3 h. 45 :
    16 h. 30 à 19 heures. — 20 heures à 21 h. 15.

2º Journée coupée : 3 heures :
    13 heures à 15 h. 20. — 21 h. 35 à 22 h. 15.

3º Une séance (ici du matin) : 5 h. 40
    7 h. 30 à 11 h. 45. — 21 h. 35 à 23 heures.

4º Service de nuit : 3 heures :
    10 heures à 11 h. 45. — 19 heures à 20 h. 15.

Nous classons nos journées en bonnes et mauvaises; elles sont bonnes dans les premier et troisième cas, mauvaises dans les deuxième et quatrième cas.

Voici pourquoi : Dans les premier et troisième cas, travail et loisirs sont nettement séparés; quand nous sommes libres, nous le sommes bien et pouvons vraiment songer à faire quelque chose d'intéressant. Dans les deuxième et quatrième cas, des loisirs sont donnés entre 2 périodes de travail (13 h. à 15 h. 20. 19 h. à 20 h. 15). Nous pouvons faire ce que nous voulons, naturellement, mais pratiquement, la crainte d'arriver en retard à la reprise du travail empêche de se déplacer. Nous occupons ces loisirs-là en famille, à faire des petites réparations, à bricoler. De 13 heures à 15 h. 20, pour mon compte personnel, je n'ai pas le temps d'aller à mon jardin et d'en revenir en restant sûr d'être à l'heure. Lorsque je fais ce type de journées, cela me gêne beaucoup, même l'hiver, car j'ai à côté de mon jardin une basse-cour et une chèvre; je voudrais bien donner tous les jours à manger à mes animaux au lieu de m'en remettre souvent aux voisins et d'y envoyer ma femme.

On me conseille parfois de me coucher; je ne le fais guère, car j'ai ensuite beaucoup de mal à me remettre au travail; c'est un repos nuisible. Je répare ma sacoche, nos chaussures, promène mon jeune fils et souvent le ramène à l'endroit où je retrouve ma voiture : ma femme vient l'y chercher.

Dans le quatrième cas, je puis trouver le matin le temps d'aller à mon jardin, mais je prends alors sur mes 8 heures de sommeil habituelles, et je vous avoue que j'aime bien mon lit.

Dans les premier et troisième cas, les loisirs sont bien placés et leur importance permet un déplacement sérieux soit pour le jardin soit pour des courses.

Nous serions très désireux de voir supprimer les journées coupées et augmenter les journées en une séance qui sont actuellement assez rares. Les types de journées ne se suivent pas, en effet, régulièrement; il y en a qui reviennent plus fréquemment que les autres.

Ainsi, sur 10 semaines, nous ferons par exemple : une semaine de journées non coupées, une semaine de journées coupées, une semaine de service de nuit, une semaine j. n. coupées, 1 semaine j. coupées, 1 sem. s. nuit, 1 semaine j. en 1 séance, 1 semaine j. non coupées, 1 semaine j. coupées, 1 sem. s. nuit.

Soit 4 bonnes semaines sur 10.

Les gens mariés, en général assez bien logés, vivent beaucoup chez eux et plus qu'avant la guerre. On aime beaucoup plus son intérieur. Il y a évidemment toujours quelques familles mal installées où le peu de confort et les hurlements des jeunes enfants font fuir le père.....

Beaucoup d'entre nous ont un jardin en banlieue; quelquefois ils y ajoutent une petite bicoque, très fréquentée l'été.

Ceux qui ont un jardin arrivent à cultiver les légumes nécessaires à leur consommation. La généralisation de cette façon de faire ne serait-elle pas excellente? Elle amènerait une baisse du prix des légumes car les commerçants, voyant que nous pouvons nous passer d'eux s'ils abusent, hésiteraient à demander 1 fr. 50 d'un pied de salade.

Vous me demandez si nous faisons du sport? Quelques jeunes gens en font. Le sport des gens mariés se limite à la promenade et à la culture du jardin. Les obligations de famille ne leur laissent pas le temps de faire vraiment de la culture physique; l'âge leur en enlève le goût, surtout que la plupart n'en ont pas pris l'habitude dans leur jeunesse.

Pour les jeunes gens, l'entraînement est rendu difficile par le changement hebdomadaire de la place de leurs loisirs. La même raison les empêche de participer régulièrement à des réunions sportives.

Vous voulez savoir si beaucoup d'entre nous ont un second métier? Il ne peut pas s'agir en effet, pour nous, de continuer à travailler du même métier ! Un second métier réellement absorbant, et régulier, est impossible dans notre corporation, toujours pour la raison du changement hebdomadaire des heures de liberté.

Certains font des travaux de cordonnerie.

D'autres ont un petit commerce, fruiterie, épicerie, que dirige la femme et dont ils s'occupent quand ils sont là.

Quelques-uns sont contrôleurs dans des théâtres ou des cinémas, veilleurs de nuit dans des hôpitaux, mais ils ne sont pas nombreux, car l'exercice de ce métier désorganise imprudemment leur vie. Voyez à quelle heure nous sommes libres le soir. La question ne se pose pas pour le quatrième cas. Dans les deuxième et troisième cas, nous sommes libres à 21 h. 35. Il est trop tard pour aller prendre du service dans un théâtre où les représentations commencent à 20 h. 30. Dans le premier cas seulement, nous sommes libres vers 20 heures.

Dans les trois cas envisagés, il faut prendre de 1 heure à 2 heures sur son sommeil pour faire complètement ce second métier, les représentations se terminant en moyenne à 23 heures...

Nos distractions habituelles sont les suivantes : Cinéma pour presque tout le monde, environ une fois par semaine.

Les jeunes gens y vont en semaine, ainsi qu'au bal, et prennent sur leur sommeil. Les gens mariés préfèrent y aller à leur jour de repos et surtout quand il tombe un jeudi ou un dimanche, lorsqu'il y a une matinée.

Tous, nous aimerions beaucoup le théâtre, mais le prix des places nous en éloigne le plus souvent.

Les jours de repos, grasse matinée. Quand il fait beau, promenade et fin de journée dans quelque café préféré où se trouvent annexés des jeux, jeux de boules, par exemple, particulièrement appréciés.

Cela vous fait penser au cabaret, à l'alcoolisme. Je puis vous affirmer qu'il y a certainement une diminution de l'alcoolisme.

Le cabaret est toujours un lieu de réunion apprécié, mais l'on ne peut pas dire que les loisirs plus grands aient augmenté le nombre des piliers de cabaret.

On ne voit plus maintenant de ces gens qui à chaque départ et à chaque terminus absorbaient régulièrement un demi-litre de vin ou un verre d'alcool. Tout le monde sait bien avec quelle rapidité ils ont gagné la tombe.

En fin de période de travail, nous sommes moins fatigués.

Et puis, il y a la vie chère, qui fait supprimer quelques dépenses peu utiles, et à plus forte raison celles qui sont nuisibles.

De plus, les gens mariés ont pris l'habitude de s'occuper chez eux. Les jeunes gens ont pris l'habitude de nouvelles distractions qui les éloignent du cabaret : cinémas, dancings.

Nous tenons beaucoup à nos journaux et les lisons régulièrement.

Nous regrettons de n'avoir point de foyers, de bibliothèques, de lieux de réunions que nous fréquenterions avec le plus grand plaisir et où des conférences pourraient être données.

Tous les ans nous avons un congé de vingt-et-un jours. C'est une excellente détente. Il est seulement regrettable que la Compagnie ait une tendance à en faire partir le plus grand nombre possible au printemps, malgré le système de roulement établi. Cette façon de procéder ne se comprend pas bien, car c'est justement en été qu'il y a le moins de voitures en service. Et, entre le printemps, l'été et l'automne, c'est l'été que nous préférons.

Au point de vue de la durée du travail, nous ne tenons pas du tout, farouchement, à ne faire que *juste 8 heures par jour*; nous comprenons la nécessité de *répartir le travail* d'une façon moins uniforme et savons très bien que puisque la moyenne est moins forte l'hiver, on peut demander davantage l'été; c'est une question de récupération.

De plus, quand il est nécessaire, nous ne refusons jamais de faire un tour supplémentaire pourvu qu'on nous prévienne à temps pour que nous puissions avertir notre famille.

En somme, tout en reconnaissant très bien les nécessités du métier et en acceptant la discipline nécessaire, nous désirons voir apporter dans notre vie les améliorations *possibles*, et voulons en assurer la *conservation*.

Quant à la politique, elle ne nous intéresse pas.

L'année dernière il y a eu discussion entre C. G. T. et C. G. T. U. pour savoir si nous chômerions le 1er mai. Chaque organisation voulait avoir le dessus. Finalement, l'ordre a été donné de stopper dix minutes. Nous avons regretté d'ennuyer ainsi les voyageurs et de les retarder après les avoir chargés.

Nous désirons faire une manifestation le 1er mai, mais ne poursuivons aucun but de désordre, et voulons simplement montrer que nous sommes organisés et qu'il faut compter avec nous; moyennant quoi, on pourra toujours compter sur nous.

Vous ne sauriez croire combien nous sommes heureux de vous voir écrire un peu de vérité sur notre vie.

Beaucoup de gens se figurent que nous ne faisons jamais plus de 8 heures de travail par jour, et qu'en dehors de cela et de nos 8 heures de sommeil, nous avons 8 heures pour nous amuser !

Nous souhaitons que votre livre soit lu.

CHAPITRE II

Le ministère du Travail s'est livré à une minutieuse enquête sur la question, a groupé les rapports de ses inspecteurs et les a publiés dans les bulletins suivants :

Août-septembre-octobre 1920, page 402.
Novembre-décembre 1920, page 509.
Avril-mai-juin 1921, page 170.
Juillet-août-septembre 1921, page 309.
Avril-mai-juin 1922, page 195.
Juillet-août-septembre 1922, page 311.
Octobre-novembre-décembre 1922, page 408.
Janvier-février-mars 1923, page 54.
Avril-mai-juin 1923, page 176.
Octobre-novembre-décembre 1923, page 419.

Les articles se présentent sous la forme de monographies d'établissements industriels.

Voici la liste des établissements industriels cités :

Etablissements Lemoine, essieux et ressorts, Ivry-sur-Seine, 1.280 ouvriers.

Etablissements Rolland Pillain, Tours, 350 ouvriers.

Société des Torpilles White Head, Saint-Tropez.

Bricq et C^{le}, feutres, à Montvron (Charente).

Galeries Lafayette, le Printemps, le Louvre, les Trois-Quartiers, Dufayel, Paris.

Société Latham et C^{le}, Caudebec-en-Caux, 300 ouvriers.

Viellard-Migeon, Maître de forges, Morvillars (Belfort), 1.300 ouvriers.

Châtillon-Commentry et Neuvemaisons, métallurgie (Montluçon), 2.500 ouvriers.

Compagnie Saint-Gobain, glaces, Montluçon, 1.100 ouvriers.

Soudry frères, fers, Montluçon, 200 ouvriers.

Peugeot, automobiles, Valentigney, Beaulieu, Audincourt.

Japy frères et Cte, horlogerie, Beaucourt (Belfort), Badevel (Doubs), 2.000 ouvriers.

Thoumyre fils, Briquettes, 309 ouvriers. Baudelot, menuiserie mécanique, 170 ouvriers.

Société la Vicose, soie artificielle, 857 ouvriers à Arques-la-Bataille (Seine-Inférieure).

Ateliers et chantiers de la Seine maritime, au Trait (Seine-Inférieure).

Etablissements Badin, filature de lin, 1.913 ouvriers (Seine-Inférieure.

Schneider et Cte, métallurgie, à Londe-les-Maures (Var), 750 ouvriers.

Etablissements Maillard à Pavilley (Seine-Inférieure) 624 ouriers.

Etablissements Brun frères, fonderie, Saint-Chamond et Montbrison, 480 ouvriers.

Société des aéroplanes Voisin, Issy, 1.225 ouvriers.

Lafosse, de Menibus et Cte, filature de coton, Deville-les-Rouen.

Maison Fouché, constructions mécaniques, Angoulême, 69 ouvriers.

Michaut et Cte, fonderie, Angoulême, 208 ouvriers.

Société Michelin, Société Bergougnan, Caoutchouc, Clermont-Ferrrand.

Etablissements réunis, draperie, Vienne.

Carenou et Tur, réglisserie à Moussac (Gard).

Aciéries de la Marine, Saint-Chamond, Loire.

Tréfileries et laminoirs du Havre, 3.500 ouvriers.

Forges de Froncles et Vrancourt, Haute-Marne, 500 ouvriers.

Etablissements Renault, Boulogne-sur-Seine.

Aciéries d'Outreau, 1.200 ouvriers.

Aciéries de France, Pas-de-Calais, 375 ouvriers.

Usines métallurgiques de Rinxent-Marquise, 1.250 ouvriers.

Léon Vidal, chaussures à Toulouse.

Anciens Etablissements de Dietrich et Cte, wagons, Lunéville, 2.220 ouvriers.

Aciéries de Longwy, Meurthe-et-Moselle, 2.540 ouvriers.

Filature de coton de Blainville-sur-l'eau, 480 ouvriers.

Filatures de l'Est, coton, Lunéville, 450 ouvriers.

Etablissements Solvay et Cte, produits chimiques, Meurthe- et-Moselle, 2.200 ouvriers.

Etablissements Pommery, Champagne, Reims.

Hauts fourneaux et fonderies de Pont-à-Mousson, 1.375 ouvriers.

Verreries de Fains, Meuse.

Vve Marquot et fils, Gobeletterie, 179 ouvriers.

Forges et Aciéries du Nord et de l'Est.

Société civile et mobilière de Longueil, Onville et Saint-Denis.

Blanchisserie et teinturerie de Thaon-les-Vosges.

Constructions électriques de France, Golbey (Vosges).

Usines d'Aubrives (Ardennes).

Etablissements Joya, métallurgie, Grenoble, 400 ouvriers.

Etablissements Jacob-Holtzer, aciéries, Loire.

Etablissements de Wendel et Cie, forges de Jœuf (Meurthe-et-Moselle).

Chemins de fer d'Orléans. Chemins de fer du Nord.

Etablissements Mazfrand, Meurthe-et-Moselle.

Imprimerie Draeger, Montrouge.

Usines Lefort, Ardennes.

Etablissements Carmichael, Ailly-sur-Somme, 1.750 ouvriers.

Raffineries Paix et Cie, Nord.

Etablissements les fils d'E. Lang, filature de coton, 660 ouvriers.

Sociétés des Papeteries de Clairefontaine, Vosges, 900 ouvriers.

Etablissements Marcheville et Deguin, Meurthe-et-Moselle, 400 ouvriers.

Société française de cotons à coudre. Meurthe-et-Moselle, 200 ouvriers.

Société anonyme La Catalane, fabrique de conserves, Pyrénées-Orientales, 75 ouvriers.

Société des Biscuits Pernot, à Dijon, 900 ouvriers.

Papeteries Navarre, à Chenevières, Meurthe-et-Moselle, 142 ouvriers.

Pour tous ces établissements industriels, si divers et diversement situés, l'emploi des loisirs des ouvriers est copieusement détaillé avec les différentes manières dont les patrons l'ont dirigé.

Quatre études générales accompagnent ces monographies d'entreprises :

1º « Le logement ouvrier depuis la guerre ». Bulletins de juillet-août-septembre 1921 (p. 293) et avril-mai-juin 1922 (page 182).

2º « L'alcoolisme est-il en décroissance dans la population ouvrière ? ». Bulletin de janvier-février-mars 1923 (p. 39), avril-mai-juin 1923 (p. 117), juillet-août-septembre 1923 (p. 237), octobre-novembre-décembre 1923 (v. 357).

3º « Les jardins ouvriers depuis la guerre ». Bulletin octobre-novembre-décembre 1922 (p. 408).

4º « La loi de 8 heures et l'exode en banlieue des ouvriers et employés parisiens ». *Bulletin*, avril-mai-juin 1923 (p. 143).

Le 24 novembre 1922, M. Peyronnet, ministre du Travail, résumait ainsi à la Chambre les premiers résultats de cette enquête, qui continue :

Je veux signaler dès à présent les bienfaits positifs que le monde du travail retire de la loi.

La limitation de la fatigue de l'ouvrier, l'augmentation de ses heures de liberté lui permettent de participer plus largement à la vie éducative, familiale et sociale. Cette question de l'utilisation des loisirs des ouvriers a été, depuis la mise en application de la loi, l'objet de la part du ministère d'une étude attentive.

Bien que trois ans et demi seulement soient écoulés depuis son vote, des constatations très réconfortantes ont pu être faites à cet égard. On avait craint que les heures enlevées à l'usine eussent été données au cabaret, crainte vaine, aucune recrudescence de l'alcoolisme dans les centres ouvriers, bien au contraire.

La réduction des heures de travail a favorisé l'exode des ouvriers des villes vers la banlieue ou, en trouvant un logement plus spacieux et plus aéré, ils peuvent s'adonner à la culture maraîchère ou à la culture horticole.

Le nombre des jardins ouvriers a augmenté dans des proportions considérables.

Les sports ont bénéficié également, dans une large mesure, des loisirs ouvriers.

Les cours professionnels, les bibliothèques populaires, sont plus fréquentées qu'auparavant...

On peut apprécier hautement que la loi de 8 heures au point de vue social n'a pas fait faillite.

De nombreux articles de journaux et de revues (particulièrement *le Correspondant*) ont été consacrés depuis deux ans à cette intéressante question.

Le Bureau international du Travail s'en occupe à son tour, présentement.

Citons aussi les livres très curieux de M. Jacques Valdour, recueils de mille vérités sur la vie ouvrière, et notamment, les deux derniers : *Ouvriers parisiens d'après-guerre* (1921) et *Ateliers et taudis de la banlieue de Paris* (1923).

CHAPITRE III

De toute cette documentation, il est possible de tirer quelques conclusions.

Doté d'un peu de liberté, l'homme peut, ou n'en rien faire, ou la bien employer, ou l'employer mal, ou l'employer bien, et mal, successivement.

Il serait aussi faux de dire que tous les ouvriers emploient *tous* leurs loisirs que d'assurer qu'ils n'en font *rien*.

Il serait aussi faux de dire que tous les ouvriers emploient *bien tous* leurs loisirs que d'affirmer exactement *le contraire*.

Qui veut se reposer sur des formules risque de rester à côté de la réalité.

Il y a des ouvriers d'élite, des ouvriers moyens, de mauvais ouvriers. Les premiers sont peu nombreux comme les derniers.

Les premiers, après avoir travaillé scrupuleusement à l'usine, emploient bien leurs loisirs.

Par contre, les derniers, après avoir saboté leur travail, sabotent leurs loisirs.

Quant à la masse, sans caractère bien déterminé, elle se complait dans un mélange de bien et de mal ; son travail à l'usine est fonction de la surveillance exercée et ses actes aux heures de loisirs fonction des encouragements donnés. En sorte qu'il faut prévoir des moments de faiblesse.

I

FLANERIE. SOMMEIL

La flânerie et le sommeil ont leur part.

Les tableaux, établis pour la journée en deux séances,

montrent combien en hiver surtout, et surtout s'il est célibataire, un ouvrier aura vite fait d'atteindre l'heure de son
dîner en flanant.

Après le dîner, les loisirs conduisent assez tard, mais beaucoup d'ouvriers seront tentés de se coucher plus tôt. Les renseignements tendent à faire supposer qu'en hiver, sauf les
jours où il va au théâtre ou au cinéma, l'adulte se couche
vers 21 heures.

Dans les mines de Moselle quelques célibataires, sortis de la
mine vers 14 heures, libres chez eux vers 15 h. 30, se mettent
à table à 16 heures et se couchent à 17 h. 30 pour dormir jusqu'au lendemain vers 4 heures et reprendre leur travail à
6 heures !

L'ouvrier dort beaucoup, c'est un fait.

L'enquête prouve qu'après le vote de la loi, la flânerie et le
sommeil ont eu une part importante. Ceux qui fréquentaient
les milieux ouvriers ont entendu les doléances des femmes se
plaignant de la présence excessive de leurs maris, ne sachant
que faire et les gênant dans leur travail.

D'autres ont signalé l'encombrement des rues à certaines
heures.

Cette période de transition était fatale.

Maintenant, la part de la flânerie a peu à peu diminué pour
la masse, et si aucun progrès ne peut être noté pour les paresseux notoires, les pertes de temps sont réduites au minimum
chez les ouvriers d'élite.

II

LE CABARET

Il pouvait être beaucoup plus fréquenté puisque les loisirs
des ouvriers augmentaient. Toujours visité, évidemment, il
ne l'est pas plus, et même, l'est moins.

Les ouvriers ne boivent pas plus; mieux, ils boivent moins.
Le vin a supplanté l'alcool.

Les cas d'ivresse ont partout diminué chez les adultes. Les

jeunes gens ne boivent pas. Les ivrognes invétérés sont devenus des êtres d'exception.

Le chômage du lundi, *courant dans l'industrie avant la guerre*, et dû pour une bonne part aux beuveries du dimanche, a presque disparu.

Sur tout cela, les avis sont unanimes, avec seulement quelques variantes suivant les professions et les régions.

Après une période de tâtonnements, inévitable mais courte, déjà signalée pour la flânerie, et durant laquelle les cabarets se sont remplis, une évolution s'est faite, et l'application du nouveau régime du travail, loin de contribuer à jeter l'ouvrier au cabaret, l'en a éloigné peu à peu.

Les raisons de ce changement seraient : 1º certaines mesures législatives datant de la guerre et notamment la suppression de l'absinthe (16 mars 1915); 2º l'augmentation du prix de l'alcool; 3º la discipline nouvelle établie dans l'industrie avec la diminution des heures de travail et les sanctions impitoyables prises contre les ivrognes. Tout cela n'est pas à dédaigner.

Mais la cause profonde, de l'avis de tous, est le changement apporté dans la vie de l'ouvrier.

La fréquentation du cabaret, l'alcoolisme, disait M. Justin Godart à la Chambre, le 10 avril 1919, sont un mal social beaucoup plus qu'un vice individuel.

C'est une certaine façon de vivre qui pousse à boire la plupart des gens. C'est la principale raison pour laquelle on boit plus dans la classe ouvrière que dans les autres.

Exception doit être faite, naturellement, pour quelques individus qui boivent par vice et qui appartiennent à toutes les classes.

Sous un régime de travail excessif, le travailleur manuel prend souvent l'habitude de boire parce qu'il trouve dans l'alcool une excitation avant de commencer, et surtout un coup de fouet, après l'effort exténuant.

Sans loisirs utilisables, c'est à l'alcool qu'il demande d'être après un soutien, une distraction, l'ébriété le faisant sortir de lui-même. Et puis, s'il est mal logé, s'il n'a pas de lieu de réunion confortable, où peut-il se réfugier, sinon au cabaret?

« Le cabaret est le salon du pauvre », et « l'alcool la littérature du simple » sont de vieilles rengaines; rien n'est plus vrai.

Un capitaine de l'Armée du Salut disait en mars 1923 :

Vous haïssez le cabaret, mais qu'offrez-vous à la place ? Dites-vous bien que l'ouvrier y entre, comme je pénètre dans un monument religieux. C'est son refuge. C'est le seul endroit où il soit bien accueilli, reconnu, salué d'un sourire. Il y trouve de la chaleur, de la lumière, du mouvement, du bruit, de la gaîté...

Que les conditions d'existence se transforment, que la fatigue se réduise, que les loisirs augmentent et deviennent utilisables, que des distractions saines soient possibles, que le logement s'améliore, et l'ouvrier prendra des habitudes qui, tout naturellement, l'éloigneront du cabaret; il aura affaire ailleurs.

Qu'au moment du brusque changement de régime, le désœuvrement l'ait poussé à fréquenter davantage le cabaret, c'est explicable. Si l'excès de fatigue pousse à boire, le désœuvrement y mène aussi, par l'absence de tout intérêt et de toute distraction. L'ouvrier accablé et le chômeur s'orientent vers le cabaret, comme la plante, dans une pièce obscure, se dirige vers la lumière.

La campagne anti-alcoolique porte réellement des fruits, et les ouvriers sont plus avertis des dangers de l'alcoolisme.

Dans son numéro d'octobre-novembre 1923, le ministère du Travail publie (p. 363) des statistiques intéressantes sur la consommation des boissons alcooliques et le nombre des débits.

Le tableau ci-dessous, donne depuis 1911 les quantités d'alcool pur imposées, contenues dans les spiritueux et vins de liqueurs.

Les chiffres relatifs aux années de guerre 1914-1918 ne peuvent être comparés ni aux chiffres qui les précèdent ni à ceux qui les suivent, en raison des circonstances spéciales à cette période.

Il faut tenir compte aussi que depuis la loi du 25 juin 1920
(art. 87, § 4) les vermouths et vins de liqueurs qui bénéficiaient
auparavant d'un régime fiscal de faveur sont imposés comme
les spiritueux et paraissent, pour leur total d'alcool, dans les
statistiques fiscales : les chiffres antérieurs à 1920 sont donc
inférieurs à la réalité.

| | | ALCOOL CONTENU | |
ANNÉES	Total (en hectolitres)	Dans les spiritueux proprement dits (en hectolitres)	Dans les vermouth et vins de liqueurs (en hectolitres)
1911	1.669.597	1.574.018	95.579
1912	1.619.497	1.515.859	103.638
1913	1.665.104	1.558.234	106.870
1914	1.406.662	1.316.503	90.159
1915	1.186.496	1.101.123	85.373
1916	954.299	863.779	90.520
1917	722.546	701.134	91.412
1918	599.138	509.232	89.906
1919	794.632	680.832	113.800
1920	889.850	»	»
1921	788.839	»	»
1922	953.671	»	»

Pour les trois années d'avant-guerre 1911-1913, la moyenne
annuelle de la consommation est de 1.651.399 hectolitres
d'alcool pur, soit pour une population évaluée d'après le
recensement de 1911 à 39.601.509 habitants, 4 l. 17 par habitant.

Pour les quatre années d'après-guerre, la moyenne annuelle
n'est plus que de 856.748 hectolitres, soit pour une population
évaluée par le recensement de 1921 à 37.500.017 habitants,
2 l. 29 par habitant.

La diminution est considérable; elle est de près de 45 %.

Pour la consommation du vin et de la bière, les tableaux
ci-dessous sont également publiés.

Pour les trois années d'avant-guerre 1911-1913, la moyenne
annuelle pour la consommation du vin est de 39.260 hectolitres, soit 99 litres par habitant. Pour la période 1919-1922,

la moyenne annuelle est de 42.468 hectolitres, soit par habitant 113 litres. Alors que la consommation de l'alcool est en décroissance de 45 %, celle du vin a augmenté de 14 %.

	Total des quantités imposées (en milliers d'hl.)		Total des quantités imposées (en milliers d'hl).
1911............	36.613	1917............	35.892
1912............	41.293	1918............	34.739
1913............	39.876	1919............	42.107
1914............	35.065	1920............	39.228
1915............	47.701	1921............	44.004
1916............	33.983	1922............	44.511

Pour la bière, la consommation par habitant s'établit comme suit pour chacune des années de 1911 à 1922, d'après les statistiques de l'administration des contributions directes :

	Bière (en litres)		Bière (en litres)
1911...............	14,38	1917...............	7,09
1912...............	12,67	1918...............	4,4
1913...............	12,85	1919...............	7,34
1914...............	9,04	1920...............	8,66
1915...............	5,80	1921...............	10,69
1916...............	7,90	1922...............	11,15

La consommation de la bière est en croissance constante depuis 1919 et tend à atteindre le chiffre d'avant-guerre.

Il faut noter que ces statistiques sont établies pour le territoire de la *France de 1914*.

Les régions libérées étant mises à part, on constate que le nombre des débits de boissons, en 1913, dans les autres départements, était de 358.276 débits pour une population de 33.078.354 habitants (recensement de 1911), soit un débit par 92 habitants. En 1922, pour une population de 31.720.305 habitants (recensement de 1921) ce nombre n'est plus que de 328.727 soit un débit par 96 habitants. La diminution est de plus de 4 %.

Voici un tableau qui donne le mouvement des débits de

boissons de 1913 à 1922 dans les départements où se trouve
au moins une ville de plus de 100.000 habitants. Dans tous
ces départements, sauf la Gironde, le nombre des débits en
1922 est sensiblement inférieur à ce qu'il était en 1913 :

	1913	1919	1920	1921	1922
Bouches-du-Rhône....	7.322	6.427	6.584	6.614	7.230
Gironde.............	7.355	7.192	7.180	7.281	7.582
Haute-Garonne.......	4.337	3.974	3.812	4.149	4.056
Loire	8.584	7.726	7.720	7.709	8.227
Loire-Inférieure	7.322	6.582	6.411	6.504	6.517
Meurthe-et-Moselle....	7.453	6.062	6.535	6.735	7.228
Nord	51.870	34.769	37.934	41.339	42.244
Rhône..............	10.431	9.313	9.567	9.609	9.536
Seine (compris Paris)..	45.109	40.657	42.336	43.216	43.842
Seine-Inférieure	11.113	10.228	10.407	10.497	10.585

Rappelons qu'une des causes qui ont exercé une influence
sur le nombre des débits de boissons est la loi du 9 novembre
1915. Cette loi interdit l'ouverture de nouveaux débits vendant des spiritueux ou boissons alcoooliques, ainsi que, sauf
dans des cas déterminés, la réouverture des débits qui ont
cessé d'exister depuis plus d'un an.

III. — La continuation du travail

Elle n'a pas l'importance que certains lui prêtent, mais elle
existe.

Elle a été relevée un peu partout au cours de l'enquête,
bien qu'il ne soit pas facile d'avoir, sur ce point, des renseignements très précis ni des patrons ni des ouvriers.

Ces derniers craignent une révision de la loi.

S'ils connaissaient bien les intentions du législateur,ils ne
la redouteraient pas. Mais s'ils les comprenaient aussi bien,
peut-être chercheraient-ils à employer leur temps autrement.

Que des forces leur restent après leur journée normale,
c'est tout naturel et c'est très heureux. C'est justement le
résultat cherché dans la limitation du travail exigible pour
l'obtention du salaire de vie.

Mais le législateur n'approuvera pas la continuation du travail mercenaire et surtout, la rentrée dans une usine. Si un semblable emploi des loisirs devait se généraliser, une loi limitant le travail équivaudrait à une simple augmentation de salaire, et à un enrichissement pécuniaire, sans aucun enrichissement physique, intellectuel et moral ni familial. L'ouvrier pourrait même continuer à aboutir au surmenage, personne ne pouvant l'empêcher de faire 9 heures ailleurs, par exemple, écourtant les repas nécessaires et le sommeil réparateur.

La continuation du travail se fait sous trois formes :

1º Exercice du même métier dans une autre usine;

2º Exercice du même métier à domicile;

3º Exercice d'un second métier à l'extérieur ou à domicile.

Le cas suivant a été fréquemment cité :

Supposons deux usines, X... et Y... où le travail est réglé de la façon suivante :

X...	6 H. à 14 h.	14 h. à 22 h.	22 h. à 6 h.
	A	B	C
Y...	6 h. à 14 h.	14 h. à 22 h.	22 h. à 6 h
	A/1	B/1	C/1

Il est possible de supprimer les équipes B et B/1 en organisant le travail ainsi :

X...	6 h. à 14 h.	14 h. à 18 h.	18 h. à 22 h.	22 h. à 6 h.
	A	C/1	A/1	C
Y...	6 h. à 14 h.	14 h. à 18 h.	18 h. à 22 h.	22 h. à 6 h.
	A/1	C	A	C/1

Tous ces ouvriers travaillent 12 heures. L'inspecteur du travail vérifiant séparément les usines, ne remarque, si des mécontents ne dénoncent pas le procédé, que des ouvriers faisant 8 heures et 4 heures.

Le fait s'est produit, mais n'a pu se généraliser, pour la bonne raison que la majorité des ouvriers travaillent en deux séances et ne disposent, lorsqu'ils font 8 heures, que de 1 heure avant leur dîner et de 2 h. 30 après. Tout ce qui peut être imaginé, c'est, qu'en reculant leur dîner, ils puissent travailler 2 heures. Cela se voit.

Mais la journée de 8 heures est assez rare du fait de la géné ralisation de la semaine anglaise, et par suite de la pratique des heures supplémentaires. En ce cas, il faut prévoir des journées atteignant souvent le faîte de 10 heures.

Les ouvriers travaillant 9 heures ne vont guère travailler ailleurs. Ceux qui travaillent 10 heures n'y vont pas du tout.

A côté du travail dans une usine de même importance, un cas plus fréquent, de réalisation plus facile, est le travail de l'ouvrier, appartenant à une grande usine, chez un petit patron.

Un industriel du Nord, dirigeant les établissements C... dont l'horaire a été publié, disait, parlant de ses ouvriers travaillant en équipes 3/8 :

Si j'étais petit patron, je viendrais m'installer à proximité d'une grande usine comme celle-ci et je serais toujours sûr d'avoir du personnel. Le matin, j'aurais trois ou quatre heures des ouvriers d'équipes d'après-midi et autant de temps l'après-midi des ouvriers d'équipes du matin.

Remarquons que cet industriel ne disait pas du tout cela de son personnel travaillant en deux séances et faisant 9 heures le lundi, 10 heures les quatre jours suivants et 5 heures le samedi.

Le cas le plus curieux est rapporté par un industriel du midi, disant dans une lettre citée, que certains ouvriers, lorsqu'ils ne font pas d'heures supplémentaires, rentrent dans l'usine quittée à l'heure normale, c'est-à-dire après 8 heures puique la semaine anglaise n'est pas pratiquée, et travaillent dans les mêmes bâtiments pour le compte de petits entrepreneurs auxquels la grande usine a fait des commandes d'articles accessoires !

De nombreux ouvriers électriciens des chemins de fer travaillant en deux séances font des travaux après leur journée chez des particuliers. Leurs ingénieurs le savent bien qui souvent les emploient chez eux. D'autres vont dans les cinémas comme opérateurs, et comme électriciens dans des casinos et des théâtres. Le samedi, ils font des installations électriques. Ces constatations ont été faites à Paris.

Quant au travail du même métier à domicile, il ne peut s'appliquer évidemment qu'à certains travaux.

Exemples : les fourreurs, les relieurs, les menuisiers, les électriciens, les cordonniers. Un fabricant de galoches écrit que certains de ses ouvriers sortant à 18 heures et faisant 52 heures par semaine anglaise, travaillent également à domicile et prolongent leurs journées jusqu'à 12 heures chez eux en se faisant aider par leurs femmes.

Des fourreurs de la région parisienne ont des ouvriers qui s'offrent à faire des réparations à des prix inférieurs à ceux pratiqués dans leur maison.

Plusieurs patrons se sont plaints de voir leurs ouvriers leur faire ainsi concurrence à domicile et souvent leur enlever leur clientèle. Ceux dont les ouvriers travaillent dans des maisons similaires leur reprochent souvent de divulguer les procédés de fabrication et de donner les noms des clients qui, immédiatement, sont sollicités.

Quant au second métier, à l'extérieur surtout, et quelquefois à domicile, c'est le plus fréquent.

Des ouvriers d'usine installées à la campagne vont dans des exploitations agricoles. Beaucoup d'employés de chemins de fer font de même.

Les employés de chemins de fer, surtout les agents sédentaires, à part ceux qui ont des journées de très grande amplitude, ont, paraît-il, souvent un second métier. Dans les régions libérées, beaucoup sont attirés par les gros salaires payés aux charretiers, manœuvres, emplois qui ne nécessitent aucun apprentissage spécial.

A Paris un certain nombre sont contrôleurs dans les théâtres, cinémas, casinos. Quelques-uns exercent le métier de cordonnier. Les employés de bureau tiennent des comptabilités.

Exemple d'une femme employée au nettoyage du matériel des trains de luxe, qui travaille de 14 à 24 heures à la gare X... (8 h plus 2 h. supplémentaires) : le matin, de 8 heures à

12 heures elle fait deux ménages. Primitivement, elle travaillait de 8 heures à 12 heures et de 14 heures à 16 heures. Comme elle ne trouvait pas de ménages à faire à 16 heures, elle demanda à être employée au travail par équipes, et obtint satisfaction.

Le journal *La Croix* du 13 avril 1923, publiait l'entrefilet suivant :

M. Georges L.. vient de mettre sur pied un rapport tendant à la constitution de commissions spéciales qui seraient chargées de la nouvelle répartition de la journée de 8 heures dans les services municipaux et départementaux. Les intéressés pourraient choisir les heures auxquelles ils travailleraient pour le compte de la Ville de Paris, afin d'exercer plus facilement une seconde profession pendant leurs heures de repos.

Renseignements pris, M Georges L... présentait bien un rapport « sur les propositions soumises par l'administration en vue de constituer des commissions spéciales pour, le cas échéant, procéder à un nouvel aménagement de la journée de 8 heures dans les services départementaux et municipaux », mais ce rapport était tout simplement celui de M. de F... publié ci-dessus, tendant à porter la durée du travail aux environs de 9 heures par jour, conformément à la loi. Ce n'était pas du tout la même chose.

M. de F... était si peu partisan d'encourager un second métier qu'il écrivait dans son rapport :

Une partie du personnel municipal, et c'est l'élite, a un deuxième emploi.

Parlez à nos ouvriers, à nos agents, dans des conversations particulières. Beaucoup vous diront le surcroît de ressources qu'ils parviennent à se procurer, une fois leur journée terminée au service de la ville et du département. Certains sont porteurs de fardeaux aux environs des Halles. Les employés des plantations cultivent des jardins dans la banlieue parisienne. Dans tel quartier où les hôpitaux sont nombreux, la fille de service célibataire est fréquemment bonne à tout faire chez des particuliers, et c'est même le seul moyen pour beaucoup de petits ménages de trouver à se faire servir. Le cas d'un veilleur de nuit de l'assistance publique

qui est en même temps watmann à la T. C. R. P. m'a été signalé.
D'autres ouvriers servent en maison bourgeoise, le métier de concierge, qui est toléré, mis à part. Les spécialistes fréquentent le soir les ateliers des petits patrons.

J'ai réservé pour la fin de cette énumération le cas le plus typique dont je garantis l'exactitude : Un brave habitant de la région Nord parisienne est à la fois agent dans un de nos grands services, encaisseur dans un important établissement de crédit, comptable chez un mandataire aux Halles et employé entre temps à la Société hippique, durant les courses, à Paris et à Deauville, où il passe aussi agréablement que fructueusement ses jours de congé. Il circule successivement avec son képi ou sa casquette, sa tunique ou sa veste d'uniforme de la ville de Paris (je ne fixe pas davantage pour ne pas attirer sur cet excellent homme les foudres de l'administration), revêt le bicorne et la redingote caractéristiques de l'encaisseur, se met en costume civil pour se rendre aux environs des Halles, et coiffe au printemps un impeccable chapeau à haut de forme pour recevoir le public élégant qui entre au Grand Palais. Ce nouveau Fregoli fait la joie de son quartier.

Qui aurait le courage de blâmer cette ardeur au travail? Ce ne sera certes pas moi. J'aurais plutôt envie de féliciter nos braves ouvriers. Ils font ressortir de la sorte les admirables qualités de travail, d'endurance, de ténacité, qui sont le propre de la race française. L'activité humaine est là qui permet de gagner pour mieux vivre, pour épargner; les temps sont durs; puisqu'on a des loisirs, on continue la besogne.....

Mais si nous ne pouvons pas nous empêcher d'un mouvement d'admiration, n'oublions pas que nous sommes détenteurs des deniers publics et que, dès lors, nous devons veiller à ce que toute l'énergie, toute la force musculaire de nos ouvriers soient consacrées à la tâche pour laquelle nous les payons très convenablement, à ce que ceux-ci n'arrivent pas fatigués à un travail qu'ils finiraient par ne plus considérer comme le principal. Dans certaines régies, je ne l'ignore pas, l'ouvrier qui est reconnu avoir un deuxième emploi passe devant un conseil de discipline où ses pairs se montrent particulièrement sévères pour lui, mais pareille façon d'agir est l'exception. Puis, combien souvent peut s'appliquer la vieille expression populaire : pas vu, pas pris.

M. de F... souligne avec raison les inconvénients de cette façon de vivre. Il est évident que si l'ouvrier doit continuer à employer à un travail mercenaire la force épargnée, mieux vaudrait que ce soit dans le même métier.

Le veilleur qui est en même temps watmann à la T. C. R. P. emploie ses loisirs à dormir, puisqu'il veille la nuit. Son sommeil est insuffisant; il doit somnoler sur sa machine; et, si beaucoup l'imitent, le nombre élevé d'accidents journaliers sur les lignes en service est tout expliqué.

Les chemins de fer se sont plaints très souvent, de voir les employés arriver éreintés au travail et se reposer dans les gares de l'effort fourni ailleurs.

Un certain nombre de contrats collectifs ayant servi de base à la rédaction des règlements d'administration publique contiennent des articles ayant trait à l'interdiction de la continuation du travail :

Fourrures de Paris, *convention intersyndicale* (28 juin 1919). — ..... 6° Les patrons s'interdisent d'employer des ouvriers et des ouvrières travaillant dans d'autres maisons.....

Batiment, *convention Lille* (6 juin 1919). — ..... Les ouvriers s'engagent à n'exécuter commercialement aucun travail en dehors de leurs heures de travail effectif à l'atelier.

L'accord du 24 mai 1919 dans les *industries métallurgiques* appelle l'attention du Gouvernement « sur la nécessité d'envisager des mesures de contrôle, de façon à éviter que l'ouvrier ne profite de ses heures de loisirs pour travailler dans un autre établissement ».

Ces interdictions n'ont pas eu un grand résultat.

M. Cavaillé écrit à ce sujet dans son livre sur les « 8 heures » :

La responsabilité des employeurs ne saurait être mise en cause. Quant à celle des ouvriers, elle est dans l'état actuel de notre législation hors de toute atteinte. La question relève moins d'un contrôle que de la discipline à laquelle les travailleurs devront s'astreindre.

Ce genre d'abus a été dénoncé souvent par les corporations des villes maritimes à partir du jour où la durée de la journée fut réduite à 8 heures dans les arsenaux. Dans les professions les plus diverses, de fréquentes récriminations signalaient que les ouvriers des arsenaux leur journée finie, travaillaient dans des ateliers privés, à des taux de rémunération inférieurs au taux normal.

Le ministre de la Marine, saisi de ces réclamations, répondit que les ouvriers des arsenaux étaient libres d'employer leurs loisirs comme ils l'entendaient, et qu'on ne pouvait les empêcher de se livrer à des travaux supplémentaires hors de l'arsenal.

Ici ressort un nouvel inconvénient de cette continuation du travail : c'est le tort qui peut être fait à d'autres ouvriers par l'avilissement du salaire.

Une sanction est possible : le patron s'apercevant qu'un de ses ouvriers travaille ailleurs malgré son interdiction et se fatigue, lui donne à choisir entre le renvoi ou l'adoption définitive d'une vie normale.

Pourquoi l'ouvrier continue-t-il volontairement son travail ?
Est-ce par amour du travail ? Certainement non.
Trois raisons : la nécessité, la cupidité, le désœuvrement.
Normalement, en 1919, après le vote de la loi, un ouvrier resté dans les mêmes conditions qu'avant le vote et se déclarant, avant le vote, satisfait, ne devait pas sentir la *nécessité* de gagner plus puisque la loi décidait « qu'en aucun cas les salaires ne seraient diminués ». Ainsi donc, l'ouvrier avait les mêmes moyens de satisfaire les mêmes besoins.

Si cet ouvrier s'est mis à travailler ailleurs, ce peut être par désœuvrement, pour s'occuper, alors qu'il n'avait pas encore trouvé un judicieux emploi de ses loisirs; tandis que d'autres flânaient et allaient au cabaret, il continuait à travailler.

Il a pu aussi voir là une bonne occasion d'augmenter son gain, soit pour se donner des satisfactions immédiates et matérielles, soit pour faire des économies; c'est la cupidité, sans donner au mot un sens péjoratif.

Les événements ont pu aussi modifier sa situation. C'est là qu'intervient la nécessité.

Célibataire, il s'est marié, a des enfants, et d'insuffisantes indemnités pour charges de famille.

Ou bien la situation financière du pays a empiré, les prix ont monté, les salaires n'ont pas été ajustés exactement avec la diminution de pouvoir d'achat du franc et, avec le même salaire, l'ouvrier ne peut acheter les mêmes produits.

Dans ces conditions, il est malheureusement obligé de s'efforcer de gagner davantage.

Cette nécessité due à la ruine de la monnaie nationale est justement celle qui s'est imposée aux ouvriers allemands à partir de 1923. Avant cette date, les loisirs de ces ouvriers étaient différemment utilisés, et le docteur Hoffmann, dans un livre sur *l'application de la loi de 8 heures* donnait des observations intéressantes. La situation maintenant est bien simplifiée et les conclusions du docteur Hoffmann n'ont plus qu'un intérêt historique. Les ouvriers allemands ne pensent plus, après leur journée normale, qu'à rechercher des gains supplémentaires qui les empêcheront de mourir de faim... Les commissions spéciales travaillent, paraît-il, tous les jours, à ajuster les salaires avec la baisse vertigineuse du pouvoir d'achat du mark.

Elles sont toujours en retard tellement l'inflation effrénée entraîne une dépréciation rapide de la monnaie allemande en sorte que l'ouvrier ne touche jamais qu'un salaire insuffisant (mai 1923).

Pour ce qui est de la nécessité, il faut bien s'incliner, en déplorant la situation et en souhaitant qu'elle s'améliore.

Quant à l'ouvrier qui se fatigue exagérément par simple cupidité il n'est pas du tout digne d'éloges, et s'il ne peut en être empêché, l'éducation devra l'amener à une vie plus raisonnable.

Même appréciation pour les cas de travail par désœuvrement; il est souhaitable que les intéressés trouvent à bien employer leurs loisirs et qu'ils y soient aidés.

Notons les catégories d'ouvriers qui participent à cette continuation du travail.

La nécessité y pousse de bons, de médiocres et de mauvais ouvriers.

Médiocres et mauvais ne continuent pas à travailler par cupidité ou par désœuvrement.

En sorte que la continuation du travail, sans nécessité, est

le mauvais emploi des loisirs particuliers à quelques ouvriers
d'élite.

IV. — LE JARDIN

Tous les industriels et tous les ouvriers questionnés recon-
naissent l'importance qu'il occupe dans l'utilisation des loisirs.
Cette unanimité est impressionnante.

Observons dès maintenant :

1º Qu'il s'agit des ouvriers adultes surtout, et très peu des
jeunes gens qui ne trouvent pas cette occupation sérieuse et
méthodique de leur goût. Ils n'y viennent qu'avec l'âge;

2º Que cette occupation ne dure pas toute l'année. Très
souvent, pourtant, l'adjonction d'une basse-cour au jardin
rend la visite de l'ouvrier toujours nécessaire.

Très vite après le vote de la loi de 8 heures les industriels
ont remarqué le goût particulier de leurs ouvriers pour ce
travail, et, comprenant eux-mêmes tous ses avantages, l'ont
encouragé.

Beaucoup ont acheté des terrains et les ont loués à des prix
modiques. Ou bien ils ont amené leurs ouvriers à s'adresser
à des sociétés dont nous parlerons et qui suivaient l'exemple
donné par la « Ligue du Coin de terre du foyer » créée par
l'abbé Lemire il y a vingt-cinq ans.

Le jardin ouvrier ne date pas, en effet, de la loi de 8 heures;
cette dernière l'a simplement développé de remarquable
façon.

Au Vᵉ Congrès des jardins ouvriers tenu à Paris les 5 et
7 novembre 1920 (compte-rendu publié en 1922), la troisième
séance présidée par M. Isaac, ministre du Commerce, était
consacrée aux questions suivantes adressées aux congressistes :

1º Comment la loi de 8 heures a-t-elle été généralement appliquée dans votre région?

2º Comment l'ouvrier occupe-t-il les loisirs nouveaux qu'elle
lui donne? Efforts réalisés en ce sens : sociétés sportives? Cercles

d'études? Universités populaires? Cabinets de lecture? Jardins ouvriers?

3º Action des 8 heures sur la culture et la tenue des jardins. Avez-vous pu étendre la superficie des nouveaux jardins que vous concédez de façon à répondre aux loisirs plus grands des jardiniers?

Remarquez-vous que les jardins sont mieux cultivés, que vos jardiniers y passent plus de temps depuis la réduction de la journée de travail ?

Les congressistes n'ont répondu qu'à la troisième question.

Voici quelques renseignements glanés dans le compte rendu de ce Congrès :

M. l'abbé Lemire :

Avant de clore la séance, deux mots encore sur la loi de 8 heures et les jardins ouvriers. Le rapport de M. Dupont nous a exposé les magnifiques résultats obtenus au Havre depuis vingt ans; il serait intéressant maintenant de connaître les expériences faites dans nos œuvres depuis l'application de la loi récente.

R. P. Volpette :

La loi de 8 heures est appliquée à Saint-Etienne depuis trois ou quatre mois seulement. Depuis lors, nous avons pour nos jardins dix fois plus de demandes qu'auparavant.

M. Dewavrin :

Il en est de même à Roubaix et à Tourcoing. Les demandes affluent. D'autre part, l'application de la loi nouvelle a entraîné dans plusieurs industries le partage de la journée de travail en deux équipes et cette combinaison facilite encore la culture du jardin.

M. Dupont :

.....Quoi qu'il en soit, avec la journée de 8 heures l'ouvrier a tout le temps de cultiver son jardin et d'y faire pousser des légumes nécessaires à sa famille.

Au point de vue du temps, les tableaux établis pour les diverses journées susceptibles d'être faites par l'ouvrier, montrent que, pour disposer d'un temps suffisant, l'ouvrier travaillant en deux séances devra souvent reculer son diner. Et qu'avant les longues journées, en mars, par exemple, il sera arrêté par la nuit. Un jardin ne se cultive pas aux lanternes. L'intérêt du changement d'heure donnant à l'ouvrier un peu plus de loisirs de jours, peut être signalé une seconde fois.

Les rapports qui ont servi de base à tous les discours de ce Congrès, donnent quelques renseignements intéressants sur la situation des œuvres des jardins ouvriers.

Les œuvres fonctionnant à Amiens notent que depuis la guerre « le désir et l'amour du jardin s'accroissent chez l'ouvrier ».

Blois écrit que

la loi de 8 heures a eu d'heureux résultats sur la culture des jardins, la récolte annuelle est estimée de 300 à 500 francs par les jardiniers; que les demandes sont toujours nombreuses.

Boulogne-sur-Mer écrit que

les jardins ouvriers ne sont multipliés depuis la guerre pour répondre aux demandes suscitées par l'application de la loi de 8 heures; tous les loisirs des jardiniers sont consacrés à leurs jardins.

Calais informe que

les loisirs dus à l'application de la loi de 8 heures profitent à a culture; il y a des jardins modèles.

Cannes se félicite

d'un regain d'activité dans les jardins et d'un progrès notable dans la culture depuis l'application de la loi de 8 heures.

Le Nord signale

l'heureuse influence de la loi de 8 heures sur la culture et la tenue des jardins; grâce à ses loisirs accrus et grâce au prix actuel de la vie, l'ouvrier apprécie plus que jamais le jardin; il est malheureusement impossible, faute de terrain, de suffire aux demandes

Plusieurs villes font ressortir la difficulté de trouver des terrains suffisamment proches et desservis par des moyens de transport pratiques.

De Dijon, M. S... écrit :

que le jardin est entré dans les mœurs et que les terrains qui entourent la ville sont de plus en plus recherchés par les ouvriers qui les louent directement, même à des prix élevés; la cherté de la vie, la loi de 8 heures, la semaine anglaise, tout les y engage.

L'œuvre de La Rochelle dit que :

la loi de 8 heures a considérablement accru le nombre des demandes et qu'elle a dû créer un quatrième groupe de jardins pour y satisfaire.

La réponse de la municipalité de Limoges est la seule qui suive le questionnaire cité. Cette municipalité

a organisé pendant la guerre quelques jardins en trois groupes : il apparaît de plus en plus nécessaire de continuer depuis l'application de la loi de 8 heures..... Les sociétés sportives n'attirent que les jeunes gens; les cercles d'études n'ont pas le succès qu'ils méritent; les universités populaires sont tombées; les cabinets de lecture sont déserts; seuls, les jardins ouvriers sont de plus en plus goûtés.

Les œuvres nombreuses de Lons-le-Saulnier écrivent :

que la loi de 8 heures a de très nombreuses conséquences sur le développement des jardins ouvriers; les jardins sont de plus en plus appréciés, la création d'un nouveau groupe est à l'étude pour répondre aux demandes; les progrès dans la culture sont sensibles; c'est souvent matin et soir, avant et après sa journée plus brève, que l'ouvrier laborieux va travailler son coin de terre.

Les résultats obtenus par les jardins ouvriers de Montbrison sont excellents :

surtout depuis l'application de la loi de 8 heures qui permet aux ouvriers de travailler leur jardin pendant la semaine.

J. Beaudemoulin   15

Le jardin ouvrier est

extrêmement apprécié à Nîmes et l'on s'ingénie à le développer. Le dimanche, on s'y réunit en famille, souvent on y prend les repas..... Il est à remarquer que la plupart des tenanciers sont des employés de chemin de fer et des agents des P. T. T.

Les industriels d'Orléans ont créé des jardins ouvriers ; malheureusement ils éprouvent une extrême difficulté à se procurer des terrains à proximité de la ville.

Les œuvres qui se sont multipliées à Paris ont dû naturellement émigrer vers la banlieue. Le développement des jardins accompagnés de construction de maisonnettes et de simples tonnelles a été extraordinaire autour de Paris.

Les fossés et les glacis des fortifications se sont, sur de larges espaces, couverts de jardins.

L'œuvre des jardins ouvriers de Pau songe à s'accroître pour répondre aux nombreuses demandes qu'entraîne la loi de 8 heures.

Depuis la loi de 8 heures les demandes se sont multipliées à Rennes :

Le jardin est vivement désiré par l'ouvrier qui ne sait que faire de ses loisirs et plus encore par sa femme qui craint qu'il ne les passe au cabaret.

Les jardins se sont sensiblement développés à Strasbourg depuis l'application de la loi de 8 heures : l'ouvrier consacre ses loisirs à son coin de terre au lieu d'aller à l'auberge ou au cinéma; Strasbourg compte en 1920, 2.760 jardins couvrant une superficie de 108 hectares.

Considérant le bien-être social que ces jardins procurent, et la valeur économique, hygiénique, éducatrice qu'ils représentent, la société strasbourgeoise émet le vœu que l'attention du Gouvernement soit attirée par le congrès sur l'opportunité des mesures administratives générales ayant pour but le développement des jardins ouvriers.

A la séance de clôture, présidée par M. Raymond Poincaré,

le secrétaire général de la Ligue résumait la question en ces termes :

Comment désespérer aujourd'hui de notre œuvre : n'est-elle pas plus nécessaire que jamais? Nos deux dernières séances en font foi.

L'ordre du jour d'hier soir nous proposait l'étude de la question la plus actuelle : la journée de 8 heures et les jardins ouvriers.
Tous les rapports reçus nous ont montré que depuis la loi, nos diverses sociétés sont débordées sous le flot des demandes. « Je reçois dix demandes pour un jardin », nous dit un rapporteur. « Depuis la loi de 8 heures nous dit un autre, le difficile n'est pas de trouver des amateurs, mais de faire un choix entre tous les candidats. »

C'est qu'il faut bien le dire, l'ouvrier ne désire pas le cabaret. S'il s'y rend, c'est le plus souvent à contre-cœur. Avez-vous songé parfois au retour de l'ouvrier après les heures d'usine? Le voici qui rentre fatigué dans une pièce surchauffée, où les enfants se querellent, où la mère, épuisée de son dur labeur, est bien excusable de montrer parfois un peu d'impatience. Et ce père qui a besoin de calme, de repos, est-il si coupable d'aller demander au cabaret le coin où, pour cinq sous, il pourra lire son journal tranquille? Notre rapporteur, M. Dupont, écrit avec le bel optimiste des hommes d'action : « L'homme ne demande qu'à se bien conduire. Il veut occuper sainement ses loisirs. A nous de lui en procurer le moyen. » Belle parole qui montre notre œuvre comme le complément indispensable de la loi de 8 heures.

Nul n'était plus qualifié pour faire apparaître l'influence de la loi de 8 heures sur le jardin ouvrier. M. Dupont, chef d'une industrie qui applique depuis vingt ans au Havre la journée ainsi réduite nous apporte le résultat de son expérience.

M. Dupont a présidé au lotissement des 57 hectares destinés à des habitations ouvrières et attribués provisoirement comme jardins aux ouvriers des Docks. Il indique les premiers effets de la réduction du travail : désir d'avoir un coin de terre; séjour plus prolongé au jardin, culture transformée; le jardin cultivé avec amour, au point qu'un jardin de 300 mètres arrive à produire 900 francs.

Enfin, il signale à ses auditeurs ici un peu sceptiques l'influence du jardin sur la natalité : le rapport des naissances aux décès, parmi les bénéficiaires, qui étaient en 1911 de 66 % est passé en 1912 à

110 % et en 1920, à 186 %. Les œuvres du coin de terre et du foyer peuvent-elles réellement se flatter d'effets aussi merveilleux ? Nous voudrions pouvoir l'affirmer.

M. l'abbé Lemire, à son tour, disait :

Dans toute la France, nous trouvons l'ouvrier prêt à tous les efforts, à tous les sacrifices pour ce coin de terre qui est son rêve, et nous saluons les dévouements prêts à se dépenser pour le lui donner : dévouement de tous les hommes de cœur....., dévouement des patrons, des directeurs des grandes sociétés ou des grandes compagnies qui sont à la tête des grandes entreprises nationales..... ils auront à cœur de ménager à côté de leurs usines ou de leurs exploitations un coin de terre pour leurs ouvriers. Car l'expérience nous a prouvé que l'on peut compter sur ceux qui font les choses en grand pour songer au sort des petits. C'est par l'union de l'intérêt et de la vertu qu'on résout la question sociale.

Nous savons aussi que nous pouvons compter sur la bonne volonté de tous les ouvriers..... Tous aspirent au coin de terre familial, et tous sont prêts à s'imposer, en dehors du travail obligatoire, le travail libre, le travail aimé du jardin.....

M. Raymond Poincaré parlait ensuite :

L'Etat, les départements, les communes, les Compagnies de chemins de fer, les syndicats, toutes les collectivités se sont empressées de donner des terrains à cultiver à des familles et c'est ainsi que nous avons en France un nombre vraiment très respectable de jardins ouvriers : 40.000..... Magnifique commencement..... Puisque, par malheur, la propriété individuelle n'est pas l'apanage de tous les Français, il faut du moins que tous puissent détenir, à titre provisoire, à titre de jouissance passagère, un coin de terre où ils se sentent à la fois libres de leur travail et maîtres de leurs produits. Les jardins sont les meilleurs conseillers que nous puissions avoir..... Ils sont des amis, des consolateurs, des professeurs de patience et d'énergie..... La loi de 8 heures procure aux travailleurs des loisirs qui ne peuvent être remplis plus utilement et plus agréablement que par le jardinage; il est bon que l'ouvrier puisse ainsi respirer l'air pur dans la compagnie des plantes et dans le contact de la nature.....

Le Congrès à la séance de clôture, émettait les vœux suivants :

Le Congrès, constatant que la loi de 8 heures entraîne pour
l'ouvrier des loisirs qui ne peuvent trouver un emploi plus utile et
plus sain que la culture d'un jardin, émet le vœu :

1º Que les sociétés commerciales, industrielles et financières
considèrent le jardin ouvrier comme une conséquence nécessaire
de l'application de la loi de 8 heures et que partout elles acquièrent
les terrains nécessaires pour les mettre à la disposition de leur
personnel sous forme de jardins ouvriers.

2º Que les municipalités, les sociétés mutuelles et les Sociétés
d'épargne usent largement des droits que leur confère la loi pour
acquérir des terrains de banlieue et les mettre à la disposition des
travailleurs urbains.

3º Que les ouvriers eux-mêmes, mis en rapport avec les Sociétés
de crédit immobilier, soient encouragés par elles à acquérir un
coin de terre, pour y cultiver un jardin, en attendant d'y pouvoir
construire une maison.

4º Que l'attention des autorités départementales et municipales
et celles des offices publics départementaux d'habitations à bon
marché soit appelée sur l'importance et la valeur d'ordre social des
jardins ouvriers, afin que la propagande la plus active et la plus
soutenue, notamment sous forme d'enquêtes et de statistiques
annuellement publiées, soit organisée en vue de promouvoir et
d'encourager leur développement.

Le Congrès, constatant que les œuvres de jardins ouvriers
manquent des terrains indispensables au développement que l'application de la loi de 8 heures leur impose, alors qu'il existe dans
la banlieue de nos grandes villes de nombreux emplacements qui
restent improductifs en attendant l'heure de la vente, émet le
vœu : Que la terre laissée inculte soit frappée d'un impôt spécial
qui incite le propriétaire à la louer à titre précaire et à y autoriser
la création de jardins ouvriers.

Un nouveau Congrès s'est tenu à Strasbourg en 1923 et
chacun a constaté avec satisfaction le développement constant des jardins ouvriers, les efforts faits par les industriels
et les œuvres.

Le congrès a proclamé les résultats acquis, leurs avantages
et voté des résolutions pour que ce mouvement soit amplifié.

Au cours de la deuxième séance, après la discussion sur les
jardins ouvriers et l'industrie, « le Congrès, constatant que
li'nstitution des jardins ouvriers entraine, ainsi qu'en té-

moignent les industries qui en ont fait l'expérience, une éléva-tion morale et sociale de l'ouvrier en même temps qu'un bien-fait précieux pour la famille, et reconnaissant, d'autre part les avantages qui en résultent pour le bon fonctionnement de l'industrie elle-même », a émis le vœu :

1º Que toutes les Sociétés industrielles et toutes les entreprises qui ont organisé des jardins ouvriers pour leur personnel en soient félicitées, et que celles qui n'en ont pas encore créés soient invitées à le faire;

2º Que le terrain mis à la disposition de l'ouvrier soit autant que possible attenant à la maison, au moins pour une part, et que la surface attribuée ne soit pas inférieure à 400 ou 500 mètres de façon à offrir aux loisirs de l'ouvrier une occupation suffisante et à assu-rer la plus grande part de l'alimentation familiale.

3º Que pour assurer la bonne culture et la réelle jouissance du jardin, l'heure d'été, propice au travail durable et aux réunions de famille soit maintenue;

4º Que les Sociétés d'industriels qui ont souscrit au Congrès en soient remerciées et soient invitées à adhérer à la Ligue du Coin de Terre et du Foyer, Fédération des jardins ouvriers de France, que son action passée et son organisation présente désignent comme trait d'union entre tous les industriels créateurs de jardins ouvriers en vue de la multiplication et du perfectionnement de leurs ini-tiatives;

5º Que les divers établissements locaux des grandes Sociétés industrielles soient invités par elle à adhérer aux groupements régionaux de la Fédération partout où ils sont constitués.

Une série d'autres vœux très intéressants ont été émis au sujet de l'aide à apporter par les pouvoirs publics aux jardins ouvriers et au sujet de l'organisation pratique des jardins ouvriers. A ce dernier point de vue, il faut signaler : 1º l'o-bligation d'édifier une tonnelle pour assurer la jouissance en famille ; 2º l'organisation de visites des directeurs des grandes entreprises ; 3º l'adjonction au jardin de l'élevage de petits animaux domestiques.

Comment l'ouvrier se procure-t-il un jardin ?

La question de l'obtention du jardin se présente différem-ment à la ville ou à la campagne. A la ville, il y a la difficulté de trouver des terrains et la nécessité d'avoir un moyen de transport. A la campagne, le problème est beaucoup plus simple : les terrains sont faciles à trouver, et ils sont à proximité de l'usine.

Il y a deux sortes de jardins : 1º les jardins qui entourent les maisons ouvrières; 2º les jardins séparés de l'habitation, et donnés en location, soit par un industriel, soit par un particulier, soit par une œuvre spéciale.

L'ouvrier appartenant à une très grosse entreprise trouve facilement un jardin par l'intermédiaire de son patron. Mais il est évident qu'un petit entrepreneur employant cinq ouvriers par exemple, ne peut se payer le luxe d'acheter des terrains pour les louer bon marché à ses ouvriers. Ces derniers devront s'adresser à des particuliers ou à des œuvres.

Le nombre de ces œuvres, associations déclarées conformes à la loi de 1901, ou sociétés, s'est beaucoup accru en même temps que s'exerçaient les initiatives individuelles.

Subventionnées d'ailleurs par les patrons, chacun selon ses moyens, elles reçoivent aussi l'aide organisée par la loi.

Le jardin ouvrier est en effet maintenant inscrit dans la loi française : loi du 5 décembre 1922, qui porte codification des lois sur les habitations à bon marché et sur la petite propriété et qui résume toute la législation antérieure.

D'après le texte de cette loi, écrit M. G. P..., les avantages accordés aux habitations à bon marché s'appliquent aux jardins ouvriers (art. 4). Par conséquent les Offices publics d'Habitations à bon marché peuvent créer des jardins ouvriers (art. 8); les Sociétés de crédit immobilier peuvent leur consentir des avances (art. 19). L'Etat peut leur faire des prêts (art. 22 et 46). La ligue du Coin de Terre reconnue d'utilité publique, peut être admise à bénéficier d'avances en faveur de ses adhérents (art. 32); les départements, communes, bureaux de bienfaisance, hospices, caisses d'épargne, peuvent faciliter par des prêts ou des souscriptions d'obligations les sociétés de jardins ouvriers (art. 35).

Cette inscription des jardins ouvriers dans les lois sociales a eu pour conséquence l'admission de leur président dans le Conseil supérieur des habitations à bon marché, de la petite propriété, du retour à la terre. Elle a appelé sur cette œuvre l'attention des divers organismes constitués : on sait l'exceptionnelle bienveillance que leur témoignent les offices agricoles, et en particulier l'Office agricole du département de la Seine.

En 1922, le nombre des jardins recensés en France et en pleine culture, s'élevait à 160.000 dont 110.000 fournis par les patrons et 50.000 par les œuvres nées sous l'impulsion de M. l'abbé Lemire et de la Ligue du Coin de Terre et du Foyer, dont il est président.

Ce chiffre des jardins est très loin d'indiquer le total des jardins ouvriers en France. Il faudrait, pour obtenir un chiffre exact, y ajouter les jardins très nombreux acquis par les ouvriers directement, sans le concours des organisations philanthropiques ou patronales.

Les statistiques fournies montrent très bien l'accroissement des jardins ouvriers dans les trois dernières années. Leur nombre s'est accru de 72.000 depuis 1919.

Voici la statistique que publie le Ministère du Travail :

Congrès	Nombre d'œuvres	Nombre de jardins
1897	16	655
1900	60	655
1903	134	6.453
1906	216	12.087
1909	260	15.145
1912	281	17.825
1920	236	47.375
1922	250	50.000

Pour 1923, aucune statistique n'a encore été publiée. La Ligue du Coin de Terre et du Foyer, 26, rue Lhomond, veut bien donner les chiffres provisoires suivants :

180.000 jardins (au lieu de 160.000) couvrant environ 7.000 hectares et dont la récolte en légumes a pu être estimée à 120 millions.

Que sont ces jardins ?

Leur superficie va de 4 à 10 ares. Très rares sont les plus petits.

Nul n'ignore l'aspect de ces jardins. Aux environs immédiats des agglomérations, ils présentent leur physionomie rectiligne, émaillée, les dimanches d'été, de groupes animés et joyeux. L'enclos de fil de fer et de treillage sépare à peine les bénéficiaires dont on entend les conversations amicales..... Dans une mosaïque de plates-bandes et d'allées bordées de fleurs, les hommes vont et viennent, actifs et souriants. Intéressés à cette végétation dont ils mesurent chaque soir, au sortir de l'atelier, les progrès lents mais continus, ils respirent à pleins poumons l'air de cette campagne voisine de leur domicile, et dans laquelle ils dépensent en famille, sans ennui, leurs loisirs (*Action populaire*, juillet-août 1922, n° 4).

Dans ces jardins, l'ouvrier cultive des fleurs, soigne des arbres fruitiers, mais ce sont les légumes qui tiennent la plus grande place, légumes nécessaires à sa consommation et dont, souvent, une certaine quantité est vendue.

Au point de vue du rendement, l'expérience faite à Blois en 1920 peut, paraît-il, servir de moyenne : « Sur 165 jardins d'une contenance de 400 mètres carrés, le montant des légumes récoltés a varié de 250 à 300 francs, atteignant même 500 francs pour ceux des jardins ayant de l'eau à proximité et où l'arrosage a pu être fait régulièrement. »

Mentionnons aussi « les petites sources de richesse annexées au jardin ». Surtout dans les jardins gardés ou à proximité des maisons, l'ouvrier se livre à un autre travail que celui de la terre. Il installe un poulailler, un clapier ou un rucher; parfois même une cabane pour une chèvre ou un porc.

N'oublions pas, pour donner toute sa physionomie au jardin, l'indispensable tonnelle qui est la « maison de campagne » de l'ouvrier.

Des semences sont vendues à bon compte aux possesseurs de jardins loués à des œuvres ou à des industriels. Dans beaucoup d'endroits, des conférences horticoles leur sont faites, qui sont assiduement fréquentées.

Les concours de jardins sont devenus fréquents : des prix sont distribués, soit en argent soit en outils de jardinage.

V

Le sport

La jeunesse ouvrière s'y adonne avec ardeur.

Les ouvriers adultes d'aujourd'hui, qui, dans leurs jeunes années, n'ont pas pris cette bonne habitude, et auxquels l'âge ne permet plus de s'y mettre, contemplent avec satisfaction le spectacle que leur donnent les générations nouvelles.

Ainsi, les sportsmen sont les jeunes, mais l'esprit sportif est général. Là où des stades sont organisés,les matches sont très assidument suivis par tous... et les boissons alcooliques sont proscrites sur les terrains de jeux.

Certains pensent que c'est une « mode ». C'est beaucoup mieux : un perfectionnement d'éducation s'établit en France, en retard, à ce point de vue, sur toutes les nations voisines.

Les avantages de la culture physique sont enfin compris.

La préparation militaire a pris une ampleur particulière depuis la réduction du service; il est nécessaire que les jeunes gens arrivent entraînés à la caserne où ils ne feront qu'un court séjour.

A la caserne elle-même, l'éducation sportive est beaucoup plus soignée qu'avant-guerre et un grand nombre de moniteurs ont été dressés à Joinville et envoyés dans les régiments.

Un industriel, pensant à cette formation préalable nécessaire, dit : « Je fabrique des soldats magnifiques. »

Tous les sports sont pratiqués : football, courses, bicyclette, natation, boxe, tennis.

Les industriels importants ont organisé des terrains aux abords de leurs usines, avec beaucoup plus de facilité à la campagne qu'à la ville.

Ici, comme pour le jardin, il faut naturellement noter que les petits industriels n'ont pu en faire autant. Leurs ouvriers s'adressent à des sociétés qui les acceptent moyennant une faible cotisation, sur leurs terrains, installés avec les fonds fournis par leurs adhérents et les subventions des

industriels, grands et petits, chacun donnant selon ses moyens
et suivant le nombre de ses ouvriers.

Quelques ouvriers s'entraînent isolément.

Certaines municipalités ont organisé des stades ouverts à
tous; on cite en particulier celui de Toulon.

Les jeunes ouvriers qui font du sport lisent « l'Auto » au
lieu de journaux tendancieux. Les questions politiques les
laissent indifférents. Ils préfèrent leurs athlètes favoris aux
agitateurs.

A l'âge où souvent, le jeune intellectuel brûle de se faire
un nom dans les lettres, certains jeunes ouvriers espèrent
arriver à la renommée par le sport. Ainsi se traduit sous forme
d'ambitions magnifiques l'effervescence physique de cet âge.
A l'ouvrier qui n'a pu cultiver son cerveau, et auquel, le plus
souvent, les traditions et le milieu manquent, le succès appa-
rait possible par le muscle. Des boxeurs connus, des cou-
reurs célèbres lui ont montré le chemin; tous sont sortis du
peuple... Et à côté d'eux, brillent, étoiles de moindre grandeur,
de nombreux champions régionaux et locaux. Cette ambition
est très louable à condition qu'elle ne pousse pas ces jeunes
gens à se claquer pour battre des records; cela arrive quelquefois. Cet état d'esprit peut les habiter jusqu'à la trentaine.
A cet âge-là, l'homme, tout en conservant ses habitudes de
culture physique, est fini pour le sport public. Il est mûr pour
le jardin !

Dans toute la documentation rassemblée sur ce sujet, se
rencontre un seul exemple de négligence du sport par les
ouvriers et les patrons.

MM. X..., chapeliers de Normandie, écrivent que :

les sports sont complètement exclu chez eux, le travail manuel les
remplaçant avantageusement.

Cette idée fausse n'est heureusement pas répandue. Comment croire que des mouvements limités dans un atelier clos
peuvent rendre inutile un exercice de tous les muscles en
plein air !

Le professeur Amar écrit dans son dernier livre *Le travail
humain* que :

la loi de 1920 est venue à temps déclarer que l'éducation du corps est obligatoire pour les jeunes gens des deux sexes, entre 6 et 17 ans révolus. Un livret individuel doit suivre les garçons jusqu'à l'incorporation. Et tout un plan, d'ailleurs désordonné, associe les ministères de la Guerre et de l'Enseignement technique en vue de ce programme national.

La loi de 1920 a été rejetée par le Sénat après avoir été votée par la Chambre ; aucune organisation *légale* n'a encore été établie.

La culture physique s'est répandue du fait des initiatives privées. De multiples sociétés se sont formées et en 1923, le 22 juillet, la Fédération gymnastique et sportive des patronages de France pouvait organiser au Champ-de-Mars une manifestation imposante ; 30.000 gymnastes, venus de Bretagne et de Provence, des plaines du Nord et des Montagnes du plateau central, du Languedoc et de l'Alsace, ont donné ce jour-là, sous la présidence des membres du Gouvernement « le réconfortant spectacle de leur jeunesse robuste et disciplinée ».

VI

LES DISTRACTIONS : SPECTACLES ET JEUX

Pour les ouvriers appartenant à des usines importantes installées à la campagne, la plupart des patrons ont organisé des salles de spectacles, des cinémas, des sociétés musicales, qui groupent de nombreux amateurs.

Le patron qui a pris l'initiative d'organiser des distractions les dirige ; spectacles et films sont bien choisis.

A la ville, il n'en va pas de même. Les distractions sont également le cinéma, le théâtre, le casino, mais le contrôle n'existe plus, et les commerçants n'ont pas beaucoup de scrupules, pourvu que la recette soit bonne.

Au cinéma, au théâtre, au casino, au concert populaire, s'ajoute le bal.

Le cinéma est de règle dans la plupart des familles ouvrières.

Il ne faudrait pourtant pas croire, avec certaines personnes, que l'ouvrier y va tous les jours. La meilleure raison est que le spectacle ne change que toutes les semaines et que pas un ouvrier ne va voir deux fois la même chose. Tout au plus peut-il se rendre dans les différents cinémas de son quartier car il ne change guère de quartier pour se distraire. D'ailleurs, ces cinémas ne sont pas ouverts tous les jours.

Le dernier livre de M. Jacques Valdour, *Ateliers et Taudis de la Région parisienne*, contient d'intéressantes observations sur les divertissements.

Pour Saint-Denis, par exemple, M. Jacques Valdour écrit :

Trois grands cinématographes, un casino, une énorme salle de bal, telles sont les distractions que les ouvriers dionysiens trouvent au centre même de la ville.

La représentation théâtrale ne retient le public que si elle offre une action rapide, précipitée, même, et de caractère, ou sentimentale, ou comique, ou licencieux. Le spectateur fruste s'ennuie à écouter de longs dialogues et s'y perd..... Lorsque les personnages, au lieu de parler, agissent, son attention se réveille, et il reprend pied dans l'affabulation.

C'est pour cela que le cinéma obtient tant de succès.

Il se réduit au schéma très bref et très substantiel d'une intrigue concentrée en une série de tableaux qui en marquent les épisodes les plus saillants..... Le spectateur n'a pas le temps de s'ennuyer et les légendes qui lui commentent en formules brèves le sens des images lui interdisent de ne pas comprendre.

En général, aucune manifestation ne se produit.

rien que l'ébahissement passif en présence de ces images lumineuses et rapides, et sans doute aussi la sensation de délassement, d'oubli de soi-même et d'évasion, pour quelques heures, des tristes réalités.

M. Jacques Valdour constate pourtant qu'il a vu quelquefois réagir cette foule devant les spectacles qui lui étaient offerts, et l'accueil fait aux solutions justes et aux sentiments élevés lui a révélé un fond excellent.

Dès que les sollicitations corruptrices se taisent, écrit-il, et que retentit la voix du devoir, ce peuple, qu'ont empoisonné quarante ans de prédications funestes, retourne à son idéal immortel. La fidélité qu'il lui témoigne avec une spontanéité vibrante nous le montre prêt, en vérité, à toutes les renaissances.

Souvent, des exercices d'acrobatie se mêlent aux représentations cinématographiques. Ils sont très goûtés.

Ils excitent l'admiration du peuple, écrit encore M. J. Valdour, car il est plus épris des manifestations de la force et de l'adresse que des manifestations de l'intelligence et de l'art. Pour gagner sa vie, c'est de ses muscles, surtout, qu'il a besoin, et comme sa culture d'esprit est plus que rudimentaire, l'activité musculaire est celle que tout naturellement, il comprend le mieux.

Le casino et le bal sont infiniment plus pervertisseurs. En général, tout y vise à l'excitation de l'imagination sensuelle.

C'est pour cela qu'il convient de se montrer satisfaits de la concurrence meurtrière pour les casinos, cafés concerts et cabarets, des cinématographes; si tout n'y est pas à louer, tout n'y est pas à blâmer.

Les jeux ont une importance souvent insoupçonnée que fait bien ressortir l'enquête. M. Charles Droulers leur a consacré une étude dans *Le Correspondant* du 10 juillet 1923.

Le jeu de boules est pratiqué presque partout, sous des formes différentes.

Son berceau est la vallée du Rhône. On estime à 450.000 le nombre de ses adeptes dans les 14 départements de la région lyonnaise et des pays limitrophes. A Lyon, on compte 1.800 jeux de boules. Sur la place Bellecour, se donnent les championnats annuels de France.

Dans le Centre et le Midi, le jeu se pratique au grand air, sur le mail, ou sur une route quelconque, sans grand souci des cailloux et des trous.

Dans le Nord, les adeptes jouent sur des pistes préparées et entretenues avec soin, au moyen de disques de bois de gaïac. Souvent, les stands sont couverts.

Vient ensuite la balle.

Dans le Nord, c'est la « longue paume ». Elle se joue, soit sur une place, soit dans une avenue plantée. Le jeu de paume compte en France 160 sociétés.

Dans le sud-ouest, dans le pays basque spécialement, c'est la « pelote ». Sur les places se dressent les « murs de pelote ».

Les sociétés de tir à l'arc sont nombreuses et florissantes au nord de la Seine (plus d'un millier).

Dans le nord, il est indispensable de mentionner les combats de coqs.

La pêche est très pratiquée, un peu partout. Et depuis la guerre, le nombre des chasseurs a beaucoup augmenté.

Dans les régions pittoresques, les excursionnistes sont nombreux. L'alpinisme a des adeptes dans le sud-est.

Les ouvriers se sont mis à la photographie.

VII. — La vie de famille. La maison

Dans quelle mesure la famille a-t-elle profité des loisirs?

D'une façon générale, le jour de repos lui est acquis, dégagé par les loisirs de la semaine.

Durant la semaine, certaines occupations de l'ouvrier, hors l'usine, le rapprochent des siens, comme le travail du jardin, auquel participent souvent la femme et les enfants. Le travail à domicile, qui s'est développé, ramène également l'ouvrier en famille. Les distractions énumérées se prennent en commun.

L'adulte marié a presque toujours le vif désir de gagner son « chez-soi ».

Un fait le prouve : les plaintes adressées à des industriels par certaines femmes d'ouvriers, aussitôt après le vote de la loi. Leurs maris travaillant en équipes 3/8 disposaient de plusieurs heures de loisirs, ne savaient encore qu'en faire, et les gênaient dans leur travail. Elles demandaient qu'on voulut bien les garder davantage.

C'était, là encore, l'inévitable période d'adaptation.

Pratiquement, quel que soit le désir de l'ouvrier de rentrer à son foyer et les facilités données, l'importance de son séjour à la maison, en dehors du sommeil et des repas, se peut mesurer à la qualité même de la maison.

La vie de famille dont se chantent les louanges n'a de charme et n'est bienfaisante qu'à certaines conditions.

C'est tout le problème du logement avec ses exigences.

Dans un taudis où sont entassés pêle-mêle parents et enfants, comment chacun ne tirerait-il pas de son côté?

La promiscuité présente des inconvénients physiques bien connus et d'autres moraux moins publiés mais réels et fréquents.

Là où le taudis subsiste la vie de famille n'a pas gagné grand chose aux loisirs.

Par contre lorsque le logement a pu être amélioré, l'enquête révèle une amélioration correspondante de la vie familiale.

Les patrons l'ont bien compris et ont constaté, en même temps, que le goût de l'ouvrier pour son jardin, son goût pour les petits travaux d'intérieur, le « bricolage » : scier, raboter, clouer, raccommoder, fabriquer de menus objets, etc... Le père de famille qui a un logement suffisant et un coin de terre à proximité se consacre en général tout entier aux siens et à l'amélioration de son petit domaine.

Aussi l'effort patronal a-t-il été considérable. Il s'est particulièrement exercé dans la grande industrie et les établissements situés hors ville. Les terrains ont été en effet plus faciles à trouver. C'est pour la même raison que dans les régions libérées des maisons ouvrières ont été plus facilement construites puisque l'on rebâtissait sur de nouveaux plans. Personne ne peut évidemment souhaiter la destruction de la France pour qu'elle soit mieux rebâtie, mais il n'est pas exagéré de désirer la démolition des taudis qui subsistent partout, si nombreux. Il suffit, pour être édifié sur ce point, de lire certains dossiers d'habitations à bon marché, sollicitant des crédits, et quelques enquêtes sur la question, notamment celle de M. Jacques Valdour, qui a poussé le souci de l'information exacte jusqu'à habiter pendant quelques mois les taudis et garnis de la banlieue de Paris.

Dans les villes, la terrible crise de logement qui sévit depuis la guerre, n'a guère permis à la situation de s'améliorer.

Néanmoins, redisons qu'un effort a été fait. Pas un des chefs d'industrie que cite la vaste enquête du ministère du Travail, et pas un de ceux que nous avons interrogés au cours de notre enquête personnelle, n'ont négligé cette question si importante de tout temps et qui prenait une importance particulière après le vote de la loi du 23 avril 1919.

Les ouvriers eux-mêmes ont fait un effort personnel dans les grandes villes. Ils ont cherché à se créer hors ville des installations saines et agréables. Les environs de Paris nous offrent le spectacle de quantité de petites maisons entourées de jardinets et habitées par des gens qui souvent travaillent très loin.

D'ailleurs, toutes ces constructions faites suivant la fantaisie de chacun, réclament l'intervention des pouvoirs publics au nom de l'hygiène la plus élémentaire. Pas d'égoûts, pas d'eau courante, contamination des puits, pas d'éclairage. Avant de permettre de construire, il eût fallu *aménager* les emplacements.

Notons en ce cas, une nouvelle utilisation des loisirs : les *trajets très longs* faits pour gagner l'habitation ainsi éloignée. Ces trajets peuvent seuls, à certains jours, absorber une grosse partie des loisirs... Ils prennent au moins 1 h. 1/2 de plus par jour, qui viennent s'ajouter aux 50 à 60 minutes indiquées comme moyenne des trajets normaux.

Une étude publiée dans le *Bulletin du ministère du Travail* est tout à fait édifiante sur ce point et illustre par quelques statistiques intéressantes, notamment celles de l'augmentation extraordinaire des cartes d'abonnements de chemins de fer et du nombre des trains aux heures de début et de fin de travail, « l'exode des travailleurs parisiens vers la banlieue ».

Les lettres publiées ci-dessus permettent de se rendre compte des types de maisons qu'ont cherché à réaliser les industriels : maisons isolées, petits groupes, cités-jardins, maisons pour une ou plusieurs familles. Caractéristiques : salle commune, chambre des parents, chambre des filles, chambre des garçons, W.-C., cuisine, et très souvent (en sous-sol parfois) un petit atelier.

Les cités-jardins créées par la Compagnie des chemins de fer du Nord peuvent être considérées comme un modèle du genre.

L'exemple des compagnies minières du Nord et de la Moselle est également instructif.

Une étude complète, accompagnée de statistiques sur ce qui a été entrepris et réalisé dans cet ordre d'idée ainsi que sur l'œuvre très considérable qui reste à accomplir, exigerait une longue et difficile enquête que le ministère du Travail se propose d'entreprendre un jour.

Voici un aperçu de la législation spéciale dans laquelle se meuvent les initiatives, aidées par les pouvoirs publics.

C'est la loi du 12 avril 1906 qui définit l'habitation à bon marché et lui accorde un régime fiscal de faveur. La loi du 10 avril 1908 facilite aux personnes peu fortunées l'acquisition d'une petite propriété avec une maison (*loi Ribot*). Ce sont les lois fondamentales.

Après elles, 14 lois ont été votées et l'ensemble a été codifié dans la *loi du 5 décembre* 1922 (*J. O.*, 10 déc. 1922).

Pour édifier ces maisons, la loi a habilité divers types de sociétés et un certain nombre d'établissements publics.

a) Ce sont d'abord les sociétés d'habitations à bon marché, sociétés anonymes ou coopératives.

b) Les établissements publics d'assistance et de prévoyance : bureaux de bienfaisance, hospices et hôpitaux, caisses d'épargne.

c) Les communes, sous certaines réserves.

d) Les offices publics d'habitations à bon marché. Ce sont des établissements publics créés par décrets rendus en Conseil d'Etat sur la demande d'une commune ou d'un département. Ils doivent être administrés par un conseil de 18 membres dont 6 sont désignés par le préfet, 6 par le Conseil général, le Conseil municipal ou le Comité du syndicat des communes intéressées et 6 élus par diverses institutions d'hygiène et de prévoyance.

Le patrimoine des offices est constitué par des dons et des legs; ils tirent leurs principales ressources des emprunts.

Les institutions d'assistance et de prévoyance ainsi que les communes déjà mentionnées peuvent construire directement; elles peuvent aussi se contenter de souscrire des actions ou des obligations des offices ou sociétés d'habitations à bon marché ou leur consentir des prêts.

A ce titre, elles constituent des sources importantes de crédit. Leur capacité financière ne pouvant toutefois suffire à fournir à l'œuvre du logement populaire les capitaux indispensables, le législateur a prévu d'autres sources de crédit : *a*) les sociétés de crédit immobilier (auxquelles l'Etat consent des avances à 2 %) *b*); la Caisse des dépôts et consignations (prêts remboursables en 40 ans au taux de 2 à 2 $\frac{1}{2}$ %).

Une loi du 27 avril 1923, publiée au *Journal officiel* du 28 a modifié le quantum du capital maximum de constitution des sociétés d'habitations à bon marché. C'est la première loi qui a touché à l'œuvre de codification du 5 décembre 1922. Elle est ainsi conçue :

Article unique. — L'article 7 de la loi du 5 décembre 1922 est modifié comme suit : « Par dérogation aux dispositions de l'article 49 de la loi du 24 juillet 1867 sur les sociétés, le capital social des sociétés d'habitations à bon marché pourra être porté, par les statuts consécutifs, à 1.500.000 francs et chacune des augmentations du capital effectuée d'année en année, pourra atteindre la même somme. »

Le nouveau texte diffère de l'ancien sur deux points : 1º en ce que le maximum passe de 500.000 à 1.500.000 francs. C'est là l'objet même de la loi; 2º en ce que le mot « coopératives » est supprimé. Il semble donc en résulter qu'en pratique le chiffre de 1.500.000 francs doive être appliqué maintenant tant aux sociétés d'habitations à bon marché du type « sociétés anonymes capitalistes » qu'aux sociétés d'habitations à bon marché « coopératives ».

Il nous paraît intéressant de faire le point en cette matière, au moyen des renseignements contenus dans le dernier rapport du Conseil supérieur des habitations à bon marché (*J. O.*, annexe, 1ᵉʳ sept. 1923).

Les chiffres donnés par M. Risler montrent bien l'activité

des sociétés d'habitations à bon marché et des sociétés de Crédit immobilier.

Au 1er mars 1923, 580 sociétés d'habitations à bon marché avaient obtenu l'autorisation, contre 487 un an auparavant (82 nouvelles). Sur ce nombre, on compte 337 sociétés coopératives, 243 sociétés anonymes, dont 2 sociétés alsaciennes à responsabilité limitée. Onze de ces sociétés ont été dissoutes. Il en reste 569 réparties inégalement dans le pays. Paris est, à lui seul, doté de 118 sociétés d'habitations à bon marché, 29 autres ayant leur siège social dans le département de la Seine.

Ces sociétés d'habitations à bon marché et les organismes spécialisés dans la construction ou le crédit pour habitations à bon marché ont eu, au cours de l'année 1922 des *aides financières* provenant de :

1º *Caisses d'épargne* : 3.309.641 fr. 53 ont été consacrés par les Caisses d'épargne à l'œuvre du logement, des jardins ouvriers et des bains-douches.

Cette somme porte la participation totale des caisses d'épargne à l'œuvre des Sociétés d'h. à b. m. à . . . . . . 17.049.200 fr. 69.

2º *Caisse des dépôts et consignations.* — Les demandes de prêts présentées à la Caisse des dépôts ont atteint, au cours de l'an 1922, 64.971.800 francs se répartissant sur 80 demandes

Les offices publics ont fait 20 demandes, au total . . . . 48.415.800 fr.
Les sociétés d'h. à b. m. (anonymes), 9 demandes . . . . 6.719.200 fr.
Les sociétés d'h. à b. m. (Coopératives), 51 demandes . . . . 9.836.800 fr.
La majorité (5/6) des prêts a été consentie à 2,50 %.

Ces avances portent à 230.947.300 francs le *total des prêts* accordés, tant par la Caisse des dépôts et consignations que par la Commission d'attribution des prêts.

Il résulte des documents statistiques que le montant des avances accordées aux sociétés d'habitations à bon marché en 1922 a été trois fois et demie plus élevé qu'en 1921 ; par contre, les prêts consentis aux *offices publics* d'habitations à bon marché ont fléchi de 19 millions, mais cela vient de la raréfaction des demandes d'avances émanant de ces organismes.

Aux *sociétés de crédit immobilier*, et par leur intermédiaire à certaines sociétés coopératives,les 93 prêts consentis en 1922 par la *Caisse nationale des retraites pour la vieillesse* se montent à 57.593.000 francs, ce qui, avec les 256 prêts (75.560.500 fr.) des exercices antérieurs, forme un total de 349 prêts, pour 133.153.500 francs.

3º *Les bureaux de bienfaisance*. — Seuls, l'*Assistance publique à Paris* et le bureau de bienfaisance de *Lille* paraissent, au cours de 1922, s'être préoccupés de la question du logement. A Paris, l'assistance a poursuivi l'achèvement des immeubles collectifs des rues Jeanne-d'Arc et Daguerre.

A Lille, grâce à une subvention de 160.000 francs votée par le bureau de bienfaisance, on espère pouvoir édifier 29 logements à Fives-Lille.

4º *Communes et départements*. — Le département de la Seine a souscrit 1.000 nouvelles actions de 500 francs de la Société centrale de crédit immobilier. Cette forme de *subvention* a été adoptée par beaucoup de villes. Citons Belfort, Rouen, Fécamp, Gournay, Senlis, Crépy-en-Valois, etc.

D'autres municipalités ont facilité l'effort de leurs offices ou sociétés d'habitations à bon marché par des *apports gracieux* ou à des conditions avantageuses de terrains libres ou bâtis. C'est le cas de Lyon (24.600 m.), de Roubaix (68.000 m.), de Pontarlier, de Gap, de Pont-Saint-Maxence, de Maignelay, etc.

L'activité des offices publics leur a valu les félicitations de M. Risler, rapporteur officiel.

Alors qu'au 31 décembre 1920 il n'y avait que 56 offices, 103 existaient au 1er mars 1922 et 132 au 1er mars 1923. Au 1er septembre 1923, 139 fonctionnaient dont 44 départementaux et 95 communaux.

Ils sont réunis en une fédération depuis le Congrès d'avril 1922.

En dehors de l'initiative officielle dans l'œuvre française des habitations à bon marché, il faut faire une place toute particulière aux constructions dues à l'*initiative patronale*. Le rapport officiel qui ne peut tout connaître, cite d'heureux exemples.

Il laisse entendre que les industriels, avec un grand esprit de recherche de progrès se sont ingéniés à établir des programmes judicieux de construction d'habitations.

Il indique que la « Caisse foncière de Crédit pour l'amélioration du logement dans l'industrie » continue ses opérations et que le montant de ses prêts aux sociétés d'habitations formées par les industriels qui sont ses clients s'élève à 101.687.000 francs sur lesquels les remboursements s'opèrent régulièrement.

Il constate d'une façon générale la diffusion actuelle donnée à la bienfaisante loi Ribot (10 avril 1908) et à ses filles, codifiées enfin d'une façon claire dans la loi du 5 décembre 1922.

Le rapport de M. Risler est suivi d'un rapport de M. Coterel « sur les travaux des comités départementaux de patronages des habitations à bon marché et de la prévoyance sociale, pendant l'année 1922 ».

C'est l'illustration de l'activité de ces organismes qui au-dessous du Conseil supérieur des habitations à bon marchés ont pour mission « d'amplifier partout le mouvement en faveur du logement salubre à bon marché et de la petite propriété ».

Il est malheureusement à craindre que tous les efforts facilités l'an dernier par une baisse du coût de la construction ne soient entravés par la hausse actuelle.

VIII. — Culture intellectuelle. Culture morale

La plupart des ouvriers conservent de leurs années d'école primaire un mauvais souvenir et peu de connaissances. Très vite, l'adolescent pris par l'usine perd son acquis, faute d'entretien.

« Loin de s'enorgueillir de ce qu'ils peuvent savoir, dit quelqu'un qui les connait bien, les ouvriers ont tendance à considérer que tout un monde d'idées leur est fermé. Résignés, ils se contentent de maudire le sort qui les a fait naître dans un taudis au lieu d'un château... Constamment, je dois lutter, chez eux, contre cette abdication et cette résignation à la misère intellectuelle. »

Cette mentalité existe surtout chez les manœuvres (qui sont d'ailleurs la majorité). Les spécialistes, les mécaniciens, les électriciens, tous ceux qui ont un métier faisant travailler un peu leur esprit ont plus de prétentions, bien que souvent, ils appliquent avec beaucoup d'adresse des principes dont ils ignorent la portée.

Dans ces conditions, il ne faut pas s'étonner de constater que, d'une façon générale, les essais de véritable culture intellectuelle ont échoué.

Souvent, les industriels ont tenté d'organiser des cours de toutes sortes. Les monographies d'établissements publiées par le ministère du Travail donnent de beaux programmes. Nous nous sommes efforcés de vérifier les résultats obtenus. A peu près partout, c'est l'aveu, plus ou moins déguisé, de l'échec final.

Seuls, les cours purement techniques ont eu parfois quelques succès. L'effort fait dans ce sens est réel, et depuis le nouveau régime du travail, on note une amélioration certaine des cours d'apprentissage et des essais sérieux de développement de l'instruction professionnelle pour les ouvriers de tout âge : les ouvriers qualifiés y ont pris intérêt, alors que les manœuvres restaient plus indifférents.

Les lois de 1880, organisant les écoles manuelles d'apprentissage, les lois de 1882 et les décrets de 1887, organisant des écoles primaires supérieures étaient restés lettre morte. Seule, la loi de 1892, organisant des écoles pratiques de commerce et d'industrie avait été suivie d'un commencement d'exécution.

Un effort beaucoup plus grand a été fait depuis le vote de la *loi Astier* (25 juillet 1919) tendant à organiser des écoles techniques et des cours professionnels, et prévoyant des sanctions tant à l'égard des patrons qui ne laisseraient pas à leurs jeunes employés (jeunes gens et jeunes filles de moins de 18 ans) le temps et la liberté nécessaires pour suivre les cours qu'envers ces jeunes employés eux-mêmes s'ils ne se soumettaient pas à la loi.

L'Action populaire publie, le 15 septembre 1922, des résultats intéressants :

.....Plus de quarante écoles primaires supérieures seront prochainement transformées en écoles pratiques. Plusieurs seront spécialisées : Morez (lorgnons et lunettes), Oyonnax (industrie du peigne).

..... Non seulement on perfectionne les services du Conservatoire national des Arts et Métiers à Paris, dont les cours sont suivis par 3.600 auditeurs au lieu de 1.800 ou 2.000 avant la guerre, mais on multiplie les écoles professionnelles, les instituts techniques, les écoles de métiers et les cours professionnels.

Voici quelques exemples de créations récentes, ou de projets en voie de réalisation :

Ecoles professionnelles et écoles de métiers. — A Arles, prochaine ouverture d'une école de métiers (dépense : 623.000 francs). A Tarbes, prochaine ouverture d'une école professionnelle (coût : 4.200.000 francs).

Instituts techniques. — Institut de la meunerie (500.000 francs ont été remis par le syndicat des meuniers). D'autres sont en voie de création : pour la tannerie à Lyon, la filature à Roubaix, la papeterie à Grenoble, les conserves alimentaires à Nantes, l'industrie du pin à Mont-de-Marsan, etc...

Cours professionnels. — Ils existent aujourd'hui ou sont en voie d'organisation dans 260 communes réparties dans 58 départements. Ils comptent 140.000 élèves au lieu de 50.000 avant la guerre.

Dans le seul département du Nord, on comptait en 1921, 334 cours réunissant 12.796 élèves parmi lesquels se trouvaient 2.757 ouvriers et 6.420 apprentis. Les dépenses de fonctionnement s'élevaient à 1.154.486 francs.

En 1921, les dépenses globales pour les cours créés ont été de 3.000.000 ½ dont 1.000.000 de subventions versées par l'Etat.

Par arrêté, le sous-secrétaire d'Etat à l'enseignement technique a décidé que les cours professionnels allaient être organisés dans

les principaux centres de la banlieue parisienne : Boulogne, Leval-
lois, Courbevoie, Puteaux, Saint-Ouen, etc.....

Un effort particulièrement considérable doit être fait à Paris
où jusqu'à ces derniers temps, rien ou presque rien n'avait été
fait par la Ville ou par l'Etat. Seules, les Chambres syndicales et
quelques industriels avaient organisé des cours professionnels,
voire même des ateliers d'apprentissage. Ces initiatives privées
ne peuvent suffire, car les dépenses sont trop élevées pour pouvoir
être supportées par des isolés.

Des initiatives très heureuses peuvent être signalées. A
Puteaux, la Confédération française des travailleurs chrétiens
a organisé pour les travailleurs de la métallurgie spécialement,
des cours techniques, publics et gratuits, en 1920. En 1923,
ces cours étaient assidûment fréquentés par 425 élèves. Le
détail de leur organisation et les résultats obtenus pourront
intéresser.

Le programme détaillé de ces cours, pour l'année 1922-1923,
comprend : arithmétique élémentaire, dessin, et éléments de
géométrie, métallurgie, travail du bois, électricité, automobile;
à côté de cela, langue française, comptabilité, droit usuel et
commercial, anglais, sténographie, dactylographie, coupe.
Les cours sont répartis sur trois années, ils ont lieu à l'école
libre, 26, rue Godefroy, à Puteaux, de 20 heures à 21 h. 30;
en général, deux fois par semaine. Des cours pratiques pour
le travail au bois et la métallurgie ont lieu dans des établissements choisis le jeudi et le samedi de 17 h. 30 à 19 heures.

Beaucoup d'exactitude et de tenue sont exigées des élèves.
Pour les jeunes, la discipline est paternelle, mais stricte : tout
élève bruyant est renvoyé, et les parents de ceux qui ne sont
pas assidus sont prévenus.

Le rapport général lu à la distribution des prix de l'année
1921-1922 contient les indications suivantes :

..... Rappelons que les cours techniques syndicaux de Puteaux
sont l'œuvre hardie et désintéressée de travailleurs groupés en
syndicat professionnel et aidés de la précieuse collaboration de
techniciens non moins désintéressés.

La réputation de ces cours est maintenant établie, non seulement à Puteaux, non seulement dans la région parisienne, mais encore dans plusieurs de nos provinces; plus d'une fois déjà ils ont été donnés en exemple.

La première année, nous avions huit cours. La seconde année s'est ouverte avec quinze cours. Dans les onze cours concernant la métallurgie, l'enseignement a été organisé conformément à la loi Astier; il s'étend sur trois années avec une durée moyenne de 205 heures par an.

Ces onze cours se décomposent ainsi :

En première année :

1º Cours d'arithmétique: Bons résultats, mais un certain nombre d'élèves étaient insuffisamment préparés à le suivre avec fruit; on fondera un cours élémentaire.

2º Cours de dessin et d'éléments de géométrie. L'abondance des inscriptions à ce cours nous a mis dans l'obligation de le diviser en deux sections.

3º Métallurgie : Il a été suivi très assidûment.

En deuxième année : 1º Un cours d'arithmétique et d'algèbre : Les lauréats de l'an dernier n'ont pas tenu ce qu'ils promettaient.

2º Cours de géométrie : Résultats meilleurs que l'an dernier. Les élèves semblent se familiariser avec cette partie indispensable de l'enseignement technique.

3º Cours de dessin : Très bons travaux.

4º Cours de métallurgie : A réuni jusqu'à 90 élèves.

Enfin, en troisième année : 1º Cours d'algèbre et de trigonométrie : Moins d'élèves que l'an dernier.

2º Cours de géométrie : Elèves très assidus.

4º Cours de technologie, suivis avec fruits par de très bons éléments.

Les cours sur le travail du bois ont donné de bons résultats. Un cours d'électricité a été très apprécié.

Un cours de langue française, organisé pour les employés, a été fréquenté par quelques apprentis. Ceci dénote un souci d'instruction générale dont il convient de les féliciter. Nous engageons leurs camarades à les suivre dans cette voie.

Le nombre de cours et leur durée ne sont pas d'excellents éléments d'appréciation. C'est leur succès qui importe et ce succès s'évalue en premier lieu au nombre des élèves, en second lieu, à leur qualité.

A ces deux points de vue, on peut dire d'une façon générale que pendant leur seconde année d'existence, nos cours ont progressé dans la proportion du simple au double.

Les résultats obtenus sont donc satisfaisants. Mais ils devraient être meilleurs encore.

Il faut que les travailleurs comprennent que, dégagés de toute vaine et mesquine préoccupation personnelle, nos conseils sont uniquement dictés par un idéal qui nous commande d'être au service de notre pays et de ses enfants.

Le but essentiel de nos cours, c'est la rhéabilitation du travail manuel. Nous voulons nous efforcer de faire comprendre à l'ouvrier et à l'apprenti ce qu'il fait et pourquoi il le fait ainsi. Un bon ouvrier doit dominer son travail et non être dominé par lui. Sans vouloir faire de nos élèves des puits de science, nous voulons leur donner les moyens de développer leurs facultés intellectuelles.....

Pour l'avenir, la grosse question est celle des ressources nécessaires. Aussi espérons-nous que l'appel adressé aux industriels par nos syndicats sera entendu, et que d'autres personnalités généreuses s'intéresseront à nos cours à cause de leur répercussion sociale.

Il est en effet indéniable qu'en plus de l'éducation professionnelle, nos auditeurs trouvent à nos cours un exemple de qualités et de sentiments d'autant plus nobles qu'ils sont rares aujourd'hui.

En premier lieu, c'est le dévouement et le désintéressement qui sont à la base d'une institution comme celle-ci. Ensuite, la volonté créatrice et organisatrice, toujours soucieuse de progrès et de perfectionnement. Enfin, la discipline nécessaire au travail en commun, la persévérance dans l'effort, la simplicité, la modestie, et la justice dont le peuple français est si profondément épris.

Tels sont les sentiments et les qualités qui peuvent faire de cette jeunesse d'aujourd'hui l'élite ouvrière dont la France a toujours été fière et dont elle a besoin plus que jamais pour travailler à sa grande œuvre de rénovation sociale.

Ce long rapport témoigne d'un effort et de résultats très intéressants. Il indique avec bonheur un exemple à suivre.

L'idée de la culture morale y est mêlée à celle de la culture professionnelle. Il semble que les seuls exemples de tentatives de culture morale doivent être trouvés dans des initiatives de cet ordre. Il ne paraît pas en effet qu'elle ait été l'objet de soins particuliers. L'enquête révèle peu d'organisations sérieuses de conférences éducatives, par exemple, et chacun paraît, en général, s'en être remis à l'influence salutaire exercée par des occupations bien choisies : sport, jardin, vie de famille, spectacles honnêtes.

Au point de vue de la culture religieuse, les efforts habituels ont certainement été faits, mais des résultats importants ne peuvent être signalés. La caractéristique de la mentalité populaire à ce point de vue, c'est l'indifférence. Un progrès a été réalisé, pourtant, sur l'avant-guerre où l'hostilité et l'ironie étaient extrêmement fréquentes.

Signalons que la C. F. T. C., Confédération française des Travailleurs chrétiens, installée 5, rue Cadet, groupe maintenant 140.000 adhérents, et qu'elle se montre fort active.

QUATRIÈME PARTIE

L'ŒUVRE A ACCOMPLIR

Réponse vient d'être donnée à la question posée avec inquiétude : « Comment les ouvriers emploieront-ils leurs loisirs ? »

Chacun sait maintenant quels loisirs sont en cause et de quelle manière ils sont utilisés.

Tout n'est pas parfait, mais il y a beaucoup de bon et les meilleurs espoirs sont autorisés à condition que l'effort donné soit soutenu, perfectionné, étendu et que, dans le pays, une politique de l'emploi judicieux des loisirs soit adoptée.

Les ouvriers, avec leurs défauts, sont dans l'ensemble animés de sentiments honnêtes et épris de justice. Mais, faciles à émouvoir, ils se laissent aisément influencer.

Très souvent ils adoptent l'erreur faute d'avoir entendu la vérité.

Pour bien faire, ils ont besoin d'être aidés.

Un industriel nous disait : « Je ne comprends pas comment on a pu faire les soldats de la guerre avec les ouvriers que nous avions et que nous avons. »

Qu'il ne s'y trompe pas. Tous les combattants n'étaient pas des héros. Les englober tous dans la même admiration, c'est leur témoigner la même indifférence.

Il y avait les soldats d'élite, les soldats moyens et les mauvais soldats. La guerre a été gagnée grâce à la volonté des premiers, la bonne volonté des seconds et malgré la mauvaise volonté des derniers.

L'effort des premiers s'orientait de lui-même. Les derniers

étaient mis hors d'état de nuire. L'admirable bon vouloir de la masse n'aurait pas suffi si une volonté ne s'y était jointe, celle des chefs. Le soldat français a eu les chefs qu'il réclamait et méritait.

L'ouvrier ne peut manquer de trouver les siens.

Il en a déjà. Beaucoup lui viendront de l'élite des combattants de la grande guerre.

Nous avons été frappés de voir l'accueil réservé à nos questions et préoccupations par une pléiade de jeunes chefs d'industrie qui furent des officiers remarquables.

Nulle école ne pouvait être meilleure que celle de la vie commune où chacun plongeait dans l'âme de son voisin. C'est l'art du maniement des hommes qu'ont appris à la guerre ceux qui l'ont vraiment faite.

Rechercher, pour le faire et l'ordonner, tout ce qui s'impose dans l'intérêt général, c'est pour un chef quel qu'il soit, faire rendre à son action tous ses effets bienfaisants.

Il est ainsi pour ceux qui l'entourent et qu'il domine, un *animateur*.

Aux patrons qui ont déjà fait quelque chose et à ceux qui cherchent encore, il est bon de redire : Éduquez vos ouvriers, informez-les de ce que vous attendez d'eux. Apprenez-leur *quel travail la loi permet de leur demander et pourquoi le législateur leur a donné des loisirs.* Enseignez-leur à donner leur maximum dans la cité, dans tous les rôles qui leur sont dévolus. Dites-leur qu'ils ne doivent pas chômer leur vie, et « tuer le temps », mais que les « temps morts » doivent disparaître, à l'usine et au dehors. Mettez à leur portée les moyens de réaliser ce programme. Orientez les ouvriers d'élite, combattez l'influence des mauvais, et menez la masse avec adresse, dévouement et autorité.

Quelques-uns vous échapperont, mais beaucoup s'amélioreront et certains se montreront reconnaissants. En tous cas, vous aurez bien servi le pays.

La tâche peut être rendue extrêmement délicate, dans la vie courante, par l'individualisme, l'esprit critique, la méfiance des intéressés.

Cette mentalité, défaut d'une qualité, rend l'entente difficile, mais pas impossible.

Elle impose, selon l'expression d'un industriel éminent, M. A. Ch., « la recherche du procédé ».

C'est affaire de psychologie.

Au lieu d'intervenir directement, mieux vaut provoquer adroitement des initiatives et les soutenir discrètement.

Organisant un dispensaire, M. A. Ch. l'a mis sous l'étiquette de la Croix-Rouge, et *lui-même ne paraît pas.*

Rien n'y est remis *gratuitement*, tout y est vendu un prix dérisoire. L'ouvrier n'a pas l'impression de recevoir une aumône; il conclut un marché avantageux.

Les jardins sont *loués* à très bon compte.

Les maisons saines sont construites par une *société* d'habitations à bon marché, groupant de nombreux industriels de la région qui fournissent ensemble les capitaux, en proportion de l'importance de leur entreprise.

« Avez-vous créé des foyers, des bibliothèques? » demandons-nous.

« La question se mûrit, répond M. A. Ch.; après les logements, les jardins, les sports, viendra le Foyer; chaque chose *en son temps* et quand les esprits sont préparés. »

Voilà des *procédés.*

Ainsi, sans ostentation, ce grand patron dirige ses ouvriers et ne les heurte pas.

Comme nous désirons savoir s'il obtient toujours des résultats satisfaisants, M. A. Ch. nous dit : « Pas toujours évidemment, mais très souvent. Quand j'entreprends une chose juste, je ne me préoccupe pas de l'échec possible. Vous connaissez le mot de Guillaume d'Orange : « Je n'ai pas besoin d'espérer pour entreprendre, ni de réussir pour persévérer ».

Enfin, nous demandons si les ouvriers sont reconnaissants?

« Ah! répond M. A. Ch., voilà le grand mot : la reconnaissance. Je n'en attends pas. Je ne dépasse pas mon *devoir* social et même mon véritable *intérêt.* »

Elargissant sa pensée, il ajoute : « Comme au pied de la tour de Babel, les hommes d'un même pays se côtoient et ne se comprennent pas. Chacun, dans sa sphère, doit travailler à la *compréhension mutuelle, nécessaire.* »

Si tous parlaient ce langage et agissaient ainsi, un immense progrès serait vite réalisé.

L'enquête donne des renseignements très nets pour l'orientation des efforts et les meilleures façons de procéder.

Le jardin a la faveur de l'adulte. C'est très heureux.

Sans y voir, comme certains, la panacée universelle, et trouver réunies toutes les cultures, physique, intellectuelle, morale, religieuse, même, et la distraction, dans la culture des légumes, chacun appréciera à leur valeur les bienfaits physiques, moraux, pécuniaires, que l'ouvrier et sa famille en retirent et considèrera que tout adulte doit avoir le sien.

Ce résultat, facile à atteindre à la campagne, demandera à la ville plus d'ingéniosité et d'activité.

Les jeunes gens aiment les sports plus violents. Rien ne leur vaut mieux. Ils y trouvent de multiples avantages physiques et moraux bien connus. Les réalisations sont partout faciles.

Aux uns comme aux autres, donner la maison tant désirée qui est à la base de tout. Avec elle, la vie de famille est assurée.

Dans toutes les villes industrielles, une quantité énorme de taudis subsiste. Leur démolition doit être immédiatement entreprise. En même temps la construction de maisons saines, isolées ou groupées en cités-jardins, doit se poursuivre méthodiquement.

La cité-jardin est souvent critiquée. Les ouvriers craignent d'y perdre leur indépendance et de prolonger certains voisinages de l'usine.

Avant de donner quelque chose à quelqu'un, il faut s'inquiéter de ses désirs et tenir compte de ce qu'ils ont de justifié; autrement le bénéficiaire laissera le cadeau de côté. Les cités-jardins ne doivent pas être des amas de maisons, mais de vrais villages et la disposition judicieuse des constructions, coquettes, bien orientées, diversement placées le long

des rues larges et tracées avec fantaisie les rendra très agréables
à habiter.

La Compagnie des chemins de fer du Nord l'a bien compris
et a fait merveille. Tous n'auront pas les mêmes facilités,
mais pourront s'inspirer des mêmes principes.

Le rêve de l'ouvrier est non seulement d'avoir une habitation convenable, mais d'en devenir propriétaire. M. A. Ch.
déjà cité, nous disait : « L'ouvrier, lorsqu'il n'est pas trompé
par des agitateurs professionnels n'a pas d'ambitions com-
pliquées. Il n'aspire qu'au calme et à la *stabilité*. Le socialisme,
la participation aux bénéfices, les conseils d'usine ne l'intéressent pas. Il ne désire ni supprimer la propriété individuelle
ni avoir communication des bilans, ni mener l'usine, mais
simplement accéder à la propriété, toucher des primes de bon
rendement, et être écouté poliment. Il se satisfait d'être un
petit propriétaire à côté de plus grands.

La réalisation de son rêve devra lui être de plus en plus
facilitée.

Un point essentiel et particulièrement délicat pour lequel
le procédé ne paraît pas avoir été trouvé, c'est la culture intellectuelle et la culture morale.

La culture intellectuelle vraiment poussée n'intéresse
pas l'ouvrier, à part quelques personnalités exceptionnelles.
D'ailleurs, c'est une erreur que d'avoir institué en certains
endroits des cours compliqués; à un certain degré la culture
réclame une base que l'ouvrier ne possède pas.

Le mieux est de le renseigner d'une façon simple sur les
questions générales à l'ordre du jour, et de les lui faire comprendre en se mettant à sa portée, au moyen de conférences
nourries d'exemples.

Une seule instruction peut être poussée chez lui, c'est l'instruction purement technique qui, sur la base constituée par
l'apprentissage et l'école professionnelle, se continue avec
fruit par des cours post-scolaires. Voyant les applications
dans son métier, l'ouvrier s'y intéresse.

Faire de l'ouvrier un bon technicien et lui donner une notion
juste de ce qui se passe autour de lui au lieu de le laisser aux

prises avec des journaux tendancieux, voilà une ambition réalisable.

Comment donner la culture morale? Certains diront que le meilleur procédé est de s'en remettre à l'influence salutaire d'occupations conduisant naturellement à l'ordre et à la discipline.

Sans aucun doute, le jardin, les sports, la maison confortable, le milieu agissent discrètement.

Et même la vertu n'est guère possible sans certaines conditions *matérielles* de vie. Dans les bouges naîtront peut-être de grands saints, mais les gens moyens y resteront inaccessibles à tout idéal. Saint Thomas d'Aquin disait que la vertu, pour s'épanouir, exigeait un minimum de bien-être.

Donc, à la base, un intérieur convenable et propre, pas d'accablement par le travail professionnel, et des occupations moralisatrices; mais ensuite, autre chose et une intervention plus directe, par des conférences éducatives et de bonnes publications. Et là, une renaissance de la vie religieuse est souhaitable.

Signalons la formation « d'équipes sociales » composées de jeunes gens cultivés et prêts à se dépenser dans les milieux ouvriers les plus divers.

Pour les distractions, chacun doit se faire à cette idée qu'elles sont nécessaires et ne représentent pas du temps perdu.

Au premier plan, le cinéma, qui peut être réhabilité. C'est une excellente détente et un admirable procédé d'information. Il est très aimé, et la pire faute serait de n'en pas profiter. Le cinéma doit être pris au sérieux, sans pour cela devenir uniquement sérieux. Les films amusants qui déclanchent le rire souverain sont aussi salutaires que des films instructifs. Le contrôle du cinéma est à organiser ; la liberté ne peut être laissée à des mercantis sans scrupules.

Le cinéma tourne moins de têtes que le théâtre et le casino.

Les jeux régionaux seront facilement entretenus.

La création de lieux de réunions, de foyers, où les enseignements peuvent être donnés et certaines distractions prises en même temps que des publications et des livres sont mis à la disposition de tous, s'impose et paraît devoir être favorablement accueillie par les ouvriers. Les célibataires en sentent particulièrement le besoin car le seul lieu de réunion qui leur est offert, le plus souvent, est le cabaret. La meilleure façon de lutter contre le cabaret est de créer le Foyer. « On ne détruit que ce qu'on remplace » dit bien M. Jacques Valdour.

Il paraît très bon de faire diriger ces installations par des ouvriers sagement conseillés. Les ouvriers se sentent alors chez eux et défendent leur bien avec un acharnement qu'ils ne mettraient pas à la sauvegarde du bien patronal.

En dehors des nécessités financières, il y a intérêt à ce que les industriels se groupent, et créent, dans les villes, des organisations ouvertes à tous, pour que les ouvriers aient bien l'impression d'avoir quitté leur usine et soient changés de milieu.

Les usines isolées à la campagne ne pourront évidemment pas obtenir ce résultat.

Les départements et les communes devront donner largement leur aide. L'intervention de l'Etat doit se manifester sous forme de subventions, notamment pour la réalisation du programme d'habitations à bon marché, soit par l'octroi de sommes importantes, soit par la garantie donnée à des emprunts émis par les sociétés constructrices.

Si chacun se pénètre bien de l'idée de l'œuvre à accomplir, l'intervention de l'Etat pourra ne pas prendre une autre forme ; autrement, certaines mesures législatives s'imposeraient. En principe, mieux vaut décentraliser dans ce domaine, afin que les organisations soient bien adaptées à chaque région.

Rapportons à titre d'exemple un système employé en Belgique et indiqué par M. Max Turmann dans le *Correspondant* du 10 février 1922.

Nos voisins, en même temps qu'ils réduisaient la durée du travail, se sont préoccupés du problème éminemment social de l'utilisation des loisirs.

Dès 1919, dans trois des provinces industrielles (Hainaut, Liége, Brabant) des *Commissions des loisirs ouvriers* ont été constituées au sein des Conseils provinciaux.

En 1920, la Commission du Hainaut formula les vœux suivants:

1º Enseignement, scolarité : modification de la loi sur l'enseignement primaire de manière à assurer la scolarité jusqu'à l'âge de quatorze ans; adoption d'une loi instaurant l'instruction complémentaire obligatoire de 14 à 18 ans.

2º Vie familiale : Nécessité de rendre attrayant et agréable le foyer de l'ouvrier dans lequel celui-ci doit, avant tout, pouvoir passer ses heures de loisirs ;

3º Rôle de la femme : donner à l'éducation de la femme, dans l'œuvre des loisirs, une importance en rapport avec le rôle qui est dévolu à celle-ci dans la vie familiale;

4º Education physique et artistique; sociétés musicales et dramatiques, bibliothèques publiques, universités populaires, conférences, etc.

Les autorités provinciales du Hainaut sont entrées dans la voie des réalisations : elles ont accordé aux communes et à diverses associations des subsides pour l'achat de terrains, pour l'aménagement de jardins ouvriers, pour l'organisation de cours d'éducation physique, pour l'acquisition de terrains de jeux ou de sports, pour la constitution de bibliothèques et d'universités populaires. Alors qu'en 1919 le Conseil provincial avait accordé un crédit de 25.000 francs pour assurer le fonctionnement de la Commission « des loisirs ouvriers », il votait en 1921 une somme de 1.000.000 fr. pour la réalisation de l'œuvre du temps de loisir de l'ouvrier.

La Commission de la province de Liége oriente ses efforts et ses travaux dans le même sens que la Commission du Hainaut : en 1920 elle a disposé d'une somme de 65.000 francs et en 1921, elle put employer une somme de 250.000 francs.

La Commission des loisirs de la province du Brabant, dotée aussi d'importants subsides, a constitué deux sous-commissions d'études, l'une pour les travailleurs des villes, l'autre pour les travailleurs de la campagne, la population rurale ayant une plus grande importance dans le Brabant que dans les provinces du Hainaut et de Liége qui sont surtout industrielles.

Voilà un procédé particulièrement séduisant d'intervention

des pouvoirs publics dans cette importante question de l'utilisation des loisirs qui ne doit évidemment pas rester à la charg? des seules initiatives privées.

Certains regrettent le changement trop rapide de régim? et disent que « si le travail avait été réduit après la création des installations indispensables au bon emploi des loisirs, bien des difficultés eussent été évitées. Maintenant, il faut du temps ! »

Ce n'est pas reconnaître notre tempérament.

Rien n'aurait été fait sinon des plans magnifiques. Le Français n'organise guère à l'avance, mais improvise magnifiquement sous le coup de la nécessité. Mis devant un fait entraînant l'obligation de pourvoir à des besoins impérieux, il se trouvait dans les conditions de travail qui conviennent le mieux à sa riche nature.

Ainsi, *quelque chose* serait fait au lieu de *rien*; et *tout* ne se fera, évidemment que petit à petit.

Cette œuvre nécessaire est assurément difficile.

Il est aisé de faire des projets; la peine commence avec les réalisations.

Les difficultés de la tâche ne rebuteront pas ceux à qui elle est dévolue.

Quelques-uns ne suivront pas le mouvement et resteront indifférents ou sceptiques.

Partout travailleront les optimistes, hommes d'action, épris d'ordre et de progrès social.

M. Chabrun rapporte que le président de la Société Lewer-Brothers, à une assemblée des actionnaires des usines Sunlight, s'exprimait ainsi :

J'ai toujours pensé que si le xixe siècle a été marqué par des progrès techniques, le xxe siècle sera marqué par une humanisation de l'industrie et que l'on prendra dans l'avenir plus en considération les ouvriers que les machines.

La *bienfaisance* des réformes sociales *réelles*, écrit magnifiquement M. Jacques Valdour, doit se substituer à la sottise *malfai-
sante* des promesses *illusoires* que prodiguent les puissances de
désordre.

Vu : Le Président de la thèse,
Germain MARTIN

Vu, le Doyen,
BERTHELEMY

Vu et permis d'imprimer,
Le Recteur de l'Académie de Paris
P. APPELL

BIBLIOGRAPHIE

Le livre des métiers, par Etienne Boileau, prévot de Saint-Louis. Publié par René de Lespinasse et F. Bonnardot, en 1879. Bibliothèque nationale.

Histoire des corporations de métiers depuis leur origine jusqu'à leur suppression en 1791 (3e édition suivie d'une étude sur l'évolution corporative depuis 1791), par Et. Martin Saint-Léon, conservateur de la Bibliothèque du Musée social. Alcan, Paris, 1922.

Encyclique rerum novarum. — S. S. le Pape Léon XIII, mai 1891.

La journée de 8 heures, par John Rae. Giard et Brière, Paris 1900.

La limitation légale de la durée du travail en Allemagne, par Joseph Sarraute, docteur en droit. Larose, Paris, 1900.

L'Influence de la durée du travail quotidien sur la santé de l'adulte, par Ilia Sachinne, docteur en médecine. Faculté de médecine de Lyon, thèse, 1900.

La limitation légale de la journée de travail en France, par P. Jacquier, docteur en droit. Boyer, Paris, 1900.

Le travail de nuit des adolescents dans l'industrie française (rapport présenté à l'Association internationale pour la protection légale des Travailleurs), par Et. Martin Saint-Léon. Alcan, Paris, 1906.

La journée de huit heures, par M. Lecoq, docteur en droit. Rivière Paris, 1907.

La protection légale des travailleurs, par Raoul Jay, professeur à la Faculté de Droit de Paris. Recueil Sirey, Paris, 1910.

La journée de huit heures, J. Cavaillé, inspecteur du travail. Rivière, Paris, 1919.

Problèmes sociaux du Travail industriel, par le Professeur Max Turmann. Gabalda, Paris, 1921.

Le régime des huit heures en France, R. Veyssié. Editions du Monde-Nouveau, Paris, 1922.

La France et les huit heures, A. François-Poncet et Emile Mireaux. Rivière, Paris, 1922.

Conditions du travail en Allemagne après la guerre mondiale, par le Dʳ Hoffmann. Enke, Stuttgart, 1922.

Ouvriers parisiens d'après-guerre, par Jacques Valdour. Rousseau, Paris, 1921.

Ateliers et taudis de la Banlieue de Paris, par Jacques Valdour. Editions Spes, 17, rue Soufflot, Paris, 1923.

Le moteur humain (2ᵉ édition, 1923); *Organisation physiologique du travail* (1917, supplément, 1920); *Le travail humain* (1923), par le professeur Jules Amar, docteur ès sciences. Librairie Plon, Paris.

Le rendement optimum du travail ouvrier, par D. Yovanovitch, docteur ès lettres. Payot, Paris, 1923.

Semaines sociales de France : comptes rendus : XIᵉ session, Metz, 1919, XVᵉ session, Grenoble 1923 (*Le problème de la population*). Gabalda.

Chronique sociale de France, Revue d'étude et d'action, 16, rue du Plat, Lyon.

La législation française du Travail, ses progrès, ses lacunes, par Georges Piot, secrétariat social de Paris (31, rue de Bellechasse), 1920.

L'alcoolisation de la France, par Aubert et Letort. Bossard, Paris, 1920.

Publications de la Ligue Antialcoolique, 147, Bd Saint-Germain, Paris.

Le dimanche de l'ouvrier, par Fénelon Gibon.

La Réforme sociale, Bulletin de la Société d'Economie sociale (54, rue de Seine, Paris). Numéros de juillet-août, 1921, et novembre 1922.

La pratique sociale. Dossiers de l'*Action populaire*. Editions Spes, 17, rue Soufflot, Paris.

Les fondements d'une politique familiale. Compte rendu de la IIᵉ session des Etats Généraux des Familles de France. Rouen, éditions Spes, 1923.

Compte rendu du Vᵉ Congrès des Jardins ouvriers (tenu à Paris en novembre 1920). Rivière, 1922.

Les Cités Jardins des Chemins de fer du Nord, par M. Dautry, ingénieur en chef à la Compagnie du Nord. Masson et Cⁱᵉ, 1922.

Le correspondant. Numéros des 10 février 1922 (article de M. Max Turmann) et 10 juillet 1923 (article de M. Ch. Droulers).

La revue des Deux-Mondes, numéro du 1er février 1922 (article de M. Raphael-Georges Lévy).

La Revue politique et parlementaire, numéro du 10 décembre 1920 (art. de M. Ferdinand Achard).

L'Action nationale, numéros des 25 janvier et 25 février 1922 (art. de M. Tricoche).

La journée industrielle. Enquête sur la journée de huit heures. Février-avril 1919.

Publications de la C. F. T. C., 5, rue Cadet, Paris.

Publications de la C. G. T., 211, rue Lafayette, Paris. Notamment : *L'éducation des ouvriers.* Rapport Dubreuil, présenté à la Conférence internationale de l'Education ouvrière, tenue à Bruxelles les 16, 17 et 18 avril 1922.

Bulletin du Ministère du Travail. Librairie Berger-Levrault, Paris.

Lois, Décrets et Arrêtés concernant la réglementation du travail, 1er janvier 1920; appendice, mars 1922. Berger-Levrault.

Publications de l'Union des Sociétés de Crédit immobilier de France et d'Algérie, 20 rue Saint-Augustin, Paris.

Publications du Bureau international du Travail, Genève (correspondant, 13, rue de Laborde, Paris). Notamment : *L'application du Système des trois équipes à l'Industrie métallurgique*, septembre 1922. *La durée du travail dans l'industrie : France, Italie, Belgique, Allemagne, Angleterre*, octobre 1922.

Le Journal officiel :

1° *Chambre des députés.* — *a)* Dépôt par M. Colliard du projet de loi. Annexe au procès-verbal de la séance du 8 avril 1919; *b)* Rapport Justin Godart. Annexe au procès-verbal de la séance du 10 avril 1919; *c)* Discussion : deuxième séance du 16 avril 1919, première et deuxième séances du 17 avril 1919.

2° *Sénat.* — *a)* Transmission au Sénat. Annexe au procès-verbal de la séance du 18 avril 1919; *b)* Rapport de M. Paul Strauss. Annexe au procès-verbal de la séance du 22 avril 1919; *c)* Discussion : séance du 23 avril 1919.

PLAN DE L'OUVRAGE

TITRE II

L'APPLICATION DE LA LOI

TROISIÈME PARTIE

Enquête sur l'utilisation des loisirs

TITRE PREMIER

L'INQUIÉTUDE GÉNÉRALE. NÉCESSITÉ DE L'ENQUÊTE

TITRE II

L'UTILISATION FORCÉE DES LOISIRS. LES LOISIRS DISPONIBLES

TITRE III

L'UTILISATION DES LOISIRS DISPONIBLES

QUATRIÈME PARTIE

Imprimerie JOUVE & Cie, 15, rue Racine, Paris. — 6258-24